THE ザ・ゲーム GAME

30デイズ days

Rules of the Game

Neil Strauss

ニール・ストラウス［著］
難波道明［訳］

極上女を狙い撃つ

Read Me（お読みください）

君はそんなに弱い人間なのか？　一生、こんなふうに人に命令されっぱなしで生きていくつもりか？　ページの頭に「お読みください」とあれば、いつもロボットのようにただただ従うのか？　君の言いたいことは分かっている――「これは本だ。読んで何が悪い？」。

だが、この本はまだ始まってはいないのだ。では右ページの著作権の項目は読んだだろうか？　答えはノーだろう。（もし読んでいたとすれば、君は俺と同種の人間らしい。よく効く薬があるから試すといい）

しかし、このページを開いてしまった君に、まずこう言おう。この本は奴隷のように盲目的にページをめくってはいけない。なぜならこれは普通の本とは違うからだ。初めから終わりまで順序よく読むようには書かれていない。

物語を読みたいのであれば、本の後半三分の一くらいから始まる、俺の日記をまとめた「スタイルダイアリー」のページを開けばいい。

何かを学びたいのであれば、本の最初のパートを占める「ザ・スタイルライフチャレンジ」を開いて社会性と社交性を磨き、気が向いたときに「スタイルダイアリー」を読んで、トレーニングの先に待っているものをのぞき見てもいい。

そして、うまい言い回しなどの補助的なツールが必要なときのために、特別に「ルーティーンコレクション」も収録した。これは、孤独な夜と永久におさらばするため、トレーニングに励んでいたころの俺が、最もよく使った会話テクニックを一言一句まで再現して台本にまとめたものだ。

もし、本屋でこの本をぱらぱらめくって、ナンパのヒントを探しているだけなら、このページを破って紙飛行機にしてもらいたい。そして、隣の通路に向けてそれを飛ばしてみよう。この本の指示もだいたい似たようなことだ。やがて君は特別な誰かと出会う。おそらくこの場合に君が出会うのは警備員か警察官だろうが。

最後に、ここで最初に言ったことを訂正したい。俺は決して君を弱い人間とは思っていない。注意を向けてほしくて言っただけだ。誰でも批判的な言葉には反応するものだから。

ここで二番目のレッスンとして、人間生活の秘密を教えよう。

それは、自意識を捨てること。周りの人々が何かしたり、言ったりするとき、それはいつも君のことばかりではない。人間はだいたい自分自身のことだけを考えているのだ。

読んでくれてありがとう。

ニール・ストラウス

目次総覧

父と母に捧ぐ。

悪いことをすべて両親のせいにするのは自由だが、
良いこともまた、すべて彼らのおかげなのだ。

注意（読んではならない）

君はこの本を数回で最初から最後まで読んでしまいたいと思うかもしれない。

本とはそういうものだ。

だがこの本は違う。

毎回、一日分の指示に従うこと。

添付の解説を勉強すること。

フィールドワークを実行すること。

飛ばし読みは禁止。

たった一つのレッスンや経験が足りないだけで、日常、将来の夢、そして人生全体に影響がおよぶ。


忠告はした。

挑戦者たちの声

『ザ・チャレンジ』については**『すごい』の一言。**先月まで、デートどころか女性にアプローチすらしたことがなかったのに、三日ですでに三人とデートできました。しかも、この先も予定でいっぱいです（チャレンジャーネーム：DIABOLICAL）

こんなに努力が報われるなんて！ 言葉では言い表せない気持ちです！ 楽しくて仕方ありません！（チャレンジャーネーム：GRINDER73）

『ザ・チャレンジ』に挑戦して以来、人は僕のことを、勝ち組、すごい、完璧、選ばれし者、女の味方、素晴らしい人といいます。『ザ・チャレンジ』を作ってくれたニールに感謝します（チャレンジャーネーム：GODROCK73）

人生で一番刺激的な一カ月だった。本当に多くの達成感を味わい、この三十日間で起こったことを考えると、信じられない気持ちだ。大真面目に言うが、自分が完全に平和で幸福になりきれない唯一の理由が「女」だった（チャレンジャーネーム：TONY23）

『ザ・チャレンジ』を始めてから、朝起きるのが楽しみでした。今日のミッションは何だろうかと考えながら二階の仕事場へ向かう間、まるで子供がクリスマスの朝にプレゼントを開けるのを心待ちにするように、自分にわくわくしていました。忘れられない経験です（チャレンジャーネーム：REIGN STORM）

僕には彼女がいて、女に不自由したこともありません。なぜ『ザ・チャレンジ』を始めたかといえば、自分の成長のためです。**正直言って、自分への自信と、他人からの評価の両面で、信じられないほど効果がありました。**ウェイターをしていますが、お客様は何かあると必ず私を呼び、女性はどんどん集まって来ます。チップも倍増し、パーティーの誘いが途切れません。みんな私と一緒にいたがり、仲間になりたがります。みんなは僕が自分に満足していることに気づいているのです――そして以前はそうでなかったことも（チャレンジャーネーム：RACEHORSE）

今週はかつてないほど女の反応がいい。知人は私を見て、変わったとか、カリスマなどと噂しています（チャレンジャーネーム：SAMX）

彼女は俺に軽くキスして、火曜にまたここで会えるかと聞いてきた。正直、待ち切れなかった。可愛いだけでなく、頭が良くて優しい女だった。**ニールと『ザ・スタイルライフチャレンジ』なしに、こんなことはまず起こらなかったね**（チャレンジャーネーム：APOLLO）

ニール・ストラウスは**一生の贈り物をくれた**。こんな素晴らしいものはほかに思いつかない。ありがとう（チャレンジャーネーム：LIZARD）

本物だと思えることをたくさんやってきたが、ある意味、これを上回るものはなかった。なぜなら思っていた現実と、自分の可能性を完全に変えてしまったからだ。『ザ・スタイルライフチャレンジ』なら**毎月でもやりたい**。（チャレンジャーネーム：LPIE）

正直言って、ニールがこれをやり遂げるとは思っていなかった。**ナンパを三十のステップに分解**して、効果的に学習できるプログラムに仕立てるというのは簡単なことではない。だがニールはいい仕事をした。素材もいい。スタッフもいい。これなら最高の結果を得られるはずだ（チャレンジャーネーム：VELOS）

ありがとう…ニール。この恩は決して忘れない。普通の本やセミナーとはまったく違う。本当にすごい！　いつかあなたの手を握って、人生を変えてくれたことに礼を言いたい（チャレンジャーネーム：GRAND）

ニール、人生を変える経験をさせてくれてありがとう…。あなたの仕事は僕の人生に大きな衝撃を与えました。この本で学んだ情報を女性関係だけでなく、人生のさまざまな場面で生かそうと思います（チャレンジャーネーム：BYRON）

彼女が欲しいと真剣に思っているが、意識的してやっていることは何もなく、本すら読んでいないという人には『ザ・スタイルライフチャレンジ』がいいと思う。これを読んで**自分と向き合い、本当に欲しいものは何かを自分に問いかけるといい**。これまで誰も教えなかったことをニールが教えてくれる（チャレンジャーネーム：BIG SEND）

ナンパについて書かれた本やマニュアルは何冊も読んだが、『ザ・スタイルライフチャレンジ』は単純にどんな本よりも優れている。これを世に送り出したニールは称賛に値する（チャレンジャーネーム：ALBINO）

今までで最高の経験の一つ。人生を変える力がある（チャレンジャーネーム：MAIDENMAN）

こんなに驚いたことはありません。**人生を変えてくれてありがとう**（チャレンジャーネーム：BOY）

ザ・スタイルライフチャレンジ 目次

イントロダクション
われわれがここにいる理由

この本は書きたくなかった。

もっと言えば、絶対に書かないつもりでいた。

俺にとってこれを書くことは、君がこの本を手に取るのと同じくらい恥ずかしいことなのだ。まあいい。どちらも恥ずかしいという点で、俺たちは一致しているわけだ。

俺が何を恥ずかしいと思っているか話しておこう。それから君が恥ずかしいと感じる理由も。それで俺たちがこのページを通して繋がっている意味がはっきりするし、同じ認識に立って先へ進めるだろう。

俺は十代と二十代の大半を、孤独で、人生に絶望し、悲しいくらい未熟なまま過ごした。青春の影の中で一人沈黙する俺の横では、女たちが夢中になって男を追い回していた。そんな男たちの魅力を俺はまぶしく眺めたものだ。

そんな日々が二年も続いた後、女性との交際歴でも最低の時期に、もはやカサカサに乾ききっていた俺は、ネットの通販花嫁《メールオーダーブライド》サイト（カタログで花嫁候補を紹介する、結婚相談所または出会い系サービスの一種。リストにはおもに先進国の男性との結婚によって貧困から抜け出したい女性が登録されている）を閲覧するようになっていた。ロシア系、ラテン系、アジア系……、自分が一緒に暮らせそうだと思った女子のページをせっせとブックマークしていたのだ。本気で、自分にはもうこれしかないと考えていた。

しかしその後、そんな現実を根底からひっくり返す体験をする。人生が百八十度転換する瞬間が訪れたのだ。

ある日、俺はインターネット上でとある秘密組織を発見した。そこでは、実在する〝ナンパアーティスト〟の中でも最高と目される人々が出会い、世界中のクラブ、ストリート、ホテルで得た情報や体験談、ナンパの傾向と対策などをお互いに交換し合っていた。

なかばヤケクソで怖いもののなかった俺は、自分の身元は隠し、この世界の扉を叩く。ゆっくりと開かれた扉の中には、偉大なマスターたちがいた。俺は彼らの前にひれ伏した。落胆と不安と喪失感の牢獄から俺を解放する鍵を持っているのは彼らだと思った。

結果として、彼らは俺に鍵を与えてはくれなかったが、このときに踏み出した一歩は何事にも代えがたい経験だったと思っている。なぜなら、これがきっかけでそれまで自分では気づかなかったことに気がついたからだ。つまり、俺はいつも自分でその鍵を持っていたのだということ。ただ、その場所と使い方を知らないだけだったのだ。

当時の生活の記録である『ザ・ゲーム』(パンローリング)を著した後、二度とこのことには触れまいと思っていた。去り際は潔く。いつの間にかコミュニティでもトップクラスのナンパアーティストに数えられていた俺だが、師と仰がれるよりも、いつも人生から学ぶ者でありたいと思っている。あれは人に教えるためでなく、自分で物語を語る楽しみのために書いたのだ。

しかし今回は物語ではない。少なくとも本来の意味の読み物ではなく、これは教科書だ。描かれるストーリーは俺が楽しむためのものではなく、読者が読んで実生活で活用するためにある。ページは内容の展開に応じてめくるのではなく、読者が必要に応じてめくるのだ。

健康やフィットネス業界からは、身体的な目標を達成する助けとなるプログラムが何千と売り出されている。また、世間には女性向け自己啓発商品で定評のあるものが大量に出回っている。『コスモポリタン』誌、『セックス・アンド・ザ・シティ』の登場人物、おびただしい数の書籍、情報番組、関連ビジネスなど、これらはほぼすべて、今の世の中で女として生きるうえでついてまわるさまざまな困難に立ち向かう女性をサポートするために存在する。

それにくらべて、男性を取り巻く状況はかなり違っている。男性の性衝動の受け皿は社会の至るところにある。『マキシム』のグラビアページや、「幸福な生活」を売る広告、九百七十億ドルのマーケットであるポルノ産業などがそれに当たる。男は女を欲しがるものという認識のもと、どちらを向いても魅力的な女性の姿が目に入るようになっている。

しかし、男性が社会での自分の立ち位置を知り、自分の力で女を手に入れる方法を学ぶにはどうすればいいのか？　男性はどうやって暮らしや社会性を向上させればいいのか？

この疑問に対して本質的な助けとなるアドバイスはほとんど皆無といっていい。個人の持っている生活技能が、仕事、友人関係、家族、子供、究極にはその人の幸福そのものまで左右し、人生を決定することを考えると、これは無視するにはあまりにも大きい問題だと言わざるを得ない。

『ザ・ゲーム』を書いたときはそんなつもりはなかったが、本の出版後、俺は空いた時間を使っていくつか新しい仕事を始めた。胸を突き刺す悲しい体験談とともに、メールや電話、手紙などで俺に救いを求めてきた多くの男たちのため、彼らにナンパの指導を始めたのだ。性欲満載のティーンエイジャーや三十歳の童貞、離婚して間もないビジネスマン、さらにはロックスターや大金持ちの人々にもコーチをした。しかし、彼らを助ければ助けるほど、世界中から届くリクエストが俺のメール受信ボックスを埋めるスピードは増していった。最初は百通だったのがやがて千通になり、それが何万通、何十万通へと増えていった。

俺にメールを送っているのは、救いがたいキモ男ばかりではなく、そのほとんどが普通のナイスガイだ。つまり、女が口先では理想のタイプだと言いながら、決して振り向くことのない男たちなのである。

そしてとうとう俺は、再び立ち上がる決心をした。今君が手にしているのは、二度と触れまいと心に誓った俺の過去なのである。

「The Stylelife Challenge（ザ・スタイルライフチャレンジ）」はいい女に接近し、上手に口説く方法を記したシンプルで実践しやすいガイドブックだ。最高難度のケースも想定してあるので、すでに女性とうまくやっている男たちにとっても参考になるはずだ。

このチャレンジ（課題）には方法論や型、哲学といったものはない。シンプルですぐに使えるテクニックばかりを集めた。ここに書いた知識の収集、実践、仲間との共有という作業を、俺はもう五年もやっている。この本に収録された特定の事例はすべて、年齢も国籍もバックグラウンドもさまざまな一万三千人の男たちによってすでに証明済みのものばかりだ。

まとめると、社交性や男の魅力を上げる方法、デートや女の口説き方の技術を三十日間で習得するプログラムだ。

これを「ザ・スタイルライフチャレンジ」と名づけたのは、これが俺（通称〝スタイル〟）が君に与えるチャレンジだからだ。**三十日間でナンパという名のゲームをマスターせよ！**

俺はまだ本当にこれを書くべきか迷っている。先の一文だけですでに、表紙に間抜け面をさらして人の笑い物になっているそこらの自己啓発本の著者と同じレベルにまで自分を下げてしまったと感じるからだ。

だが、もしそれで君が救われるのであれば後悔はしない。たった三十日。それで俺たちはこれからの人生を幸福に生きることができるのだ。

さあ、ここから君の物語が始まる。

ゲームのプレイ方法

まず「女と付き合う」ことについて、持っている知識をすべて捨て去ってもらいたい。

この本を手に取ったのは、自分の人生はどうもうまくいっていないと感じているからだろう。その場合、修正する方法は一つしかない。一度ばらばらに分解し、それを最初から一つ一つ組み直していくことだ。それでようやくすべてのパーツが最高の状態で、ミスもなく、最新のテクノロジーに沿って機能していると確信できる。

好きな女の子がいるが気おくれしてアプローチできない、童貞だ、一度も女の子と付き合ったことがない、究極にシャイだ、過去の激しい失恋や離婚のダメージを引きずっている、何年も女っ気なしでカサカサだ、周りの男女が楽しそうにしているのを見るのにうんざりしている、もっといい女と付き合いたい、女の子とはそれなりに楽しくやっているが、まだ満足できない……。

君はこのどれかに当てはまるだろうか？

だったら、ようこそ「ザ・スタイルライフチャレンジ」へ！

俺が君に与える課題はいたってシンプルだ。**“三十日以内に女とデートせよ！”**。

現在の経験値がどのくらいであれ、君はゴールに至る過程で、ナンパの技術、道具、自信、知識を習得し、最終的にどんな女とも自由に会って惚れさせ、思うままの時間を過ごせるようになるはずだ。俺は人生のこの部分を君にマスターしてもらいたいと考えている。俺は君の手を取り、その道のりを一歩一歩、最後まで一緒に歩いていくつもりだ。ゴールへの到達を保証する。

なぜ俺がこんなことをするのか？　それは『ザ・ゲーム』で語ったような、孤独から極端なセックス中毒、そしてノーマルへと戻るという、自分自身がたどった人間性の逆進化操作の過程で、通常数年かかる学習を一カ月に圧縮する手法を編み出したからだ。この手法を応用することで、俺だけでなく、これまでに何千という男たちが成功を収めてきた。ナンパはもちろん、人生という名のもっと大きなゲームでも。

概要

目的：三十日、またはそれよりも早く女性とデートする。
対象：女性ともっと仲良くなりたいと考える者なら誰でも。
コスト：本書の購入価格。新しい行動パターンに挑戦し、自分にできるかどうか試そうとする意志。

報酬：いい女との時間。他人の羨望の眼差し。自分にふさわしいライフスタイル。
プレイ方法：この本には三十日間の訓練メニューが収録されている。必ずしも毎日とは限らないが、指示されたミッションをこなし、教材を学習するため、一日に最低一時間は手に取ってもらいたい。

指針

君への指示はシンプルだ。毎朝、起床後すぐ、その日のミッションに目を通すこと。学習を始めるにあたっての基礎知識や質問への回答、ワンランク上を目指す自主練習、街へ出て実際に女性にアプローチするフィールドワークといったものだ。

最初はまったくの基礎からスタートし、続けるにしたがってより進歩的な内容へと移っていく。「ザ・スタイルライフチャレンジ」（以下ザ・チャレンジ）は社交性を鍛えるフィットネスプログラムだと思ってほしい。

「ザ・チャレンジ」の効果を最大限引き出すために重要なのは、ミッションを収録順にすべてクリアしていくことだ。友人や家族はすぐに生まれ変わった君に気づくだろう。ページを飛ばし読みしてはいけない。易しすぎるように見えるものや自分には合わないと感じるものもあるかもしれないが、それぞれのステップはその前のステップの内容を踏まえたうえにデザインされている。地道にやってもらいたい。

あるミッションでは、解説やコラムを読むことが要求される。こういったコラムはその日の課題分析の後の解説の中にある。対応するフィールドワークに進む前に、必ずそれらの説明を読むこと。

本以外に必要なものはペンと紙くらいだが、鏡、インターネットにアクセスできるコンピュータ、自分の声を録音できる何らかの機材が身近にあれば、いくつかの課題で役に立つだろう。また日誌をつけるのもいい。

お金は一切かからないが、毎日少しの時間を使っていくつかの作業をする必要がある。それが長期的に君の人生を変えていく。

ミッションに一時間以上かかるものはない。仮に君が三つの仕事を掛け持ちしていたとしても、すべてこなすことが可能だ。時間が足りないと感じたら、遠い世界の女性（男性誌のグラビア、テレビ、街角、インターネット上の女性たち）に対して無駄に使われているエネルギーを節約して時間を確保し、現実の女を手に入れるために必要なことの学習に当ててもらいたい。

基本的に「ザ・チャレンジ」は一人で行うように構成されているが、もし君が同じ目標を持った仲間と交流することでモチベーションが上がるタイプなら、www.stylelife.com に掲示板が用意されている。質問でも武勇伝でも、悩みや成功談でも、何でも投稿してかまわない。俺の教え子や、君と同じ訓練生、時には俺自身が、君の力になるだろう。さらに、サイトには実際の練習方法や実地訓練の様子を紹介した動画や音声もある。

ゲームに勝つために

ＤＡＹ１からＤＡＹ30までのどの時点でもいい。君が女の子とデートをすれば、ゲームは君の勝ちだ。

デートとは、初対面の女性と、約束したうえでもう一度会うことだ。例えば、君がバーでアプローチした女性と電話番号を交換し、二日後に会ってコーヒーを飲む。これがデートだ。ショッピングセンターで話をした女の子と、その夜にバーで会う約束をする。そして彼女は君に会いにバーに来る。電話番号の交換はしていないが、これもデートだ。

原則として、君から女性にアプローチし、後日または後で会う約束を取り付けると（そして彼女が来ると）、それはデートと認められる。

ＤＡＹ30を終了する前にデートにこぎつけた場合も、そのまま残りのミッションを継続し、課題をこなしていってかまわない。君の自信とゲームのスキルはさらに高まるだろう。

最初のミッションを始める心の準備ができたなら、ページをめくって「ザ・チャレンジ」をスタートしてもらいたい。

楽しんで、そして正々堂々とやってくれたまえ。

ザ・スタイルライフチャレンジ
——日々のミッション

DAY 1

ミッション1　自己査定

フィットネスクラブでは初日に計量をする。ファイナンシャルプランナーは最初に顧客の財産と負債のリストの提出を求める。社会生活を改善しようとしている君は、まず自分の社会的評価を査定する必要がある。

最初のミッションは次の質問に答えることだ。他人が君の答えを見てどう思ってもかまわない。大事なことは、できるだけ自分に正直になることだ。

1. 周りの人たちは今のあなたについてどう思っているか？　二文程度で書きなさい。
2. あなたは周りの人たちにどのように思われたいか？　二文程度で書きなさい。
3. 自分の癖や性格で変えたいものを三つ挙げなさい。
4. 新しく身につけたい習慣や性格を三つ挙げなさい。

ミッション2　読んで、破壊せよ

最初のフィールドワークに移る前に、女性と付き合う際に障害になるイメージを持っているとしたら、それを取り除く必要がある。次の課題は、今日のミッションの最後にあるＤＡＹ１解説の中の

「自分を縛る鎖」と題されたコラム（☞27ページ）を読むことだ。

ミッション3　オペレーション「軽い会話」

最初のフィールドワーク――今日中に初対面の五人と軽い会話を交わせ。

相手の性別や年齢、親しい会話かそうでないかは問わない。街で出会ったビジネスマンでもスーパーの列に並んでいるおばあさんでもいいし、レストランのウェイトレスでもホームレスでもかまわない。

目標は単純だ。会話を始めること。質問や社交辞令で沈黙を埋めればそれでいい。簡単な答えや反応さえ得れば、それ以上会話を進める必要はない。

何を言えばいいのかまったく思いつかなければ、家を出る前に新聞の見出しにざっと目を通しておくといい。会話のテーマには例えば次のようなものがある。

■天気　「いい天気ですね。外に出られないのが残念」

■スポーツ　「夕べ××の試合見た？　あれはないよな」

■最近のニュース　「あれ聞いた？　いったい次はどうするつもりなんだろう？」

■エンタメ　「今度の××の映画観た？　面白いかな？」

注意：相手の答えの内容にあまり意味はない。長い語りを聞かされるはめになったり、逆にそっけない適当な返事しか返ってこなくても、単純に君が口を開いて初対面の人に話しかけたということで、このミッションは終了だ。

DAY 1

解説

自分を縛る鎖

女性と出会うとき、最大の敵は自分自身だ。

以前の俺（身長百六十五センチ、貧弱、ハゲ、鼻デカ）は、自分などがそこらの長身イケメンに到底かなうはずはないと思っていた。本気で美容整形を考えていたほどだ。

しかし、いったん街角やバー、クラブ、カフェで女たちに声をかけ始めると、外見は俺が考えていたほど重要ではないことが分かった。身なりさえきちんとしておけば、女を引きつけるのにほかに必要なのは人格的にまともであることだけだ。

確かに、〝世界最高のナンパアーティスト〟としてメディアに名前が出てしまったのは想定外だったが、少なくとも外見を変える必要がないことは確信できた。我ながら上出来だったと思う。大柄でアゴの割れたマッチョな男性モデルよりも俺のほうがモテたくらいだ。それは威圧感の少ない俺に、女たちが安心して気を許したからだ。俺は女たちのストライクゾーンに入ることができた。結局、問題は外見そのものではない。自分の外見について自分で上限を設定してしまっていることなのだ。

この上限設定は君が、自分自身、周囲の人々、さらに自分を取り巻く世界をどれだけ信頼しているかによって決まる。仮にその設定が間違っていたとしても、自分でそう**信じている**ことで、自分自身を新しい経験や成功から遠ざけているのだ。可能性が当然およぶ範囲のことについても、いつも自分に「無理だ」と言い聞かせてしまう。これが上限設定なのだ。

この設定は簡単に解除できる。「今までに××できたことがあるか?」の××に自分の上限を入れてみてもらいたい。例えば、きれいな女性がそばにいると落ちつかないと自分で思っている場合、「今までにきれいな女性たちがそばにいて落ちついていられたことがあるか?」一度口に出して言ってみるといい。設定の間違いに気づいたはずだ。

意識していようがいまいが、ほとんどの人はこの上限設定に行動を抑制されている。そこで、君が街へ出て初対面の人々に声を掛ける前に、ナンパに関わるいくつかの一般的な上限設定を解除して、視界をクリアにしておこう。

上限設定

話しかけても無視されるのではないか? ひょっとするとバカにされて恥をかくかもしれない

実際は

こう言うと驚くかもしれないが、女性に声をかけることが困難であればあるほど、君が傷つけられる可能性は少ない。

それはなぜか。ほとんどの人は、威嚇された場合以外、人には親切に礼儀正しく接するように教育を受けている。そして、恥ずかしがっている男が誰かの脅威になることはほぼあり得ない。この場合に起こり得る最悪のケースは、「プライベートだから」とやんわり断られるか、トイレに立たれるかのどちらかだ。

頭でネガティブな想像ばかり反芻《はんすう》していると気持ちまで腐ってしまう。さっさと家を出て女に声をかけてみるといい。君が考えているような悪いことはめったに起こらないと分かるだろう。

上限設定

人は自分を見たらきっとバカにして笑うだろう

実際は

これは半分正しい。人は君を見るかもしれない。だがいつも君について何か思うとはかぎらない。だいたいの人は、自分が他人にどう見られているかを心配するのに忙しい。周囲の人々も同じように、君に良く思われたいと思っていることに気づいたら、もう他人を怖がる心配はないはずだ。

また、君が女性に話しかけるのを見ている周囲の人々の大半は、君がその人の知り合いだと考える。だから心配せずに自分のやるべきことをやればいい。周りのことを心配する負担が減るだけでなく、ナンパにもキレが増すだろう。

上限設定
女は優しい男が好きだ。軽くてマメな男がモテる

実際は
これは男女関係の最も古い神話の一つだが、ありがたいことに正確ではない。恋愛における男の二極とは、優しい男と冷たい男、あるいは、真面目な男と不良な男、ではない。本当は、弱い男と強い男なのだ。女は強さを見せる男に惹かれる。それは必ずしも肉体的な強さではなく、女を安心させる能力なのだ。君が優しい男なのであればそれを変える必要はない。ただ、同時に強い男でなければならない。

ただ、「優しい」とは何かを知っておくことは必要だ。「俺って優しすぎる」と自分で言う男の大半は、人に悪く言われるのが怖いから、嫌われないように振る舞っているにすぎない。もし君がこのタイプであれば、すぐにそのスタンスをやめることだ。心の弱い腰の引けた態度を優しさと勘違いしてはならない。

上限設定
きれいな女性と付き合えるほどハンサムでも金持ちでも有名でもない

実際は
ロックスターや億万長者にも、これと同じ悩みを持つ人がたくさんいる。俺はこれまでにそんな人たちを何人もコーチしてきた。彼らを見て感じたのは、お金、ルックス、名声といったものは（もちろん大きなアドバンテージには違いないが）、モテるためには必要ないということだ。
どう見えるかよりも、どう見せるかのほうが大きい。これは男性諸君にとっては朗報だろう。身だしなみを整えて、感じのいい印象を与える服装をしていれば十分だ。富や名声といった部分は、いずれ手に入れるという目標と能力を示せば、現在持っているというのと同じインパクトを与えられる。芸能人スカウトのように、女性の多くは目標と能力を持った男に惹かれるものだ。
これからの十日間で君の見た目と、人生の目標、外から察知できる君の能力といった部分を磨いていくことにしよう。

上限設定
あの女としか付き合いたくない

実際は

世の中には驚くほどいい女がごまんといる。仮に、君にとってどうしても忘れられない女性がいて、しかし彼女のほうにまったくその気がないとすると、それは愛ではなく妄想だということに気づいたほうがいい。そもそも彼女が君に近寄らないのは、君の思い込みを怖がっている可能性が高い。君にできる二人にとって最良のことは、外に出てなるべく多くの女性と付き合ってみることだ。やがて君は世の中にたくさんの女性がいることに気づくだろう。その中には君の価値を理解し、君の気持ちに応じてくれる人もいるはずだ。

上限設定

世間にはモテる才能を持った男と、才能もなければ進歩の見込みすらない男がいる

実際は

心配いらない。男には第三のカテゴリーが存在する。それは「学習能力のある男たち」であり、俺自身もこのカテゴリーに属している。いったんナンパのメカニズムを理解し、身につけた技術で二～三度成功体験をすれば、君ももう仲間だ。君が今悩んでいることは自分が悪いせいではない。ただ、やり方と表現の仕方が間違っているだけだ。こういったミスは正しい知識と少しの訓練で簡単に修正できる。「ザ・チャレンジ」のプログラムをきちんとこなせば、君がうらやましがっている、いわゆ

る「才能ある男たち」を越えることができるだろう。

上限設定
「自分らしく」いれば、いずれありのままの自分を好きになってくれる女性が現れるだろう

実際は
このスタンスでうまくいくのは、君が正確に自分のことを知り、自分の強みを相手にうまく伝えられる場合にかぎられる。
これは、努力しない男が言い訳としてよく使うセリフだ。俺たちが世間に見せているのは百パーセント真実ばかりではなく、長年の悪い習慣と、自分を守るためのポーズが混ざったものだ。本当の自分は、それぞれの持つ不安と自己抑制の下に隠されている。だから、ただ自分らしくあろうとするよりも、自分のいい部分を探して、外から見えるように表面化させることを考えたい。

上限設定
女性が何を欲しがっているか知るには直接聞くのが一番いい

実際は

これはそのとおりのこともあるが、一般に思われているほどそうかというと、実はそうではない。俺がナンパの鍵となる原則を発見したのは、直感に反する行動パターンを試し始めた後のことだ。その原則とは、女性が反応を示したものが、必ずしも実際に彼女が欲しいものとはかぎらない、ということだ。何かが欲しいと女性が言った場合、それはその時点での二人の関係性においてのことであって、付き合っている間、いつも同じもので心を動かされるかどうかは分からない。つまり、だいたいの女性は君に彼女を振り向かせるためのヒントをくれるが、そのヒントは言外から読みとる必要がある。

上限設定

女性に声なんかかけたら、ナンパしていることがばれてダサい奴だと思われそう

実際は

これも部分的に正しい。だが、女がそう思うのは下手な声のかけ方をされた場合だけだ。例えば、声をかけたことで場が変な空気になった、気味悪がられて逃げられた、何か別の目的があるのではないかと疑われた、といったケースである。一番やってはいけないことは、相手が気を許す前に口説き始めてしまうことだ。

優しい雰囲気がある、笑わせてくれる、誠実そう、話が面白い、魅力的、一緒にいて安心できる、車の話ばかりしない……そういう男と話すのが嫌いな女はめったにいない。

上限設定
女性は男性ほどセックスに興味がない。ほとんどはただ精神的なつながりを求めている

実際は
もし本当にこう思っているなら、君はあまり女と関わったことがないのだろう。この誤りを証明する事実をいくつか挙げよう。

純粋に性的な快感を得るためだけに存在する器官を体に備えているのは、一部の例外を除いて女性なのである。女性のクリトリスには男性のペニス全体のほぼ二倍の数の末端神経が集まっているのだ。さらに女性のオーガズムは数分からそれ以上続く。男性はおおむね一度イったら終わりで、性的興奮も冷めてしまう。ところが女性の場合は波のようなオーガズムが連続して訪れ、それも一様でなく、クリトリス・オーガズム、膣オーガズム、その両方、あるいは体全体で感じるオーガズム、精神的なオーガズムといったさまざまなバリエーションが存在する。

いいセックスとは男性よりもむしろ女性のためにある。女がしたがる意味が分かっただろうか？

DAY 2

ミッション1　目標を設定する

おめでとう！　君はＤＡＹ１を無事に終了した。

すでに人生の目標がある君も、あるいはちょっと刺激が欲しいだけの君も、今日最初のトレーニングは自分の目標を設定し、成功を目指す気持ちを助けてくれるはずだ。

百貨店チェーンの創設者、ジェームズ・Ｃ・ペニーの言葉を引用しよう。「明確な目標を持った倉庫係は、歴史に名を残す男と同等の価値がある。何の目標もない男は、ただの倉庫係くらいの価値しかない」

君のミッションは次の質問を読み、よく考えて答えを紙に記入することだ。可能なかぎり具体的で大きな目標を掲げてもらいたい。（達成したい成果の例として、バンドを組む、家を買う、マッチョになる、ビジネスを始める、大統領になるなど）

1. 今よりも幸せになるために達成したいことを三つ挙げなさい。
2. それがあなたを今より幸せにする理由を述べなさい。
3. あなたのプライベートな目標を書きなさい。

回答例：私は＿＿＿＿＿役割＿＿＿＿＿（最大四ワード）になりたい。

その結果、私は＿＿付随すること＿＿（最大四ワード）になる。

それがかなうのは＿＿数字＿＿日／週／年後。

4. あなたがプライベートな目標を達成したことの指標となる具体的な結果を三つ挙げなさい。（例えば、「二十万ドル稼ぐ」「十五キロ痩せる」「アカデミー賞を五つ受賞する」）

5. 今、あなたはなぜプライベートな目標に向かって懸命に努力するのか述べなさい。

なぜなら**今やらなければ**、今後も同じことで苦しむことが明らかで、

私の＿＿生活の何が＿＿が減る／悪化する／失敗するから。（三つ）

しかし**今やっておけば**、今後の暮らしを楽しむことができるし、

私の＿＿生活の何が＿＿が増える／良くなる／成功するから。（三つ）

ミッション2　自分の目を見る（任意）

プライベートな目標達成への決意を強化し、それを無意識レベルでも強固なものにするため、実はもう一つの追加ステップを用意した。カリスマ的な人気を誇るイメージトレーニングプログラムを

「ザ・チャレンジ」用に特化したものが、www.stylelife.com/challengeからダウンロードできる。

プログラムをダウンロードしたら、どこか静かで落ちついた場所を探してもらいたい。照明は抑えて、靴を脱いで座るか、リラックスして横になろう。ヘッドホンをつけて音声が聞こえてきたら旅の始まりだ。

途中で止めず、必ず最初から最後まで通して聴くように。このトレーニングは目で見るよりも感覚で感じることが重要だ。「ザ・チャレンジ」のミッションと並行して、一日おきに聴いてもらいたい。聞く回数が多いほど、効果も大きい。

ミッション3　他人の目を見る

今日のフィールドワークは外に出て、さらに五人と軽い会話を交わすことだ。

しかし今回はもう一つやることがある。それぞれの相手とアイコンタクト（目を合わせること）を交わすことだ。彼、または彼女の目の色を記録しておこう。

DAY1でやった会話のトレーニングは、恐怖心なく誰とでも話す能力を伸ばすことが目的だったが、今回のアイコンタクトは（相手をにらみすぎないように）、相手の反応をより確かなものにするとともに、深いレベルで交流するために役立つ。

目立たないがきわめて効果的なこのスキルをさらに磨くための追加トレーニングも紹介しよう。声やジェスチャーを使わずにタクシーを止める。バーテンの注意を引く。ウェイターを呼ぶ。アイコンタクト以外何も使わずに、だ。

ミッション4　明日のヒント

明日の朝は、起床後すぐにミッションに目を通してもらいたい。シャワーを浴びたり、ひげを剃ったり、メールをチェックしたりする前に読むこと。

DAY 3

ミッション1　原始人の衛生哲学を身につける

このミッションはあまり気持ちのいいものではないかもしれないが、それでいい。その理由は明日分かるだろう。とりあえず、今日はシャワーを浴びない。ひげも剃らない。

誰にも気づかれることはないはずだ。つまり、ほとんどの場合、人は自分がどう見えるか考えるのに忙しくて、他人のことを気にしている暇はない。もし誰かに指摘されたら、賭けをしているとか、トイレタリー業界の調査で、割のいいバイトなのだと言えばいい。

ミッション2　自信を持って話す

俺がまだナンパの修行中だったころ、早口、はっきりものが言えない、口ごもる、などの話し方の癖のせいで初対面の人と話すときに苦労した。これでは騒々しいクラブで女を捕まえることはできない。そこで俺はアーサー・ジョセフというボイストレーナーのもとへアドバイスをもらいに行った。アーサーは言った。「声はその人の人格そのもの。声を聞けば、その人がどんな人で、自分についてどう思っていて、何を信じているのかが分かる」

そこで今日は君の声に注目してみよう。

一般的に、人が会話で犯すミスは五種類あるといわれる。この五種類のミスは、ＤＡＹ３の解説（☞

43ページ）に練習問題とともに示してある。

君はそれを読んで、別に必要ないと思っても、練習問題を最低三つやってみてほしい。きっと驚くはずだ。

ミッション3　映画ガイドを探せ

今日のフィールドワークは自宅で行う。使うのは君の声だけだ。

君に課せられた課題は、無作為に電話をかけること。誰かに繋がったら、それが男でも女でも、お勧めの映画を一つ教えてもらう。それだけだ。

他人と話すことだけが目的ではない。ポイントは、相手に違和感を与えずに、会話の方向を変える技術を学ぶことだ。これは実際の場面で、会話の主導権を握り、相手を導いて君が欲しい答えを引き出すのに役立つ。

いくつかヒントを出しておこう。

電話番号は、七ケタの数字をでたらめにダイヤルするよりも、地域の電話帳から適当にピックアップするとよい。または自宅の番号の最初の三ケタの後に適当な四ケタを入れてもいい。

俺が「ザ・チャレンジ」をやるときに使う会話例を紹介する。

「こんにちは、ケイティいますか？　いない？　じゃあ、代わりに質問していいですか？」。ここで一呼吸おいてはいけない。相手にノーという隙を与えてしまうからだ。「今晩、映画を観に行こうと思うんですが、最近観た面白いのがあれば教えてもらえませんか?」

もう一つ例を挙げよう。

「もしもし、ムービーフォン（訳注　アメリカの映画情報サービス）ですか?　違う?　ええっと、今晩上映しているお勧めの映画があればちょっと教えてもらえませんか?　最近何か面白い映画を観ませんでしたか?」

もし相手が不審がったり、冗談かと聞いてきたら、大真面目だと答えて安心させよう。このときに有効な言葉が、**「実は」**。たとえつじつまが合っていなくても（例えば、「いえ本当に、実は急いでまして」）、理由を述べることが相手に心理的に作用し、予想外の出来事を受け入れさせてしまうのだ。

別々の三人からお勧めの映画のタイトルを聞きだしたら、今日のミッションは成功だ。

ミッション4　イメージトレーニング

昨日やったカリスマ催眠プログラムをもう一度聞いてみよう。新しい自分の性格やイメージを理解し、現在の自分との同一化を始めてもらいたい。

DAY 3 解説

声のトレーニング

俺は何人かのボイストレーナーの助けを借りて、スピーチの弱点を克服し、潜在能力をフルに使ったパワフルで迫力ある、相手にノーと言わせない声を引き出す五つのトレーニングを完成させた。

実際に始める前に、トレーニングに必要なものを挙げておこう。

■鏡。全身が映るものが望ましい。
■声を録音できるレコーダー、またはマイク付きコンピュータ
■大声の出せる広いスペース

基本

良い発声とそうでない発声を分けるものが二つある。呼吸と姿勢である。

話す前に深呼吸をすると、肺が空気で満たされ、全力で言葉を発することができる。一度深呼吸をして、正しくできているかどうか確認してみよう。もし胸が膨らんだら、まだ呼吸が浅い証拠だ。胸郭の下の横隔膜が広がるまで深く吸い込んでみよう。腹部に手を当てて、吸い込むたびに手が上下に動くかチェックしてみるといい。

姿勢が悪いと、横隔膜の機能と呼吸が制限されてしまい、結果的に君の声から力が失われてしまう。話すときはいつでも上半身を一直線に伸ばすこと。必要であれば、背骨に沿って腰から頭まで伸びている糸を想像し、それをピンと引っ張り上げるテクニックを使ってもいい。ただ、緊張しすぎてはいけない。自分の体のフレームの中で、普通にリラックスしていること。この姿勢が不自然に感じられても心配しなくていい。姿勢については明日、細かく見ていこう。

声のトラブル　小さく、不明瞭な声

解決法

室内でも屋外でも、広いスペースを探し、そこにレコーダーか、信頼できる友人、あるいはその両方を準備する。

レコーダー、または友人から大きく三歩離れる。

横隔膜から深く息を吸い込み、止める。そしてゆっくりと吐き出す。同じ方法でさらに二回深呼吸する。それからもう一度息を吸い、今度は息を吐きながらいつもの声で、「叫ばなくても相手に聞こえる」と言う。

では、戻って録音したものを聴くか、または友人にどんなふうに聞こえたか尋ねてみよう。もとの位置に戻り、同じセリフをもう一度言ってみよう。今度は友人やレコーダーに向かって言うのではなく、二メートルから三メートル上空をめがけて声を発してみよう。自分の声が、大きな弧を描いてゴールに向かって飛んでいくサッカーボールだと想像してほしい。そして進歩があったかどうかチェックしてみよう。

次はさらに大股で三歩離れた位置から同じセリフを言ってみる。「叫ばなくても相手に聞こえる」。声が裏返ったり、トーンが変わったりしないように、声のボリュームを上げてみよう。

そしてさらに三歩離れる。君の声が高い弧を描いて相手を越えていくイメージを忘れないように。その後、録音（または友人の反応）を聴いて、自分の発声を批評してみよう。どのくらい遠くに立って、叫ばずに自分の声をはっきりと相手に聞かせることができるだろうか。声のトーンを変えずに大声で話すことに慣れるまでこの練習を続けよう。慣れるにしたがって、自分が前よりもはっきりと発音していることにも気づくはずだ。

今までずっと小声で話をしていたのなら、もしかすると君が感じる自分の声のボリュームが、実際に人が聞いたときのボリュームとズレている可能性がある。そこで、君が通常、声量の目盛りを五にして話しているのなら、今後はそれを七まで上げて話してほしい。多少騒がしく感じても心配ない。はっきり話し始めたと、逆に友人たちからほめられるだろう。

声のトラブル　早口

解決法

話すスピードが速すぎるというのは、会話の場面で多くの人がやってしまう、致命的なミスだ。聞きとりにくいだけでなく、神経質、自信のなさといった印象を相手に与え、君の話すことは大して重要でないと思われてしまう。

人を服従させるのは、落ちついてゆったりした口調だ。

この練習では、まずレコーダーかパソコンのマイクの前に、背筋を伸ばしてまっすぐ座る。深呼吸をしてから、次の一文を声に出して、スピードを落とさず一息で言ってみる。「一呼吸置いたら相手がそれ以上聞いてくれないと思って、頭の中に山ほどある考えを一息に言葉を詰め込んで早口で話していたのを今後は改めます」

録音したものを聴いてみよう。一息に切れ目なく文章を詰め込んだことで、発音は不明瞭になり、言い切れていない言葉もいくつかあるのではないだろうか。

ではもう一度、息を吸って同じ文章を言ってみよう。しかし今度は大げさなほどゆっくりと、慎重に。文のつなぎ目では耐えられるぎりぎりの間隔を空け、それぞれの単語は丁寧に発音し、必要以上に息継ぎをする。そして録音したものを聴いてみよう。

この練習を五～十回行ってほしい。少しずつスピードを上げて、息継ぎも通常どおりに行う。そしてゆっくりと明瞭な発音で話していることを確認しながら、文のつなぎ目の間隔も狭めていく。最初は変な感じがするかもしれないが、自分にとって自然で、しかもクリアに聞こえる速度で話し続けよう。これが他人が聞きやすいスピードなのだ。

そして自分の新しい話し方に慣れるまで、この長い文をあと数回、鏡の前で繰り返してみよう。

一人でこの練習をマスターした後も、実際の場面ではまた早口で話してしまうことがあるだろう。いつも自分を確実にチェックし、話すスピードが上がっていることに気づいたら、すぐに深呼吸をしてペースを落とすように。

声の音量を上げるのと同じように、体内の聴覚がこの変化に慣れるまでにしばらくかかるかもしれない。早口を直してすぐは、自分の話し方は皆を退屈させるのではないかと心配になるかもしれないが、そんなことはない。だいたい早口の人は、遅々として永遠に話の終わらない低速までスピードを落として話しているつもりでも、まだ部屋の誰よりも早口でしゃべっているものだ。

声のトラブル　脳のオナラ

解決法

つなぎ言葉が何なのかを知っていてもいなくても、先へ読み進む前に次のことをやってほしい。君が友人と話す会話を録音する。家を出るときにレコーダーを持っていってもいいし、電話したときに君の声だけ録音してもいい。

録音したものを再生し、最初のほうのやり取りを注意して書き出す。自分が話したことを一言一句漏らさずに書き出すこと。一語も抜かしてはいけない。

さて、自分の書いたものを見てほしい。**あのー**、とか、**えーと**、などの言葉があるだろうか? **だから……**、**なんか……**、はどうだろうか? これらは意味のないつなぎ言葉で、脳のオナラと呼ばれるものだ。

これらの言葉が使われるのはいくつかの理由がある。何かの代用語として、次に言うことを考えている間に相手の注意をそらさないため、相手が自分の話を理解または納得しているかチェックするレーダーとしてなど。

だが、君はこれらの言葉が実際は相手にどんなメッセージを送っているか知っているだろうか?

——自信のなさ、である。

一瞬言葉が途切れても、それで相手の関心が失われることはない。いつでも、話していることをきちんと完結させるつもりでしゃべること。たとえその自信がないときでも。実は相手に印象として残るのは、内容よりも話している態度のほうなのだ。

では君が録音した会話を十分間聴いてみよう。自分の言ったつなぎ言葉をすべて書き出し、大きな声で言ってみよう。（もし一つもないなら、すぐにニュースキャスターとして働ける）。今後人と話すときに意識するように、頭にこびりつくまで繰り返して言ってみよう。これからは、話すときはゆっくりと、意識して言葉を選ぶように。

つなぎ言葉（そのほかの悪い癖も）を直すコツは、その都度自分で直すクセをつけることだ。言い換えれば、自分が話すことを自分で聞いている状態になること。つなぎ言葉が出たと気づいたら、話を止め、修正して言い直す。脳のオナラは自信のなさを相手に見せてしまう。常に監視を怠らないよう、よく言ってしまうものをメモして持ち歩くのもいいだろう。

声のトラブル　抑揚がなく暗い声

解決法

年を取った地理の先生みたいなダラダラした話し方だったり、君の友人が、君が話す間に目をつぶっていたり、君のプレゼンテーションを聴く同僚の体が半分横を向いていたとしたら、君の声は暗いのかもしれない。

次の文章は子供向けの童話からの抜粋である。レコーダーに向かって大きな声で朗読してみよう。

レオポルド・エルフィンには悩みがありました。鼻から笛のような音が出るのです。レオポルドはそれをどうしても止めることができないのでした。鼻で息をするたびに、ヒュッと音が出ます。それも、自分の三倍も年を取ったおじいさんの毛むくじゃらの鼻からときどき漏れる、静かな空気の音ではなく、まるで交差点に立つ警官が車を止めるときにふく笛のように、けたたましく鳴り響くのです。

なんとかしなければと思いましたが、医者には一度も見せたことはありませんでした。これは薬で治るものではなく、自分の骨格に原因があると考えていたからです。この恥ずかしい鼻の原因はたぶん、鼻の穴の間のまくがせまいか、あるいは小さなだ円形の鼻の穴のせいか、そうでなければ曲がった鼻筋のせいかもしれない……。


終わったら録音したものを聴いてみよう。できれば友人か家族と一緒に聴けば、より客観的な意見を聞くことができるだろう。

君の声は臨場感に溢れ、物語の世界へとリスナーをぐいぐい引き込んでいるだろうか？　それとも聴き手が途中で横を向いてしまうような、抑揚のない暗い声だろうか？

もし後者であれば、テレビをつけてみるといい。そして男性司会者でも、お笑い芸人でも、ニュースキャスターでも、自分の好きな迫力ある声の持ち主を見つけよう。その人が話すのを聞き、その声を魅力的にしている細かな部分やニュアンスに注目してみよう。その人が話題とどう向き合っているか、エネルギーや暖かさ、緊迫感といったものが彼の声の中でどう響いているのか。

次に、その言葉使い、トーン、語りのスタイルをそのまま使って、彼のセリフを反復して言ってみる。少しでも同じ説得力で伝えられると思ったら、さっきの物語に戻ってみよう。今学んだばかりのテクニックを使って、もう一度レコーダーに録音してみる。朗読しながら、声量、音程、話すスピード、音質、リズム、読んでいる声の流れなどを変えて、実験してみよう。強調する言葉を違えたり、原文にはない箇所に区切りを入れたり、言葉を縮めたり伸ばしたり、声やアクセントを変えたりして、いろいろ試してみるといい。バカらしいと思っても、これで自分の能力が上がるのだから気にする必要はない。

ひととおり試し終えたら、もう一度録音しよう。今度は子供たちのために本をテープに吹き込むことを想像しながらやってほしい。そして最初に録音したものと聴き比べてみるといい。自分の中に話術の達人が潜んでいることに気づくだろう。

声のトラブル　質問口調になる

解決法

座って、相棒のレコーダーを自分の前に置こう。

最後の声のトレーニングだが、今回はこのレコーダーが君の友人だ。この友人は魚が好きではない。夕食に寿司を食べたい君は、なんとかレコーダーを説得しなければならない。

録音が終わったら再生してみよう。注意して聴いてほしい。君の声は自分の主張をするときに語尾が上がっていないか？

もし上がっていれば、君が主張すべきところで、相手には質問をしているように聞こえていることに気づいただろう。結果的に君にも決心がついていないような印象を与えてしまっているのだ。

説得力のある話者は発言（あるいは主張）を明確に言い切る。

もし発言の最後の音程が最初よりも上がっていたら、同じスピーチをもう一度録音しよう。今度はしっかりした心構えをもって、相手の賛同を求めて質問するのではなく、自分の信念を明確に伝えよう。スピーチ全体がだらだらした意味のない繰り返しにならず、明確で力強い結論に至るよう気をつけてほしい。自分の言っていることの意味がちゃんと分かっていて、それが一言一句正しいと確信している。そう聞こえるように。

ここまでマスターしたら、君の話し方はもう完璧だ。心から祝福したい。

だが、今日、会話でよくある五つのトラブルを認識して、修正したとしても、その問題が永久に解決したわけではない。週に二回はこのエクササイズを見直してほしい。そして実際に会話をするときは、自分の姿勢、呼吸、話し方を意識すること。悪い癖が出ていると気づいたら、その場ですぐ修正してほしい。女たちが君の話にがんがん食いついてくるだけでなく、すぐにラジオでトークショーができるレベルに達するはずだ。

DAY 4

ミッション1　シャワーを浴びる

朝起きたらまず、元気が出る音楽を大音量で鳴らしてほしい。シャワーを浴びたらシャンプー、せっけんで体もくまなく洗う。気分が良ければ二度洗ってもいい。でもマスターベーションは駄目だ。それが毎朝の習慣だったとしても、今日はやめておくように。

体に何か香りのあるものをつけよう。保湿液やベビーパウダーでもいいし、オーデコロンをひと吹きするのもいい。マウスウォッシュでうがいもしよう。要は気分がさっぱりとして、体からいい匂いがしていればいいのだ。

それからきれいにひげも剃ろう（前からたくわえている口ひげやアゴひげなどはそのまま残しておいてよい）。耳や鼻、首の後ろなど、あまり手入れしない部分の毛もきれいにすること。

清潔でサイズのちょうどいい服を身につける。大金持ちになった気がしないだろうか？

さて、鏡で自分の姿を見てみよう。そして次の文章を鏡に映った自分に読み聞かせてほしい。

「お前は最高だ。お前はみんなに好かれ、尊敬されている。人気者で可愛くて、しかもエレガントなオーラがお前からばんばん出ている。この近所でお前ほどの男はいない。この街ではお前と話をすることが、それだけでステータスなんだ。そんなお前には最高のものしか似合わない。外にはそんな最高のものがごろごろしていて、お前が来るのを待っている」

必要であれば大声で、心からそう思うようになるまで何度も読んでほしい。

さて、気合が入っただろうか？

ミッション2　詳しい人に聞く

ミッション1でやったのは、男性の自信、積極性、攻撃性を増加させるのによく効く簡単な儀式だ。ここで少し時間を取って、ナンパに行く前の自分なりの儀式を考えよう。よくあるのは、体を動かす、掃除をする、自分を奮い立たせる言葉を繰り返して言う、やる気にさせる何かを読む、前回の成功イメージを思い出す、好きな音楽を大きな音で流す、歌う、シャワーを浴びる、踊る、笑わせてくれる友人に電話するといったようなことで、いくつか組み合わせてもかまわない。

さて、今日は潜在的なデート候補者となる女性に会う初めての機会だ。さっぱりして自信満々で家を出た後、チャンスがあればすぐに、可能なかぎり早い段階でアプローチしなければならない。

ミッション2は、三人の女性に、メンズ服を扱っている地元のおしゃれな店を紹介してくれるよう頼むこと。三人の女性にアプローチし、その中で洋服屋を一軒でも紹介してもらえれば任務は完了（言い換えれば、三人の女性に声をかけ、店名を一つゲットすればＯＫ。三人に声をかけても、洋服屋を教えてもらっていなければ、さらにアプローチを続けなければならない）。

洋服屋を教えてもらったら、店名と、できれば場所も聞いてメモし、手元に置いておこう。

このミッションで使えるテクニックをいくつか紹介する。

■服のセンスが良く、近所に住んでいそうな女に声をかける。
■街中で声をかける場合、びっくりされる危険があるので、背後からのコンタクトは避ける。アプローチは正面から、あるいは後方を歩く女の子に対して振り向きざま、肩越しに声をかける。このとき、そのまま立ち去るような感じで、歩きながら距離を離していけば、女性が感じる圧迫感はさらに小さくなる。場所はカフェやショッピングモールなど、自分がリラックスできる場所を選べばよい。
■すぐに店の名を思いつく女性は三人に一人程度だということを覚えておく。中には立ち止まったまま呆然としてしまう人もいるかもしれない。

「知らない」というひと言でも、女が返事をしたらそれで一人クリアしたことになる。彼女に「教えてくれてありがとう」（答えが得られなかった場合はただ「ありがとう」でもよい）と言って、そのまま立ち去ればいい。後は君次第だ。

幸運を祈る。

ミッション3　まっすぐな立ち姿

君が何か言う前に、君の第一印象は女の中ですでに確定している。この第一印象を左右するのは、主として君のボディランゲージだ。今日君が学ぶのは、ウォールスタンスと呼ばれる、堂々とした印象を相手に与えるシンプルな立ち姿だ。

背中を壁に向けて立つ。かかととおしりと肩を壁につける。さらに後頭部の、アゴの高さよりも少し上の部分も壁につける。

その姿勢のまま一分間立ってみよう。そして、後ろに手を伸ばし、腰上の反った部分と壁との隙間をチェックする。隙間が大きすぎるようなら、腹に力を入れて背中と壁の間隔を近づける。

次に壁から離れて、今度は一分間、同じ姿勢のまま部屋の中を歩いてみよう。姿勢をキープすることで、体に覚えさせるのだ。

今日中にもう一回このエクササイズをやること。そして可能であれば、「ザ・チャレンジ」をやっている期間、一日一回継続して行ってもらいたい。これからは習慣的に自分の立ち姿に気を配り、だらけてきたと思ったらすぐに修正をかけること。

ミッション1　身だしなみ

今日は身だしなみについてだ。君の外見に注目しよう。

男が集まってどうやったら女にモテるか話すとき、ルックスはその時々の流行もあるし、どうにもならないものとして扱うことが多い。ルックスは生まれつきのもので、変えようがないからというのが理由だが、間違っている。

女の子なら誰でも、男を振り向かせるためにダイエットしたり、豊胸手術を受けたり、髪をブロンドに染めたりする。それと同じように男も見た目を良くすることは可能だ。オープナー（他人、もしくは他人のグループとの会話のきっかけを作るためのセリフ、質問、ストーリーなど）やルーティーンといったテクニック、自分に自信をつける方法などと同様に、ルックスについても学ぶことはたくさんある。現時点での君の評判がどうであれ、現状をいくつか変えてみる気があれば、君でもハンサムだと言われるようになる。

俺はこれまでにデブ、ハゲ、ニキビ顔にビン底メガネといった最悪のケースを見てきたが、彼らはみな、日焼けサロン、コンタクトレンズ、スキンヘッド、皮膚科、トレーニングジム、おしゃれな洋服などを駆使することで、自信と力に満ちたイケメンへと生まれ変わった。次は君の番だ。

DAY5解説の身だしなみチェックリスト（☞61ページ）を読んでもらいたい。そして最低一つ、チェックリストの項目を実際にやってみることが、このミッションの課題だ。すべての項目が君に当てはまるとはかぎらない。そこで自分に一番欠けていると思うエリアから一つ選んでほしい。もし君に相談できる女友達がいるなら、「俺の見た目を変えるのに一つ選ぶとすれば、どれだと思う?」と彼女に聞いてもいい。君が建設的な意見を真剣に求めていることをきちんと伝えることだ。そして、彼女が選んでくれた答えにショックを受けてはいけない。

ミッション2　イメージチェンジ

いい男の第一歩は身だしなみを整えることから。その次は正しいスタイリングだ。格好や着ている服で、君が社会に三種類ある世界のどこに属しているのかを相手に伝えられるのが理想だ。その三種類とは、まず相手の女性が住むのと同じ世界、言い換えれば、その女性のいるグループ、あるいは属性といったものだ。次に女性が住んでみたいと思う世界。最後に女性が興味を持っている世界。例えば、ダブダブの汚れたシャツにサイズ違いのカーキのショートパンツをはいている君と同じ世界に住んでいる女性はほとんどいない。また、ピアスとタトゥーだらけのロックスターも、決して多くの女性が興味を示す世界とはいえない。

そして、今日のミッションは、無料のスタイリング指導を受けることだ。

昨日のフィールドワークの結果をよく分析して、評価が一番高かった洋服屋を選んでみよう。できれば全国展開している大型チェーンではなく、小さな個人経営の店を選ぶ。

そして実際に店に足を運んで（なるべく空いている時間帯を選ぶこと）、一番親切そうな店員に話しかけてみよう。君がイメージチェンジしたいと思っていることを伝え、服を選んでくれるように頼もう。もし、もっと具体的にということであれば、高級ブランドのファッションショーに行くとか、美術展のレセプションとか、映画の招待試写会でもおしゃれなクラブでも、新しい君にふさわしいイベントを何でも言えばいい。

新しい服に着替えて、鏡に映る自分を眺めてみよう。どんな服装をするかはもちろん大事だが、ちゃんとサイズが合っていることのほうが重要だ。

その服が本当に気に入らなければ、彼（彼女）に理由を言って別のひと揃いを持って来てもらう。店員が不親切だったり、あまりしつこく勧めてくるようなら、別の店に行けばいい。

予算内で気に入った服が見つかれば買う。家に帰った後、その服はきちんとクローゼットにしまうか、汚れていればドライクリーニングに出す。

もしその服が自分には少し高価すぎると思えば、ブランド、サイズ、形を覚えておけば、将来古着屋で同じようなアイテムを手に入れたり、ネットで安く買ったりすることができるだろう。

服を買ったら、同じ店員にいい靴が買える店も聞いておこう。靴屋では店員に服を見せ、それに合うしゃれた靴を出してもらう。

ミッション3　復習

次から一つ選びなさい。イメージトレーニング、声のエクササイズ、ウォールスタンスの練習。「ザ・チャレンジ」をやっている間は、これらの基礎を毎日最低一つ復習すること。

ミッション4　ユニフォームの準備

今日、新しい服やアクセサリーを買った君は、明日それを着る準備をしておこう。

DAY 5 解説

身だしなみチェックリスト

次のリストから最低一つ選んで指示に従いなさい。すべての項目が誰にでも当てはまるとはかぎらない。中にはかなり上級向けのものや、やや詳細すぎるものも含まれている。一円もかけず、たったの二〜三分で身につくものもあれば、お金と時間の両方が要求されるものもある。自分にとって簡単すぎるものは選ばないように。難しいものほど、後で大きな成果を期待できる。

●ヘアスタイルを変える

音楽雑誌やファッション雑誌から、一番気に入ったヘアスタイルを探す。街で一番人気のある美容院を予約して、写真を持っていく。新しいスタイルを維持するのに必要なスタイリング剤なども教えてもらう。

●メガネをやめる

コンタクトレンズに替えるか、レーシック（レーザー治療）を受ける。メガネをファッションアイテムとして使いたい場合は、おしゃれなブランドのフレームにする。

●日焼けした肌を手に入れる

手っ取り早くて簡単なのは、日焼けサロンで受けられる日焼けスプレーだ。ミスティック・タンなど、比較的自然に見えるブランドのスプレーであることを確認しよう。

●マニキュアとペディキュアをする

とりあえずネイルサロンに行く。カラーリングの必要はない。ただ表面を磨いてもらうか、あるいは透明のマニキュアをしてもらってもいい。手入れの行き届いた印象を人に与えるだけでなく、女性が男性を細かくチェックするのは、彼女たちが日頃から自分自身を細かくチェックしているからだということが分かるだろう。

●ムダ毛を処理する

ピンセットか鼻毛切りを買ってきて、鼻の穴の毛をすべて取り除く。ほかにも、眉毛の間、耳、首の後ろなどすべてだ。特に毛深い部分は、ひたすら切って、剃って、抜くこと。

●自分の姿を鏡でよく見る

余裕があれば拡大鏡もあるといい。目で見える耳垢を綿棒で拭う。体中の飛び出た毛をすべて抜く。手足の爪をきれいに切りそろえる。そのほか、顔のアブラや乾燥肌、目の下のたるみなど、特別なフェイスケアが必要なところはないかチェック。

●眉毛を整える

エステなどで眉毛を脱毛する（ピンセットとワックスのどちらでもよい）。濃い、または明るい色に染めるのもいい。

●歯を白くする

店で歯のホワイトニング製品（クレストのホワイトストリップスなど）を買って、今晩から使い始める。一年以上歯医者に行っていないなら、すぐに予約をする。

●息をキレイにする

歯間ブラシを使う習慣をつける。口臭が気になるなら舌ブラシの使用を勧める。ガムやミントを買って常に携帯する。

●無料のスキンケアのアドバイスを受ける

デパートの化粧品売り場の美容部員に君の肌に合ったスキンケア商品を聞く。サンプルは遠慮なくもらう。またはドラッグストアで低価格の同等商品を買う。自分の肌に大きな問題があると思えば、皮膚科で治療を受ける。

●アクセサリーをつける

ネックレス、指輪、ブレスレット、リストバンドなど、趣味のいい装飾品を買う。（たとえそうであっても）安い大量生産品になるべく見えないものを選ぶこと。選ぶのが難しければ、最初は何かシンプルなものを身につけておくといい。

●トレーニングジムに通う

ジムのトレーナーに体力測定をしてもらい、脂肪を燃焼させる有酸素運動と筋トレの両方入ったトレーニングメニューを作ってもらう。ジムで汗を流し、自分に設けた上限を吹き飛ばしてしまおう。

●健康な食生活を送る

カロリーコントロールと食生活の見直しをして、脂肪、砂糖、塩分、保存料や炭水化物の多く含まれた食品の摂取を制限する。新鮮な果物や野菜、脂肪の少ないたんぱく質を中心に摂る。自分の身長の平均体重と比べて倍近く太っているなら、病院にダイエットの相談に行ったほうがいい。

●正しいサイズの服を着る

衣装ケースを開けて、自分が持っている服すべてに袖を通してみる。肩の落ちたジャケット、ずり落ちそうなジーンズ、腕の通らない半そでシャツ、襟もとが胸まで伸びたＴシャツ……。こういったものは仕立て直すか、リサイクルショップに出すか、寄付してしまうことだ。君をよく見せないものにはすべて同じ態度で臨んでほしい。そしてすべて体型に合ったものと交換すること。

ここに挙げた以外に身だしなみについて悩んでいることがあれば、今日からその解決に取り組んでもらいたい。（例えば、わきの下の汗、足がくさい、目立つ傷、首に彫った以前付き合っていた彼女の名前のタトゥーなど）。インターネットで解決法を探したり、スタイルライフの掲示板でほかの訓練生と情報を交換したり、必要とあれば勧められた製品を試すなり、病院に行くなりしてみよう。外見については努力する以外にない。言い訳は通用しないのだ。

DAY 6

ミッション1　ＡＡを克服する

今日は、カサノヴァ（一七二五～一七九八年。ヴェネツィア出身の作家。彼の自伝によれば、生涯に千人の女性とベッドをともにしたという）を目指す君たちの前に立ちふさがる最もやっかいな壁、アプローチ不安症（Approach Anxiety／ＡＡ）について考えよう。

アプローチ不安症とは、きれいな女性にアプローチするチャンスが訪れたとき、突然男を無力にしてしまう病気だ。兆候として、手のひらの発汗、心拍数の増加、息切れ、喉に物が詰まったような感覚が挙げられる。心理学的には、女性にアプローチすることではなく、結果として拒絶されることへの恐怖が引き金となって起こる。

これまでのフィールドワークで、相手に近づく前に躊躇してしまった君はアプローチ不安症を抱えているといえる。まだ一度も緊張したことはないとしても、これからミッションの内容が高度になるにつれて、あるいは運命の女性と出会ってしまったときに、おそらく経験することになるだろう。これは最高のナンパ師にも起こることなのだ。

まだ余裕のあるうちに、ＤＡＹ6解説のページを開き、**スタイルライフ・アカデミー**（注　著者が主宰するオンラインナンパスクール）の上級コーチであるドン・ディエゴ・ガルシアが不安の解消について書いた文章を一読してほしい（☞69ページ）。

ミッション2　気の利いたセリフが言えないときは…

家を出る前には必ずシャワーを浴び、ひげを剃って、気分を盛り上げよう。ＤＡＹ４で学んだ自分を鼓舞する儀式をすでに持っていれば必ずやる。昨日、新しい服を買ったのならそれを着る。さあ、今日も外へ出よう。

ミッションは、四人の女性を自然にほめること。このうち二人までは知り合いの女性でもかまわない。友人、同僚、もしくは母親でもいい。しかし後の二人は初対面であること。

「おきれいですね」などの一般的なほめ言葉は避けてほしい。また「いいカラダしてますね」など、エッチな含みのある発言もしないように。そのかわり何か具体的なものをほめるようにしよう。例えばネイルや靴、バッグ、その女性の立ち姿といったものだ。昨日君は綿密に自分自身を観察しているので、こういった細かなポイントを見る目も磨かれているはずだ。

この場合の最も一般的な反応は、素直に、丁寧に、あるいはそっけなく、ただ「ありがとう」と言われることだ。彼女のほうから会話を続けようとしてこないかぎり、ほめた後は立ち去る。

ポイントは、君が機嫌をとったり、口説こうとしたりしているのではなく、たまたま見えたものを愛でる気持ちを素直に表現しているのだと相手に思わせること。

すべてのアプローチで相手をほめることが有効だと言っているわけではないが、今日の目標は女の気を引くことではない。このトレーニングの目的は、アプローチ不安症を克服し、観察眼を磨き、そして自分の思い込みを離れ、他人にとっての現実を認識することだ。

ミッション3　八時間ルール

今夜はよく眠っておくように。明日は「ザ・スタイルライフチャレンジ」中、最も重要なミッションの一つに挑戦する。

DAY 6
解説

アプローチ恐怖症の治療

ドン・ディエゴ・ガルシアより

相互の愛情に基づいた他者との関係を築き、発展させることについて、その道の先達たちが百万もの言葉でその英知をわれわれに残してくれている。しかしその膨大な言葉の前には常に次の一句がある。すなわち、**「ゲームに参加しないものは、決して勝者になれない」**。

カリフォルニア州宝くじ協会の言葉を借りると、これは前提の前提なのである。自分だけの殻に閉じこもっていては新しい人間関係など決して生まれない。外へ出て、知らない人々と付き合うことが**絶対条件**なのだ。

アプローチ不安症とは男の心に潜む魔物の名で、自分を守る外向きのバリアーが何もない場合、魅力的な人物に話しかけることを止めさせてしまう。このアプローチ不安を、アプローチ大好きに変換する方法があるが、それを学ぶ前に、二つのキーコンセプト、すなわち抑制心理と開放心理についてお話ししよう。

抑制心理

人間は生まれつき、身を守るために主に二つのものを本能的に恐れるようになっている。高さと、大きな音である。

ほどほどの恐怖心は有益なものだ。われわれを危険から遠ざけてくれる。例えば、高さに対する恐怖心が崖から落ちることを防いでくれる。大きな音を恐れるおかげで危険予告にいち早く対処することができる。しかし、われわれの恐怖心や抑制心理の大部分はそういう先天的なものではなく、後から身についたものだ。われわれは幼少期から今日までに経験した嫌な出来事や、保護者から受けた影響の結果、自分自身に制限を設けている。

開放心理

生物学的な自己解放は、われわれに食欲や喉の渇き、性欲などへの欲求をもたらす。さらに現代社会においては、仕事を通じた権力欲、遊びを通じた娯楽への欲求、精神活動を通じた人生の探求といった文化面での欲求もある。

抑制と開放のバランスがとれていれば何も心配する必要はない。われわれは効率的に問題を解決しながら、世界と調和を保って生きているといえる。しかし、両者の均衡が破られたときに、われわれはあらゆる苦痛に苛まれることになる。

自分の抑制心理の範囲を知る

あなたが持っている抑制心理のほとんどは、両親、育ての親、教師、僧侶、仲間など、成長の過程であなたの手本となった人々から一つ一つ授けられたものだ。自分の抑制心理が何に起因するものなのか突き止めるのも意味のあることだが、もっと重要なのはその構造を理解することだ。抑制心理はマイナス方向に成長する傾向がある。抑制心理の原因について他人や自分を批判することは、ただそれを強めることにしかならない。

いずれにしても、回復への第一歩はまず受け入れること。つまり、自分に問題があることを認める。そして不安の根を断ち切る第二のステップとして、それを無意識の底から引っ張り上げ、白日の下に晒《さら》すことだ。それからやっと、それを取り除く作業に移ることができる。問題を診断し、治療計画を立てるのである。

この抑制心理は初対面の人に近づき、知り合うとき、それを妨げる声や映像となって現れたり、身体に何らかの影響を及ぼすことがある。抑制心理がどんなかたちで現れ、自分に社交的になることを恐れさせているのかを特定しよう。

抑制心理は次のような声となって現れる。

自信喪失：「何を言えばいいか分からない」、あるいは「前に失敗したのを忘れたのか？」

原因を外に求める：「たぶんこの子にはもう彼氏がいる」「自分などに興味を持つわけがない」「忙しいのに邪魔しちゃ悪い」

その場の状況：「周りの奴らがバカにするぞ」「ここは騒々しすぎて自分の声はきっと聞こえない」

経験に基づく合理化：「やめたほうがいいんじゃないか？　どうせ無駄だ」「ナンパする気分じゃないな」「仲間といれば十分だ」

間違った判断：「そんなに可愛くないな」「あんまり賢そうじゃないな」

映像となって現れる抑制心理は次のようなものがある。無視される、バカにされる、からかわれる、寂しくて孤独、じろじろ見られる、ボコボコにやられる、フラれる、同じ部屋にいるもっとモテる（または成功した）男のことを見ている……。

抑制心理が身体に直接、影響を及ぼす場合もある。人体は潜在的な危険を察知すると、急性ストレス反応（あるいは闘争／逃走反応）を起こしてアドレナリンを排出する。このホルモンは呼吸数や心拍数の増加、血管の収縮、筋肉の硬直、瞳孔の収縮、血糖値の上昇、免疫システムの弱体化などを引き起こす。

開放心理を覚醒させる

アプローチ不安を解消するために重要なことは、自分の抑制心理は正確でなく、むしろ自分が怠けているのだと論理的に理解することだ。DAY1の解説で、上限設定の多くが誤りであることを証明した。この証明は抑制心理が頭をもたげたときに、開放心理が冷静に反応するために使える。

例えば、抑制心理が「お前の言うことなんか聞くわけないさ……」と言ったとすると、開放心理はこう答える。「一度目に聞いてもらえなくても、俺はにっこり笑って丁寧に繰り返す。今度はもっと大きな声で、ゆっくり、はっきりと」。

抑制心理が「あなたはきっと緊張する」と言ったとすると、開放心理はこう返せばいい。「確かにこの状況では多少のストレス反応があるかもしれない。実際、ものすごいストレスだ。だからといってやり遂げられない理由にはならない。緊張をエネルギーに変えて、最高のパフォーマンスができたことがある。最高の気分だった。今度もそれでいこう！」

少し時間をとって、女性へアプローチするときの抑制心理の反応をリストアップしてみよう。そして次に、それに対応する開放心理の反応で自分を奮い立たせるものを書き出す。抑制心理の台詞には**「あなた」**という言葉を入れ、開放心理の台詞には**「私は」「私を」**という言葉を入れる。これは自分を抑制心理から引き離し、より開放心理へと近づけるのに役立つ。

今後、日常的に開放心理に前向きなセリフを加えて膨らませていくかどうかは自分次第だ。これが結果として弱点を克服し、努力して成功する力を養うことにつながる。

では、具体的な不安に対して一番効くと思う開放心理のポジティブな台詞やメッセージを三つ選んでみよう。それは今自分で書いたものでも、この本の中で見つけたものでもかまわない。それを紙に書いて、朝か夜の開放心理の儀式で、自信を持って大きな声で読む。そして、それを一日中、頭の中で反芻《はんすう》する。自分の中にプラスの変化を感じ始めたら、必要に応じて別のメッセージに替えよう。

サブモダリティーを調整する

人間の感覚はサブモダリティー（訳注　生理学用語。モダリティーの下位概念。モダリティーとは、視覚、聴覚、触覚などの五感や感覚。また、それらを用いて外界を知覚する手段のこと。また、それらの感覚に働きかける人工的な情報伝達手段）という媒体を通して情報を感知、記憶、処理している。例えば、聴覚のサブモダリティーにはボリューム、音程、テンポ、音質などがある。

ネガティブな内面の声を解消するため、自分を抑制する声のサブモダリティーを調整しよう。これには、ネガティブな内面の声の音量を下げたり、遠ざけたり、ボソボソ、キーキーといった音に変えたり、あるいは嫌いな人の声にするなどのやり方がある。

一方、開放心理は、強い低音で落ちついた声で近くに聞こえるようにする。尊敬できる人の声がいいだろう。信頼できる相談相手や俳優、成功した未来の自分などだ。

このエクササイズを見てなんとなくうさんくさいと思ったなら、それは再び抑制心理が働いているせいだ。これはトップアスリートが競技をマスターするためにコーチがやらせるのとまったく同じプロセスであり、セラピストが患者に恐怖症を克服させるために使う方法の一つでもあるのだ。

視覚については、心に浮かぶ静止画と動画は同じものとして考える。最初に抑制心理の失敗イメージを、開放心理の成功イメージで抑え込む。女性に無視されている映像を、モテている自分の映像とチェンジし、フラれているイメージは、きれいな女性があなたの手に自分の電話番号を押しつけている明るく生き生きとした場面と置き換える。

次にサブモダリティーを調整しよう。抑制心理のイメージは小さく、遠く、モノトーンの鈍い映像で、ぼんやりとした暗い画面にする。さらにこのネガティブなイメージを直接自分の目で見るのではなく、映画のスクリーンに映る登場人物になった自分を客席で見ているつもりで、切り離して考えるようにする。

これらのメンタルトレーニングは、潜在意識が変化に対して最もオープンになっている起床後すぐか、寝る直前に行うのがベストだ。可能なかぎり繰り返して行うことで、最終的に女性にアプローチするたびに抑制心理が送り込んでくるネガティブな映像を、自動的に却下することができるようになる。

最終目的に固執しない

男性が女性にアプローチするときの最大の問題の一つは、その女性との交流の意味を拡大解釈して、特定の目的に達することばかり考えてしまうことだ。それが電話番号を交換することにせよ、遊びに行くにせよ、セックスするにせよ、本気で付き合うにせよ、である。

そういった目的から感情的に離れることで（一方で、合理的に目標達成に向けて動いていくわけだが）不安感は大幅に軽減される。それが「ザ・チャレンジ」が壮大なゴールでなく、小さな、簡単に到達できるゴールに照準を合わせている理由なのだ。

人間はでたらめで、予測不可能で、混沌とした生き物である。ときには心底驚かされることもある。だからこそナンパは楽しいのだ。特定の目的にこだわるあまり、新しい出会いの機会を逃すのはもったいない。

辞書から失敗の文字をなくす

失敗の意味は人によって違う。ほとんどの人にとっては、失敗とはナンパしてフラれることだが、私にとって失敗とは、途中でやめること、諦めること、そして最初からアプローチしないということだ。

フラれるというのもまた誤った使い方をされ、間違ったイメージを持たれている言葉だ。辞書には**フラれる**の定義として、「拒絶される、受け入れを拒まれる」とある。つまり、もし誰かにガムをあげようとして、彼女が「いいえ、結構です」と言えば、あなたはフラれたことになる。――心が傷ついただろうか？　そんなことはないだろう。

女性を家族パーティーなどに誘って、「いいえ、結構です」と言われたとしても大した違いはないはずだ。ところが多くの人はこの二つを別物だと考える。

その理由はこうだ。ガムでフラれたとき、われわれはその相手がガムを欲しくないのだと考える。しかしパーティーに招待してフラれると、相手が自分たちのことを嫌いなのだと考えてしまう。しかし、いったい相手はどうやってこちらのことを嫌いだと決められるのだろう。出会って間もない、ほぼ赤の他人という間柄で、われわれがどれだけすごいのか、友人や家族が催すパーティーがどんなものなのか、彼女は知らない。そんな彼女の意見をそれほど高く評価する必要があるだろうか？　なぜ何も知らない事実上の他人の意見に、そんなにも感情的になる必要があるのか？

もう分かっただろう。これが抑制心理なのだ。

当たって砕けろ作戦

ここまで読んでもまだフラれることに不安を感じているなら、実際に街に出てフラれてみよう。私の知っている著名なナンパアーティストたちはみな、数え切れないほどフラれた経験を持っている。単純にそれはスキルを磨くために払う授業料のようなものなのだ。

マイケル・ジョーダンはこんな言葉を残している。「俺はこれまでのキャリアの中で九千本以上のシュートをミスし、ほぼ三百試合に負けた。仲間が俺を信頼して任せてくれた、勝負のかかったシュートを外したのが二十六回。人生で何度も何度も失敗を繰り返してきたよ。そのおかげでスターになった今の俺がいるんだ」

二～三回フラれてみると、そんなに悪い気分はしないこと、自分が誰なのかはあまり関係がないことが分かるだろう。肩を指でピンとはじかれる程度のものだと。たまにフラれることもあるだろうが、それで心に傷を負うことはないし、気にもならない。ただ経験不足な自分がちょっと気恥ずかしいだけなのだ。

以前、生徒の不安を取り除くため、一緒にフラれる経験をしてみようと彼を街へ連れ出したとき、こんな面白いことがあった。計画は大失敗。というのも、まったくフラれなかったのだ。女の子との会話はこんなふうだった。

私：こんにちは、ちょっといい？　ナンパしてるんだけど断ってくれない？　フラれたいんだけど。

女の子たち：は？　何それ？

私：だから、機嫌が悪いところに男が二人やってきた。うっとうしいから相手の気持ちとか考えずに言いたい放題……。

女の子たち：（さえぎって言う）ちょっと、私たちそんなに失礼じゃないんだけど！

結局、四十五分間も楽しく会話をして、最後には連絡先の交換もした。フラれても痛くもかゆくもないということを実際にやってみせようと思っていたのが、結果的にその日のレッスンは違う内容になってしまった。それは、自信満々で気持ちが安定し、テンションが上がっているときは、何を言ってもナンパのきっかけになるということだ。

自分でもやってみるといい。話してみたいと思う人に出会ったとき、とりあえず口を開いて最初に思いついたことを言ってみることだ。失礼だったり、ひどく挑戦的でないかぎり、一発で断られることのほうが逆に難しいことに気づくだろう。

これを何度か試すと、人によってさまざまな反応を見せることに気づく。するとだんだん、何も期待せず、かつあらゆる状況に備えるという心構えができてくるはずだ。サミュエル・ヘイゾにこんな詩がある。

すべてに期待すると、何にも満足できなくなる
何にも期待しなければ、何にでも価値を見出すことができる

先へ進む前に

四人の女をほめるミッションはクリアしたか？
新しい服は買ったか？
ミッション遂行の目的をリストアップし、立ち姿を修正し、
見ず知らずの三人からお勧めの映画を聞きだしたか？

すべての問いへの答えがイエスなら、次のページへ進んでいい。

ミッションはこなしていないが、ただ情報を得るために読んでいるのであれば、
答えがすべてイエスになるまで、ここから先に進んではいけない。

この本をただ漫然と読んでも、トレーニングジムに行ってぼんやりテレビを見ているのと同じだ。
進歩するためには、相応の訓練が必要なのだ。

DAY 7

ミッション1　きっかけの作り方を学ぶ

今日最初に覚えること、それは〝口説き文句など存在しない〟だ。

言えばたちまち女性が恋に落ちたり、ムラムラしたりする魔法の言葉があれば、男はそこらじゅうで言いまくっているだろう。いわゆる口説き文句とは、ただのシャレのようなもので、まっとうに女と出会うきっかけとして使われたためしは一度もない。

実在するのは特別な一連の会話プロセスであり、これが女とロマンチックな大人の関係を築くのに使われるのだ。このプロセスの導入部分はオープナーと呼ばれ、会話のきっかけとなる一番重要な部分といえる。

次に進む前に、DAY7解説にあるフィールドガイド「オープナー」（☞85ページ）を読むことが最初のミッションだ。

ミッション2　オープナーを準備する

このミッションでは、今日の解説に基づいて君オリジナルのオープナーを作ってみよう。

オープナーを考案する最も シンプルな方法は、自分が不思議に思うことや勉強してみたいこと、まったく意味の分からないことでも何でもいいから思い出すことだ。その中から、多くの人が興味を持ちそうなテーマを一つ選ぶ。例えば、人間関係やメンタルな悩みなど、深刻で白熱した議論を呼びそうなテーマや、ポップカルチャー、旅行、健康、日常生活にまつわる疑問などの細かい話題でもいい。テーマが決まったら、友達に聞いてみたり、インターネットで情報を集めたりするのではなく、それを口実に人と話してみよう。例えば、ある曲を歌っている歌手の名前が思い出せないとき、その日のミッションを「初対面の人から歌手名を聞きだすこと」にして家を出ればいい。

あるいは、友人の彼女からキスされそうになったことを友人に言うべきかどうか迷っているようなときは、絶対に街へ出て女性からアドバイスをもらうべきだ。

それが実話であるかぎり、あり得ないような質問でも効果的なオープナーになる。例を挙げよう。ある日俺と友人が海の名前について議論したとき、俺たちはグーグルで簡単に答えを見つけるのではなく、その晩のオープナーにこの話題を使うことにした。

「こんばんは。高校の地理、得意だった？　大陸はいくつあるか知ってる？　七つ、正解。では海は？　五つ、正解。では質問。その五つの海の名前を全部言える？　俺たち一日中この話してたんだけど、どうしても四つしか思い出せなくて」

バカバカしいが、会話のきっかけ作りにはいつも役に立った。

解説では数種類のオープナーを紹介しているが、このミッションでは間接オープナーでやってみよう。ここでは、ロマンチックな大人の関係になりたいという君の野心は見せない。質問が何であれ、ポジティブな態度を維持すること。そして、連続殺人についてや、個人的な質問で自信を失くしそうなものなど、自分自身に悪い形で跳ね返ってきそうな怪しい話題は避けること。

ミッション3　自分のオープナーをテストする

身だしなみを整え、きちんとした服を着て、気合を入れる。今日のミッションは三人の女性（または女性を含むグループ）に声をかけ、自分で考案したもの、あるいは解説で読んだオープナーを試してみることだ。場所は、外、カフェ、バー、ショッピングモール、オフィスの待合室など、自分の選んだ場所ならどこでもいい。

オープナーを使った後、会話を続ける必要はないが、盛り上がっていればもちろん続けてかまわない。自然と会話が終わったら、簡単に一言言って立ち去ればいい。例えば、「ありがとう。会えてよかった」など。

三回とも成功する必要はない。ただ三回アプローチすればよいのだ。明日のミッションでは君のオープナーの威力を増し、成功率をぐっとアップさせるポイントを追加でいくつか教えようと思う。

ミッション4　自分のアプローチを採点する

今日君がやったアプローチを紙にリストアップしてみよう。

うまくいったものは、成功の理由として思いつくことを書き出そう。失敗したものについても、なぜうまくいかなかったのかをメモしておこう。

さて、リストを見直してみよう。うまくいかなかった原因を誰かのせいにしていないだろうか(「歩くのが速すぎる」「あの女、自分を何様だと思っているんだ」「タイプじゃなかったから気分が乗らなかった」「あの男が邪魔したせいだ」)。

もしあれば、それを消して、自分が犯したかもしれないミスと書き変えよう。そして今後、アプローチを成功させるためには何を修正すればいいのかを書き加えよう。

DAY 7 解説

フィールドガイド「オープナー」

「名前は？」「何の仕事をしてるの？」「最近、面白い映画観た？」

……つまらない！

周りの男が初めて会った女とどんな会話をしているか聞いてみるといい。おそらくその女は先に挙げたうちの一つ、または全部を含む、絶え間ない質問の嵐にさらされている。それでも女が質問に答えるので、その男は盛り上がっていると勘違いしてしまうのだ。

そこで君に質問。この女性、今までに何度同じ質問に答えたことがあるだろうか？

答え――数え切れないくらい。

このような会話の終わり方はだいたい決まっている。バーにいる女は退屈し、ゆっくりと周囲に視線を向け始める。男は焦って電話番号を聞こうとする。女は穏やかに、（嘘でも本当でも）彼氏がいるからと言って断る。そしてゲームオーバーだ。

なぜこうなるのか？

コメディアンのクリス・ロックのネタで、男が女に言うことがいちいち「エッチしない？」と訳されるものがある。

つまり、ありふれた質問をいくらぶつけてみても、女の耳には「エッチしない？」としか聞こえないのだ。飲み物をおごろうかと言うと、女には「エッチしない？」と聞こえる。自分のことを話す、女がつけているネックレスについて何か言う、ヒマかどうか聞く。女にはどれも「エッチしない？」に聞こえる。

本書のチャレンジャーである君の目標は、「エッチしない？」と言わずに、女と会話をスタートさせることだ。

これを達成するためには、間接オープナーと呼ばれるテクニックを使う。この間接オープナーは、初対面の女性、あるいは自分の知らない人々のグループに対して、相手を攻撃したり、下心を見せたりすることなく、会話を始めるテクニックだ。これがうまくできるようになれば、今度は逆に女のほうから**君に**、つまらない質問をぶつけてくるようになるだろう。

ここからは、オープナーの基本的な使い方と、発展のさせ方を解説する。そして明日のミッションではさらに二つのテクニックを学習し、これをほぼ完全なものにしたいと思う。

オープナーの種類

完成度の高いオープナーは四つの要件を満たしている。

①相手を脅かしたり、居心地を悪くさせたりしない。
②好奇心をかき立て、相手、またはグループ全体の想像力をとらえる。
③後に来る話題への伏線になっている。
④自分の人間性をうまく表現する道具になっている。

オープナーにはさまざまなタイプ、レベルのものがある。例えば、

■直接オープナー。相手とロマンチックな大人の関係になりたいという気持ちをあからさまに述べる。
■状況オープナー。周囲のものについて述べる。
■間接オープナー。相手の女性や周囲のものとは関係ない、自由な楽しい話題について述べる。

どのオープナーも実際に使えるが、直接オープナーと状況オープナーは「エッチしない？」枠に入ってしまいがちだ。使ってもいいが、それは最初から女が君に関心を示したり、好意を持っていそうな感じがある場合だけだ。それでもうまくいかない可能性はある。

俺が個人的に好んで使うのは間接オープナーだ。なんといっても上手に使ったときのナンパの成功

率九五パーセントという確率の高さが魅力だ。これはナンパにかぎらずほかのゲームと照らしても非常に高い確率と言える。

ほとんどの間接オープナーはあらかじめストーリーが練られ、台本が用意されている。話すことを最初から準備しておくというのは、いかにも取ってつけたようで不自然に思えるかもしれないが、会話の導入部分をいつでも使えるように準備しておけば、魅力的な女性と出会ったときに、毎回躊躇したり、何か頭のよさそうなことを言おうと考えたりする必要がなくなる。

いずれは何を言っても自然にうまく会話を始められるようになるが、今はトレーニングの一環として間接オープナーを自分で考えてみよう。一度使ったら手放せない鉄板のオープナーを自分で作れるだろうか?

オープナーを始める前に

ナンパは君が口を開く前からもう始まっている。

なぜなら、最初のアプローチはナンパの成否を決める決定的瞬間だからだ。君の動作や態度、放出するエネルギー量まで、すべてが全体の一部として重要な意味を持っている。一人でいる女、または知らないグループにアプローチするとき、次のいくつかの点を頭に置いておいてほしい。

●ナンパよりも楽しいことをいつも持っていること。

君が目の前の女性をじろじろといやらしい目で眺めた瞬間、たとえその女性が君の視線に気づいていなかったとしても、周囲のほかの女は全員、君に背を向けるだろう。それは必死感を漂わせた君が気持ち悪いからだけでなく、君が話をして楽しそうな、出会う価値のある男に見えないからだ。

●誰でもみな、その場所で一番の人気者と一緒にいたいと思っている。

バーなど、公共の場所にいるグループはだいたいお互いのことをよく知らないので、君はただその瞬間だけ自分は人気者だという幻想を作り出せばいい。グループとの会話に入ったらすぐ、新しい友人たちとの活発な会話に没頭しよう。笑顔を絶やさず、笑って、楽しんで、みんなと一緒にいることを楽しもう。

●アプローチしてみたい女性を見つけたら、そちらに向いて会話を始めてみよう。

迷ったり、空気を読んだりするのは時間の無駄だ。アプローチの技術はいかに自然に相手に近づくかだ。時間をかけすぎると、彼女は君のターゲットが自分だと気づいて、こっそり席を立ってしまうだろう。もっとよくあるのは、長く考えすぎた揚げ句に緊張してしまい、結局諦めてしまうことだ。

●アプローチのとき、その女性やグループ全体といきなり正面から顔を突き合わせてはいけない。

これは少しストレートで挑発的すぎる。そうではなく、まずは肩越しに振り返るように話しかける。あくまで自分はどこかほかのところへ行く途中で、道すがら、ちょっと立ち止まってその辺の人に簡単な質問を投げている、という印象を与えるように。グループが君の話に食いついてきたら、彼らのほうに体を向けていい。

●グループや個人に覆いかぶさったり、寄りかかるようにして話してはいけない。

もし君の声がＢＧＭに負けていなければ、いつもより意識してまっすぐ立つ。相手が椅子に座っている場合は、いつもより大きな声で話そう。会話がスムーズに進めば、君はすぐ彼らと一緒にそこに座るか、みんなで静かな場所へ移動することになるだろう。

●最初に笑顔を忘れないように。自然に笑えないときでも、とりあえず笑顔を作る。

笑顔が、君が敵ではなく味方だという無意識レベルの信号になり、アプローチしようとする女性なりグループなりから前向きな反応を誘うのだ。

●君のエネルギーレベルは相手の女性かグループと同等か、やや上回るくらいでなければならない。

ほとんどの人は楽しむためにそこにいるので、君がいることでさらに場が盛り上がるのなら、彼らは喜んで君を迎え入れる。逆に、彼らの興をそいだり、意味の分からないことばかり言ったりすれば、君が何について語っているかに関係なく、彼らは一刻も早く君を追い出したいと考えるだろう。エネルギーレベルを上げるには、大声で話す、ジェスチャーを使う、相手とのコミュニケーションを深める努力をする、口と目で思い切り笑顔を作るなどの方法がある。ただ、あまり一人で盛り上がりすぎると、ただのうっとうしい奴だと思われるので気をつけたい。

●全員に君の話が聞こえて、全員が話をきちんと聞いて、会話に参加しているかどうかをいつも確認する。

一人がそっぽを向くと、全員がそっぽを向いてしまう可能性がある。誰か一人が退屈していると感じたら、その彼女を名指しで会話に引っ張り込んだり、服装や、やっていることについてコメントしたりしよう。

●男性が混じったグループでも恐れてはいけない。

グループに多くの男性がいればいるほど、誰かがすでに中の女性にナンパを仕掛けたという可能性は少ない。グループにいる男が、その中の誰かの彼氏や夫であることが意外に少ないことにも君は驚くだろう。

●グループの男は注意して見ておくこと。

彼らは自分たちが無視されている、あるいは下に見られていると感じると、直ちに君を追い出そうとするだろう。もし男の誰かが、君の目的がナンパではないかと疑っていると感じたら、前に付き合っていた彼女の話か、女優を口説いてフラれた話などをしよう。

●もし今までに何度もナンパされていそうないい女や、グループに興味があるのなら、直接アプローチしてはいけない。

まずは隣にいるグループに接近しよう。そして一番盛り上がった瞬間に、最初に目をつけた女を気さくに会話に引き込むのだ。

最初のフレーズ

効果的な間接オープナーには次の三つの性質が備わっている。自然に聞こえること、好奇心から出た言葉であること、誰にとっても楽しい話題であることだ。

また、細かい注意点もたくさんある。例えば、決してイエス、ノーで答える質問を最初に持ってきてはいけない。もし君が「ちょっと聞いていい?」と尋ねて、答えが「ノー」だと、早くも手詰まりになってしまう。

そうではなく、見て感じたことなどを言うといい。「何かの専門家の集まりですか？」とか。または助けを求めてもいい。「これの答え知りませんか？」とか、「ちょっと意見を聞かせてもらえませんか？」といった具合だ。そして少し間をおいて、全員が注目していることを確認したら続きを話し始める。

質問をしても答えを得る必要はない。しばらく黙って、誰もその沈黙を埋めなければ、自分の話を続ければいい。

オープナーを始めるとき、「すいません」「ちょっとごめん」「おじゃまします」などと言うのはあまりいい方法ではない。もちろん、両親は君を礼儀正しい人間に育てたわけだが、会話の始めにこう言ってしまうと、良くても自信なさそうに聞こえ、悪いと媚びているように取られてしまう。男がまず美しさに引き寄せられるようなとき、ほとんどの女はまず社会的地位に引き寄せられる。そして高い地位にある男は、決してそこに自分がいることを詫びたりしない。

一番広く使われている間接オープナーとして思いつくのがオピニオン（意見）オープナーである。それは自分の私生活についてグループの意見を求めるものだ。念入りにカモフラージュされたオピニオンオープナーを使えば、十分間は場を盛り上げることができる。それはつまり、君に十分間、自分のユーモアセンスや人間性を見せる機会が与えられるということだ。

初心者にとって使いやすいオープナーは、俺が以前付き合っていた女をモデルにした「浮気な友達オープナー」だ。このルーティーンのいいところは、気になっている女がどのくらい嫉妬深い人間か知ることができることだ。

すべての台詞が入った台本を載せた。もともとはバーやクラブで作られたものなので、もし昼間に戸外で一人で使うのなら、友人を指さす代わりに、今までその友人と電話で話していたふりをするように。

あなた：こんばんは。ちょっと意見を聞かせてもらえる？　向こうにいる友達にアドバイスしたいんだけど、男ばかりなんで、間違ったことを言わないか心配で……。

女たち：何が？

あなた：質問は二つなんだけど。例えば君に三カ月付き合ってる彼氏がいるとする。その男が君に、ある男友達と遊ぶなと言ってきたら、どうする？　その男友達はただの友人で、それ以上ではないとして。

女たち：たぶん、その付き合ってる男と別れるかな。

あなた：では次に、もしその友人が以前付き合っていた彼氏だったとしたら？　何か変わる？

女たち：そうね。私も元カレの何人かと今も友達付き合いしてる。無理な人もいるけど。ケースバイケースね。

あなた：なるほど。友達にも三カ月付き合ってる彼女がいて、その子がほかの女と話すのをやめろと言っててね。嫉妬深い彼女に腹が立つし、かといって彼女は怒ってるし。困ってるんだ。

女たち：私も前にそんなことがあったの、そのときは……。

もし君がグループを相手にしているのであれば、必ず全員（男も含めて）に意見を求めること。一人も漏らしてはいけない。なぜなら、仲間外れにされた人は侮辱されたと感じるか、または退屈して、グループ全体に影響を及ぼして君を追い払おうとする可能性があるからだ。

このオープナーでもほかのものでも、一番肝心なことは、問題は言葉の一言一句ではなく、それを言う君の態度なのだ。オープナーはただ会話の口火を切り、グループの注意を引くために使うだけだ。女がたちまち足元にひれ伏すような、魔法の公式などどこにも含まれていない。君の魅力を証明する間、口を動かしているためのただの口実なのだ。

オープナーの後

いいオープナーは別の質問や話題を自然に引き出し、会話を展開させてくれるだろう。最初に尋ねた質問に対する自分の考えを聞かれることも多い。ちゃんと用意しておくこと。もし君が日頃から皮肉屋でネガティブな性格だとすると、その変わった世界観に興味を示す女が出てくるかもしれない。だが、それで相手に好かれることはまずないと言っていい。なぜ分かるかというと、俺ももともとはそのタイプだったからだ。その後気づいたことは、人々を君に向けさせる（そして一緒にいたいと思わせる）鍵の一つは、前向きな姿勢なのだ。

だからオープナーは自分の暮らしの中から見つけるのが一番いい。オープナーに大学に通う誰かを使うには、何の大学か知らなくてはならない。外国にいる誰かの話であれば、それがどんな国なのか知っておかなくてはならない。前もってオープナーに登場する人物の年齢、職業、人間関係、そのほかの詳細を決めておこう。もしそのオープナーが正しく機能したら、興味を持った女はおそらく細かい部分について質問を始めるだろう。準備はきっちりとやっておくこと。

一方で、あまり準備しすぎてはいけない。君は、普通の質問への軽妙な答えや、関係するテーマ、タイムリーで面白い細かな出来事などをたくさん思いつくだろう。例えば、浮気な友達オープナーを使っていて、反対意見がたくさん出て収集がつかなくなったとき、君は驚いたように笑って、「君たちすごいな。『The View』（訳注　アメリカのＡＢＣテレビのトーク番組。さまざまな年齢、経験、キャリアの女性で構成されたチームがその日の注目イベントについてトークを行う）みたいだ」と言ったりするかもしれない。

しかし、初心者がやりがちなミスを覚えておきたい。それはオープナーでエネルギーを使いすぎることだ。勢いがなくなってきたり、会話を続けるための言葉を探すのに一生懸命な自分に気づいた時点で、オープナーは終わりなのだ。さっさと切り上げて、次へ進もう。

ここから何を言うかは、今後の「ザ・チャレンジ」の課題でしっかりと学習する。今覚えておいてほしいことはこれだ――消えかかっている話題を途切らせないようにと頑張り始めた瞬間から、君の言葉は「エッチしない？」という響きを帯び始める。

練習について

今は台本になった素材を学んでいるわけだが、練習についてもっとも重要なことは、「練習しない」ことだ。頑張れば頑張るほど、君は固定観念から抜け出せなくなる。

何かを狙いにいったとき、例えば彼女に自分を印象づける、いい評価をされる、気を引く、またはそれ以外でも、頑張ってしまった時点でゲームオーバーなのだ。

この本にある特定のルーティーンやフレーズが将来広く知られるようになることもあり得るが、それが機能するための大前提は、これまでも、また今後も、決して変わることはない。

実力がついてくれば、君はだんだん台本化されたオープナーの必要を感じなくなるだろう。やがて友人と街へ繰り出し、どっちが笑えるオープナーを作れるか、お互いに競ったりするようになる。

そうしているうちに、君が明るくて、さっぱりしていて、人に親切で、態度が前向きであれば、何をどうやろうが問題ないことが分かるだろう。

トラブルシューティング

明日、オープナーが失敗する原因の多くを回避する二つのポイントを学習する。

ここで伝えたいことは、オープナーで起こることはすべて学習の素材だということ。拒絶反応があっても、それは君に対してではなく、テクニックに対するコメントなのだ。

もし（聞いてもいないのに）女が自分には彼氏がいると言えば、彼女は君がナンパしていると感じた証拠だ。女がトイレに行くと言ったら、それは彼女を落ちつかない気持ちにさせてしまった証拠だ。このような反応を分析して、その後のアプローチを改善し、一般的な拒絶反応を口説きの材料に変えるような応答を考えたい。例を挙げると、君が露骨に口説いていると言われた場合、こう答えればいい。「君を口説く？　可愛いこと言うけど、君は僕とは釣り合わないよ」

何をするにせよ、自分から会話のきっかけを作ることが大前提だ。

君からアプローチしなければ、初めて会うその人が君の彼女になるのか、一時の遊び相手になるのか、友人の一人になるのか、それとも仕事につながる出会いになるのか、決して知り得ない。これまでに俺が話をした生徒はほぼ例外なく、今まで何のアプローチもしてこなかったことを後悔している。逆にどんな結果であれ、アプローチしたことを後悔しているケースはほとんどない。

自分で踏みとどまることの痛みの大きさは、本人にしか分からないのだ。

DAY 8

ミッション1　オープナーを調整する

オープナーを使ってみただろうか？　よく頑張った。会話を始めるのが簡単になったと思った人も、そう思わなかった人もいるだろう。相手をイライラさせていると感じたり、何かのアンケートかと聞かれたり、変な目で見られたこともあったかもしれないが、君は何も悪いことはしていない。次のミッションに進む準備ができただけだ。

今日、君が学ぶことは、会話を始めるときに気をつけたい二つのキーポイントだ。この二つを自分のアプローチに加えた後、すぐにオープナーの効果と、相手の反応の変化に気がつくだろう。

次のミッションへ進む前に、ＤＡＹ８解説のページを開いて、中身を読んでみよう。

ミッション2　新しい装備でアプローチする

昨日と同じオープナーを用いて、三人の女（または女性を含むグループ）にアプローチせよ。

今回は、それぞれのアプローチに、意味づけと時間設定を加えてみよう。

ミッション3　評価

家に帰ったら、今日アプローチした女の反応を昨日の反応と比べて違いがあったかどうか思い出してみよう。違いを三つ書き出すこと。

自分で作ったオープナーで自然に会話を引き出せている感じがしない場合、ここからのミッションではこの本に収録してあるもの（浮気な友人や、五大洋のオープナーなど）を使うか、内容をチェックして、修正したものを使おう。

DAY 8 解説

二つのキーポイント

知らない人のグループに君が近寄っていくと、彼らは通常、二つのことをすぐに頭に浮かべる。「自分に何の用か?」「どのくらい時間がかかるのか?」。

ナンパにおける戦略の一つは、これらの障害（そしてほかのすべての障害）を予見し、取り除いておくことだ。アプローチの最初の一～二分でうまくこれができれば、消極的な反応や、冷めた反応を受ける可能性はぐっと少なくなる。

意味づけ

なぜ君が話しかけてきたのか分からないとき、君が説明するか、あるいは経験から判断がつくまで、たいがいの女性は疑いの目でこちらを見てくる。初めてオピニオンオープナーを使う人がよくアンケートと間違われるのはこのためである。

「自分に何の用か？」という質問への対策として、自分が質問することに正当な理由を持たせることで、オープナーの意味づけをするのである。

例えば、そのオープナーは君の身に起こったばかりのやや緊急度の高い出来事で、答えが今すぐ必要なのだ、といった具合だ。

これを伝える最適な方法は、オープナーの途中のどこかのポイントで、なぜ君が彼女に質問しているのかを説明することだ。状況を説明するには次のフレーズを使えばよい。「××だから聞いていいます」

浮気な友人のオープナーで君が女性に質問をする理由はこうだ。「君には友人がいて、彼は最近、ガールフレンドと同居を始めた。友人のガールフレンドは、彼がある女友達と話をするのをやめてほしいと思っている。君は友人に何かアドバイスをしたいと思うが、友人が君の言うことを聞かないので、バックアップしてもらいたい」。

改めて意味づけを考える必要のない場合もある。シンプルに、「友達と話してたんだけど、女性の意見も聞きたくて」と言ってもいい。友達と一緒でなければ、さっきまで電話で話していた話題ということにしてもいい。ある女性、またはグループに、なぜ君がその瞬間に近づいてきて、特定の話題について彼女に話しかけるのかさえ伝われば、どんな理由でも意味づけになり得る。

時間設定

女性経験の少ない男性のほぼ全員にとって、ナンパとは、女性に近づいて、フラれるか、持ち帰りするかするまで、ずっと話しながら一緒にいることを意味する。このため、女たちはしつこい男を追い払うために膨大な数の戦術を考案してきた。

だからまず君は、自分がその手の男でないことをいち早く相手に悟らせなければならない。女が最初から君に興味を持っている場合以外、君が近づいたその瞬間から、女はどうやって君を追い払おうか考えていると思っていい。女の作戦としては、友人と大切な話をしていると言う、トイレに立つ、彼氏持ちかレズビアンのフリをする、あたりかもしれない。

そこで「どのくらい時間がかかるのか？」という質問への対策として、君は時間設定をする必要がある。

時間設定は、女やグループに対して君が長時間居座るつもりのないことがはっきり分かれば何でもいい。そしてグループが君の話がいつまで続くのか考え始める前の、会話の最初の一分以内に挿入しなければならない。では、君のオープナーの冒頭に、次のように時間設定を入れてみよう。「友達が待ってるからすぐに戻らないといけないんだけど、ちょっとだけ……」あるいはオープナーの真ん中で説明的に、「ところで、今日は男だけの飲み会だから、本当は君たちと話してちゃいけないんだ」

時間設定は別に口頭で言わなくてもいい。動作で表現することも可能だ。体を後ろへ傾ける、後ろ足へ体重を載せて前後運動してみせる、話しながら二～三歩後ろへ下がる。またはほかの動作で、君が急いでいるか、どこかへ行く途中だという素振りを見せればいい。

時間設定はこの二つの要素を含んでいるときがベストだ。つまり、口頭で伝え、さらに動作でも相手に伝える。

時間設定と意味づけの両方を使えば、君の目的と、どうやって追い払うかについて心配する必要がなくなり、女性はリラックスして君が言わんとすることに耳を傾けることができる。

だがちょっと待てよ。もし一分で消えると言ってしまったら、オープナーの後、どうやって話を続けたらいいんだ？　と思った君。いい質問だ。

会話における次の重要なステージは「フック（曲がり角）ポイント」と呼ばれる。これは、それまで彼女の時間を浪費するだけの赤の他人だった君が、彼女の心を捕える瞬間のことだ。いきなり彼女は君を手放したくなくなり、今度は君がしぶしぶ貴重な時間を彼女のために使ってあげることになる。

そんな男になることが、来週の「ザ・チャレンジ」のメインテーマだ。

DAY 9

ミッション1　見直しの時間

来週からは少しペースを上げていく。しっかり集中して、前進する心構えをしてほしい。今日はここまでの復習だ。

ミッションは過去八日間を振り返ること。そして自分に問いかけよう。

■飛ばしたミッションはないか?
■クリアできていないと思うミッションはないか?
■満足のいく結果が出なかったミッションはないか?
■もう一度挑戦したいミッションはないか?
■発声、姿勢、身だしなみ、目標達成への決意など、昔に戻ってしまったものはないか?

この機会に過去のミッションを振り返り、強化したい部分をもう一度繰り返してやってみてほしい。

ミッション2　男女混成のグループにアプローチする

君がここまでのチャレンジでアプローチしたのが一人でいる女性か、女性だけのグループだったのなら、この辺で男性の混ざったグループと接触してみよう。

課題は、男性の混ざった三名以上のグループ二つにアプローチすることだ。

初めてのときは、男のいるグループへのアプローチは難しく思えるかもしれないが、本当は想像よりもずっと簡単なのだ。怖そうに見えるグループであればあるほど、先に誰かにアプローチされている可能性は低いのだ。

忘れないでほしい。アプローチを成功させるためには、男たちが会話から取り残されないよう注意し、自分が一目置かれていると思わせること。そしてグループの女の子を口説くつもりなどさらさらないと信じさせることだ――少なくとも今だけは。

ミッション3　テコ入れ

統計学的に言えば、何か新しい自己学習プログラムを始めた場合、九日目にやめてしまう人が最も多いらしい。これは君のことではない。今日最後のミッションは、ＤＡＹ９解説を読み、学習方法を学ぶ準備をすることだ。

DAY 9
解説

十四の学習法則

俺が最初にナンパアーティストの道を志したとき、大学三年生のチャドという男からメールをもらった。彼は俺よりも六カ月早くこの世界に入り、すでに基礎的なコンセプトは十分に習得していた。しかしまだ童貞であった。

彼はがっちりした体格、波打つ黒髪、四角いアゴを持ち、俺よりもはるかに男前だった。しかしその一年後、俺は自分には一生縁がないと諦めていたような素晴らしい人生を送っていた。一方、チャドはというと、負けずに努力していたにもかかわらず、相変わらず童貞のままだった。

ある晩、俺とチャドは座って、いったい何が問題なのか考えた。やがて気がついたのは、俺たちは違うアプローチで学習をしていたということだった。

その後、俺は後に述べる十四の学習法則をまとめる作業を始めた。この法則はナンパに限らず、学校でも、職場でも、趣味でも適用が可能だ。そして、欲求不満で壁に頭をガンガンやっているアンポンタンと、ゲームの最高峰へとスムーズに上っていくチャンピオンとを分ける。一つ一つ理解して、それぞれの原則を確実に吸収しながら読み進めてもらいたい。

1. 知識は少しずつ習得し、実践すること

天才的な準備の達人がいる。彼らは行動を起こす前に、それに関するすべての情報を手に入れようとする。一見、彼らは一生懸命努力しているように見えるが、実は物事を先送りにしているだけだ。ナンパを学ぶ最良の方法は、一度に一歩ずつ、着実に進んでいくことである。次のレベルに進むために必要なことだけを学ぶ。もし女にアプローチできないのなら、オープナーだけに集中する。オープナーをマスターしたら、今度は会話を続ける方法を習う。その先のセックスの技術など考えなくていい。必要なものを一つずつ積み重ねていけば、すぐにたどりつくのだから。

2. 拒絶されることはない。反応するだけだ

一度の挫折や一回フラれただけで、くじけて諦めてしまう人がたくさんいる。彼らはフラれたことを個人的にとらえる傾向があり、それが自分自身の人間性に対する否定だと考える。しかしそれは自分がやったことに対する相手の反応なのである。人々に話しかけて失敗するたびに、なぜ彼らがネガティブに反応したのか、そうならないために次からどうすればいいのか、学ぶチャンスを君は得ているのだ。

自分のミスから学ぶ能力を持っていれば、ミスなど起こり得ない。なぜなら断られるたびに、君は

完成へと近づいていくのだから。

3．彼女には何の罪もない

ナンパで何かがうまくいかなかったとき、君は誰を責めるか？　もし自分が、あの状況ではムリとか、あのバカ男のせいでとか、あれは悪い女だ、などと言っているのなら、君は間違っている。君が悪い。いつでも悪いのは君なのだ。

自分のことは修正できるので、本当はそれはいいことなのだ。だから決して周りや状況のせいにしてはいけない。その代わり、自分自身を分析する意思を強く持って、**個人的なこととは考えず**、批判を受け入れよう。ここに至ってようやく君は、良い結果を得るためにほかにできることはなかったのか、それとも本当にやむを得ないケースだったのか、正確に判断できるのだ。

4．受身でなく、積極的に学ぶ

ビデオを観たり、ニュース番組に投稿するだけでサッカーは上達しないのと同じで、女性にモテるようになるためには現実世界で経験を積む意外に方法はない。セミナーに参加して、座って話を聞いたり、ＤＶＤを買って理屈を学ぶことは誰でもできる。しかし、実際にゲームに勝つのは、現場に自分を投げ込める男だけなのだ。

5. 悪い結果を想像しない

ナンパにおいて男によくある最大の問題の一つは、頭の中で悪いシナリオを想像してしまうことだ。この想像はよく、彼らが外へ出て新しいことを始めないことの言い訳に使われる。ネガティブなことを考えている暇があるなら、家を出て、何人かに声をかけてみよう。それでももし現実にそのシナリオどおりになることがあったら、**そこで初めて**、どうすればいいのか考えよう。これはスカイダイビングとは違う。何も準備していなくても、実際に害を受ける可能性はかぎりなくゼロに近い。

6. 精神の学習パターンを知る

神経言語プログラミング（ＮＬＰ）における心理学分野での研究から、精神の学習過程について、四つの興味深いモデルが提示されている。これを使えば君の進捗状況を測ることができる。

- **無意識的無能**：やり方が間違っていて、それに気づいていない。
- **意識的無能**：やり方が間違っていて、気づいてはいるが、修正できていない。
- **意識的有能**：正しい方法で学習し、また意識して正しくやっている。
- **無意識的有能**：もはや考えたり、学んだりする必要はなく、自動的に正しいやり方でできる。ナンパの世界では、この域に達した人々はナチュラルと呼ばれている。

7．進んで苦難の道を歩く

ナンパは決して簡単なことではない。感情、行動、信条といった、自分を形成しているものほぼすべてと向き合わなければならない。ある女にアプローチする、新しいテクニックを試す、行動パターンを変える。ときには怖さを味わうこともあるかもしれない。アマチュアとチャンピオンとを分けるものは、恐怖に立ち向かい、どんな手段を使ってもやり遂げるという決意の有無なのだ。このことについて、アーノルド・シュワルツェネッガーはボディビルダー時代に次のように語っている。「苦しい時期を頑張り抜いた人がチャンピオンになれる。駄目だったら、さっさと忘れる。挑戦する覚悟が多くの人には欠けている。『失敗してもかまわない』と言ってさっさとやってみればいい」

つまりはそういうことだ。

8．友人や家族に賛同を求めない

君が進もうとしている道について、友人や家族の中には理解しない者もいるだろう。君の変化が気に入らないと言うかもしれない。成長しようとする君を笑うかもしれない。気にすることはない。俺も同じ経験をしたし、オプラ（訳注　オプラ・ウィンフリー。アメリカで絶大な知名度を誇る黒人女性テレビ司会者）にも起こったことだ――彼女が減量に成功したとき、同時に友人も去っていった。最初、彼女には理由が分からなかったが、やがて、かつての自分の巨体が、友人たちにとっては彼ら自身の体形に安心できる材料になっていたのだと気づいた。同じように、君が女にモテ始め、人生にいろいろと刺激的な変化が起こり始めると、それを面白く思わない友人もいるかもしれない。つまり、君は彼らの抑制心理や、欲求不満をごまかす自己満足を脅かす存在になっているのだ。しかしこれは彼らの問題で、君には関係ない。

9．意味が分からないことでも、積極的に試してみる

ナンパを学ぶ以前、俺は自分のことを知性ある成功者だと思っていた。しかしそれまでに社会で培った理論では、結局俺は女と仲良くなることはできなかった。その状況を打破するために、俺はたとえ理屈に合わないと思っても、新しい行動様式を試す必要があったのだ。

俺は女が逃げ出すようなことを言ってみた。ところが女はそれを面白がった。俺は笑い物になる覚悟で奇抜な服を着てみた。ところが女はその服に興味を持って俺に近づいてきた。そして俺は、そもそも最初から論理的ではなかった自分に気がついたのだ。つまり、優秀な科学者なら知っていることだが、新しい仮説は否定する前に検証が必要なのだ。

10．成功したときに、その理由をはっきりさせる

最初の指示に従い、決まったルーティーンを繰り返すだけで驚くほど成果を挙げる人たちがいる。しかし、一連の成功の後で、そのルーティーンがなぜ成功したのか、本質は何なのかということの研究を怠らない者が、真のスーパースターになるのだ。ナンパにはたった一つのルールしかない。それ

は、あるのは規則でなくガイドラインだけ、ということだ。それぞれのテクニックの本質を理解したときに、いつガイドラインに従い、いつ従わないか、どんなときに自分で工夫しなければならないのかが分かるようになる。

11．話すことがなくなっても逃げない

初対面の女と話していて、話題がなくなったとしても、そこで逃げては何も学ぶことはできない。会話にとどまり、何も言うことがなくても、五分、十分、二十分と、なるべく長く頑張ること。ガイドラインから外れて女に飲み物をおごったり、陳腐な質問をせざるを得ないとしてもだ。これが次のチャンスに向けて新しいことを学ぶ一番の方法なのだ。

12．自分よりも優れた人と付き合う

これは何の上達においても最良の方法だ。君のメンター（訳注　助言者）は世界一のナンパのプロである必要はなく、君よりも少しスキルが上であればいい。この条件にかなう人を誰も知らなければ、晩に女を引っかける代わりに、女にモテる友達をまず探せばいい。

13．努力の量を増やしていく

何か新しい方法を習うとき、ほとんどの場合、上達する前にいったん稼働率が落ちる。これが普通だ。ところが、君は驚くかもしれないが、多くの人はこの移行期が終わった後も、結果が伴わないにも関わらずいっそうの努力を続けるのだ。君は知識だけでなく、結果も向上するように気をつけること。もし結果が芳しくなければ、一度立ち止まって習慣を見直し、自分のやり方をチェックして、停滞した状況を突破しよう。

14. 一度始めたことを最後までやり抜く

ほとんどの人は何においても自分の可能性の範囲内で結果を出す。にもかかわらず、彼らが自分の夢をかなえることは決してない。彼らはゴールにたどり着く前にやめてしまうか（いつもそれらしい言い訳を持って）、またはうまくいかないときでも、やり方を変えようとしないのである。大雑把に言って、この本を手に取った二十人中、十九人は最後のミッションまできちんとこなすことはできないだろう。十九人の中に入っては駄目だ。

諦めない、ただそれだけで、君はもう上位五パーセントの男の一人なのだ。

DAY 10

ミッション1　思考の転換

今日のレッスンで注目するのは、資格没収のテクニックだ。「ザ・チャレンジ」で最も意外性のある手法かもしれない。今知っている女の誘い方は全部忘れよう。資格没収のゴールは、女性に会って、彼女とはデート**したくない**と言うことなのだ。

これまでのチャレンジで一番難しいミッションになるだろう。同時に最も学ぶ価値のある内容といえる。いったいどういうものなのか、DAY10の解説（☞116ページ）を読み、紙に君の理想の女性を書き入れてほしい。

ミッション2　本気で取りに行く

今日のミッションはオープナーを使って三人に声をかけることだ。オープナーはここで学んだものでも、自分で考えたものでもかまわない。

最初のアプローチの途中で、今日の解説にある資格の没収をつけ加えてみよう。

二人目のアプローチでは一回目とは別の資格没収を使う。

その後で小休止し、三番目の女性からどうやって資格を没収するか考えて書いてみよう。

三人目のアプローチでは、オープナーの途中で、今自分で考えた資格没収を使おう。

DAY 10
解説

「ノー」の力

持っているのではなく、勝ち取ったの

――エリザベス・テイラー

最近、友人六人とコロラドでパーティーに参加した。その夜、友人三人は女性と夜を過ごしたが、後の三人は駄目だった。翌朝、そのことについて皆で話し合い、モテた男とモテなかった男の違いを突き詰めてみると、問題は〝稀少性〟だった。

寂しく家に帰った男たちは、あまりにありふれて見えたのだ。逆に女を捕まえた男たちは努力を惜しまなかった。彼らは気に入った女でも恐れずにさっさと見切りをつけ、パーティーのほかの参加者と積極的に会話し、「早く捕まえないとチャンスを失う」と女たちに思わせる空気を作ったのだ。彼らは人間性の原則をよく理解していた。それは、人間は何かを手に入れるために努力が必要であればあるほど、それに価値を見出すということだ。

そこで今日のテーマ。人と接するときは、価値を与える人になるべきで、欲しがる人になってはならない。

資格の没収を使うと、これが手っ取り早く、ゲーム感覚でできる。女性から資格を没収するために、会話の早い段階で君が彼女に興味のないことを伝える。たとえ君が本当はその女性を狙っていたとしても、資格を没収することで立場は逆転し、彼女が君を追いかけるようになる。例えば、金髪の女に対して、君は黒髪としかデートしないと言ったとすると、君は彼女からガールフレンド候補の資格を没収したことになる。

このコンセプトがよく分からない場合は、こう考えてみるといい。いい女は四六時中男に声をかけられている。彼女らは、男たちは全員自分と寝たいのだと思っている。そこへ君が自信たっぷりにそのカテゴリーから外れると、たちまち君はその女にとって際立った存在になる――結局、人は皆、自分の手に入らないものを欲しがるのだ。

さらに、一人の女の資格を没収することで、彼女の友人を味方につけることができるという利点もある。友人たちはたいてい、その女の気を引こうと次から次へやってくる男たちにうんざりしているからだ。

最後に、資格没収はその女との信頼関係を築くのにも役立つ。なぜなら、君が単に彼女と寝る目的で動いているのではないという証明になるからだ。彼女に対して好意を見せるのを少し待つことで、彼女が自分の魅力、個性、知性で君を虜にする時間を、彼女に与えることになるのだ。

すべてのケースで資格没収が必要なわけではない。最初から二人の気持ちが通じることもあるし、会った瞬間にお互い好きになるということも起こり得る。また、自分にあまり自信のない女性を相手にしているときは、その女性をからかうような手法は避けたほうがいい。なぜなら、どのみち彼女はいつも自分で自分の資格を没収しているのだから。

慣れてくると、これが複雑で馴染みのない、意外な方法どころか、異性の気を引くときに使う常套《じょうとう》手段であることに気づくだろう。

資格没収に使うフレーズのほとんどは冗談っぽく聞こえるものだ。それ以外のものは、自分の理想の高さや、誰とでも寝るわけではないという意思表示に使われる。しかし、資格没収は決して敵対的、あるいは批評的、批判的なものであってはならないし、逆に相手にへつらうようなものであってもいけない。気のある素振りを見せることと、傷つけることの間に、ちょうどいい位置があるのだ。そもそも資格没収は嫌がらせや攻撃をするためのものではない。使うときには笑顔で、笑いながら、妹をからかうような調子でやるように。

テスト

女は男をテストする。これには多くの理由がある。①多くの求婚者の中からベストな相手を選びたい。②過去にひどい目に合った経験があり、同じ失敗を繰り返したくない。③君に惹かれているが、男としてのクオリティが本物かどうか確かめたい。今までに君が出会った女のほとんどは、意識しているかどうかは別として、君をテストし、どう反応するか見ていたのだ。

このテストは、軽いからかい（若すぎるとか年上すぎるとか君について言う）から、真剣な質問（前の彼女とはどうして別れたのかなど）など、多岐にわたる。男はだいたい座って、クイズショーか何かのつもりで質問に答え、そして点数を稼いでいけば、いずれ彼女は自分を選ぶだろうと考えている。しかし彼らが理解していないのは、大人しくテストを受けるだけでは、点数を失ってしまうということだ。

君もテストをすることで、立場を逆転し、その女が本当に**君が**相手に求めるスタンダードをクリアしているのかどうか確認することができる。これをやる前に、自分の求めるスタンダードが何かを正確に知っていることが重要だ。

少し時間を取って君が理想とする女性像を描いてみよう。そして相手の女に求める具体的な条件を五つ書きだそう。例えば、性格、ルックス、育ち、価値観、興味、知識、経験などだ。

そして今度は、これだけは避けたいと思うことを五つ書いてみよう。こんな相手とはデートしたくないという条件には、相手をコントロールしたがる、自分が一番だと思っている、煙草を吸う、酒を飲む、ドラッグ常習者、嫉妬深い、君がアレルギーを持っている動物を飼っている、感情の起伏が激しい、などが考えられる。

これはあくまで練習であるということを忘れないでもらいたい。本番のデートのときは、想定外のことが起こる可能性を常に頭に置いておこう。もし君が、今書いたリストと完全に一致する女性しか見ていないとすると、今の条件には当てはまらないが、もっと君にふさわしい女性を見落としている可能性がある。

そしてこのリストは君に資格没収の条件を無限に提供してくれる。一番シンプルな例では、彼女の好きな映画を聞いて、それが避けたい条件に当てはまっているように振る舞うとか。「本当にその映画が好きなの？　なるほど。さようなら。楽しかったよ」

もし冒険好きな女性が好みなら、こう聞くといい。「今までにやった一番無茶なことは？」彼女が何か答えたら、こう言って資格を没収すればいい。「すごいね。うちのおばあさんと友達になれそうだ」

女をテストする条件と言うのは、ダンスが踊れるかとか、好きなアイスクリームの味とか、オリンピックで金メダルを取ったことがあるかとか、無限にある（君はオリンピックで金メダルをとった女性としか付き合わないわけだから、彼女は急いでメダルを取らないといけないわけだ）。

テストのポイントは、女を嫌な気分にさせることではなく、女と見れば誰とでも寝るそこらの男たちと自分を別物にすることだ。

押して引いて

資格没収の反対は資格を与える、あるいは受け入れることだ。この相反する二つのテクニックは同時に使うとさらに威力を増す。

もし、彼女がいいことをしたり言ったりしたときは、それに対してポジティブなコメントをして受け入れてあげる。(「今の態度はいいね」)。そして彼女がネガティブととれる発言をした場合は、資格を没収して困らせる。(「覚えておくよ。この子とはデートしない」)。

この二つの極の間を行ったり来たりして、やり取りの主導権を握る。二つの極とはつまり、罰とご褒美、受け入れと無視、賛成と反対、資格の授与と没収、押したり引いたりなどである。これは君の魅力を増幅するポイントの一つだ。

ナンパにおけるほかの事柄と同様、この「押す、引く」はあまり厳しくやってはいけない。必ずユーモアを交えるように。これを楽しくやる方法の一つとして、ポイント制がある。彼女の態度が良ければポイントをあげ、悪ければポイントを没収するのだ。もうちょっと刺激を強くしたければ、一定のポイントが貯まればご褒美がもらえると彼女に言ってあげるといい。四十ポイントで君の腕の筋肉に触れる。八十ポイントで君の電話番号の三ケタを教える、など。

おそらくこの「押す、引く」の一番楽しい部分は、二人の関係を先取りできることだろう。女性に、「恋人にしてあげる。でも金曜日だけ」と笑顔で言ってあげよう。またはその場で彼女と結婚すると冗談で言ってもいい。そして、その直後に、彼女が言ったこと（またはやったこと）に腹を立てたフリをして、さっき決めた二人の関係を変えてしまう。火曜日の恋人に格下げしたり、あるいは離婚する、猫だけ持って行け、と言ってやるのだ。

十の資格没収法

資格の没収には数え切れないくらいいろいろなやり方がある。ここでそのほかいくつかの方法を紹介しよう。今日の実地訓練の役に立つはずだ。

笑顔とユーモアを交えてこれが言えたら、君はもう立派なナンパ師だ。しかし、顔が深刻だったり、本気で言ったりすると、ただのバカ者になってしまうので気をつけよう。

1．彼女を君から救い出す

追い払おうとするほど、その人が君を追ってくるということがよくある。これは女に君を追わせる一番の方法なのだ。自分は世間の母親が娘に付き合ってはいけないと教えるタイプの男なのだと言ってみよう。または、「君みたいな子はたぶん向こうの真面目そうな男としゃべっているほうがいいんだろうな」でもいい。これで君は危険な匂いのする面白そうな男に見え、一方で刺激を受けた彼女はそんな君にふさわしい女になろうとしてしまうのだ。

2．自分を高額商品に仕立てる

君と話したり、君に触れたりすることがあたかも特権であるように振る舞う。彼女が君の手を握ったら、手を引っ込めて笑顔でジョークをとばそう。「おっと、商品に触らないでくれないか？　これは四十ドルするんだぜ」

3．友人として扱う

女性は男性に対してよくこれをやるが、男性が女性に対してやることはまれだ。からかうように言ってもいいし（「こんな妹がいればいいなと思っていた」など）、大真面目に、俺たちは今日から親友だ、と言ってもいい。

4．ホメ殺す

彼女の素晴らしさを大げさに賛美し、女神と出会ったような態度で接する。ただ、これを半笑いや上から目線でやると逆効果になるので注意。

5．役割を逆転する

女性が男にやってほしくないと思うことを、彼女が君にやっていると冗談で怒る。彼女に言ってやろう。「いちいち口説くのをやめてくれないか？」「俺は頭のない肉の塊じゃないんだけど」「酔わせようとしないでくれる？　そんな男じゃないんだぜ」。あり得ないシチュエーションほど効果的だ。

6．部下として雇う

冗談で仕事を依頼する。君の秘書や、ウェブデザイナーなど、彼女がやったことのない職種で。そして一瞬でクビにする。

7．お高くとまる

学校の人気者の女の子たちがかつて君に言った言葉を、今は君が女性に言ってやる。例えばこうだ。「別に」「あ、そう」「へ〜」

8．偉い人になる

両親や先生のうるさい小言も面白い材料になる。冗談っぽく、だんだん彼女がうっとうしくなってきた、手間のかかる奴だ、廊下に立っとけなどと言ってみよう。

9．ほかの女と競わせる

彼女の友人やウェイトレスや、ほかのもっと面白そうな女の子のところに行くと言って脅す。

10．もっと頑張らせる

君がまだ、彼女が本当に君にふさわしい、洗練された、冒険好きの大人の女かどうか疑っていると言う。

挙げていけばキリがない。男が女を口説くときに言うセリフをすべてあべこべにする。そして女が自分を口説いている男に言うセリフを、君が彼女に言ってやるのだ。

簡単なことだ。

パフォーマンスノート

ほとんどの読者はこの資格没収に手こずるだろう。それは難しいからではなく、子供のころから好きな子にはこう言うと教えられてきたことの真逆をいくテクニックだからだ。

すべては語調で決まる。相手が自分に合う人かどうか本気で探っている場合を除いて、資格没収はほとんど遊び感覚でやるものだ。「口説いてんじゃねえよ」とか、「君は本当に俺にふさわしいクールな女なのか?」などと言いながら、目が本気だったり、怒っていたりしたら、完全にあぶない奴だと思われてしまう。

また、資格没収は何も狙わず、何も期待しない様子で、気軽にさらっとやらなくてはいけない。明らかに何か狙ってやっているように見えると、パワーは失われ、ただのへつらいになってしまう。

ナンパにおいて、お金を持っている、社会的に成功している、または男前であるということは役に立つが、資格の没収をやるときにはそうではない。

このテクニックのポイントは、君の価値を彼女と同等か、それ以上に引き上げることなのだ。もし、彼女がすでに君のことを自分のはるか上に置いていた場合、ほとんどのコメントは無邪気に気取っているどころか、とんでもなく横柄に聞こえてしまうだろう。だから、テクニック一筋と決めてしまう前に、状況をきちんと判断してもらいたい。

最後に、いったん始めたら、最後まで自分で責任を取ること。彼女は君の資格没収に対して辛らつな言葉で返答するかもしれない。だが慌ててはいけない。これはいいサインだ。これがいちゃついているということだ。うまい切り返しを準備しておこう。もし答えに詰まったら、ただ笑顔でうなずいて、こう言おう――「降参」。彼女の意見に賛成してあげればいい。

ミッション1　社会的地位を洗練させる

今日はナンパの最も重要な要素に焦点を当てる。君自身のことだ。

最初のアプローチがうまくいくと、そのうち君が何の仕事をしているのかを聞かれるだろう。資格没収のテクニックをマスターしていれば、切り返しとして「定番の質問」で彼女を焦らせ、それからおもむろにケンケン遊びのプロだと宣言するところだ。それでもなお本当の答えを知りたいようなら、正直に答えたほうがいいだろう。さもないと、彼女は君が何かを隠していると疑い始める。

仕事に関する質問は自分をアピールするいい機会なのだが、多くの人は無駄にしてしまっている。以前ある生徒は、「エンジニアだよ」と答えていた。もちろんエンジニアはいい職業だが、女性には退屈に聞こえるのではないかと感じていた。

具体的に何のエンジニアなのか聞いてみると、新しい携帯電話の技術を勉強しに学校へ行こうと思っているとのことだった。そこで俺たちは、この質問に対してもっといい答え方がないか考えることにした。現在の彼は、仕事は何かと聞かれたら「未来の携帯電話をデザインしている」と答えている。同じ職業でも、言い方によって違った印象になるということだ。

DAY11解説（☞130ページ）にあるエクササイズは、君の社会的な地位を磨いて、自分の仕事をもっと迫力のある刺激的なものとして相手に伝えるヒントになるはずだ。このミッションでは、答えを書き出し、自分が特別な人間であることを、自慢に聞こえない方法で簡潔に表現する方法を学ぶ。

ミッション2 アプローチ後の対処

女性を含む三人かそれ以上のグループにアプローチする。時間設定と意味づけが決まっているオープナーを使うこと。

オープナーが終了したら、次の動作とセリフを加えて会話を継続する。

1. 立ち去るフリをする。しかし一歩以上は離れない。

2. 振り返って、グループに向かい興味津々な様子で、「ところで、みんなはどこで知り合ったの？」と聞く。

3. 返ってくる質問やコメントを想定して返答する準備をしておくこと。特別に気の利いた複雑な答えでなくてもよい。会社の同僚なら、「会社はどこにあるの？」と聞く。親戚だと言えば、「やっぱり。誰が一番おてんばか考えてたよ」と答える。

4. ここで立ち去ってもいい。目的は果たした。「会えてよかったよ」

5. 会話が盛り上がれば、そのまま続けてもいい。仕事について聞かれれば、今日考えた答えを言う。会話の途中で必ず一度は言うこと。

三つのグループに対して1～3までのステップを行えばミッションは終了だ。

ミッション3　自分の心を手なずける

われわれのほとんどは、自分の頭の中で何が起こっているのかまったく知らない。感情、情熱、欲求不満、欲望、思考パターン、自分の行動の理由など、自分でも理解できない。たとえ理解できても、それを変えることはとても難しいと気づくだろう。

元海兵隊員サージ・カヒリ・キングの『Mastering Your Hidden Self：A Guide to the Huna Way（隠された自分をコントロールする方法――フナへの道）』（訳注　フナはハワイ語で「隠す、秘密」の意）はこのテーマを扱った良書の一つである。

一冊通して読むことを勧めるが、スタイルライフ・アカデミーの上級コーチであるトーマス・スコット・マッケンジーが今日のミッションのために、ナンパと関わりのある部分を要約したレポートを用意してくれている。君の心が新しい指針を必要としているなら、このレポートで君の人生は一変するだろう（☞132ページ）。

DAY 11
解説

社会的地位ワークシート

1. 君のおもな仕事、趣味、勉強している科目は何か？　女性が喜びそうなものではなく、実際にやっていることを答えなさい。

2. その中で、どれが一番本当の自分を表現していると思うか？

3. 2で選んだ仕事、趣味、科目で一番面白く、刺激的な部分は何か？　その部分と、それについて人がどう感じると思うか書きなさい。

4. その職業、趣味、科目を学ぶ人を募集する。下のフォームを使い、その活動にまったく関わりがなく、内容もほとんどまたはまったく知らない人を対象にした広告を作りなさい。

＿＿＿＿＿＿＿＿（職業・趣味）になれば、＿＿＿＿＿＿＿＿（宣伝文句）。

例：エンジニアになれば、未来の携帯電話を自分でデザインできる。
ギタリストになれば、ロックコンサートをして世界中を回れる。
ウェブデザイナーになれば、世界の大企業のイメージ作りに貢献できる。

5. 君が書いた宣伝文句をチェックしよう。形容詞や副詞、そのほかの不要な修飾語（「楽しい」「最大の」「最高の」「強力な」など）は削除する。次に動詞は、人を興奮させる、躍動感のある動詞を使おう（「ある」よりも「生み出す」、「する」よりも「スタートさせる」のほうがいい）。これらのヒントも参考にして、君の広告を二十字かそれ以下で、できるだけシンプルで、**嘘がなく**、かつインパクトを与えるように書き直してみよう。

例：「世界の大企業のイメージ作りに貢献する」は「企業のイメージ改革」、あるいは「フォーチュン500企業のイメージ改革」とも言い換えられる。

6. 質問5の答えを一人称で書きなさい（「私は」で始まる文に）。

例：私はフォーチュン500企業の企業イメージを改革している。
私は未来の携帯電話をデザインしている。

7. これが君の社会的地位だ。慣れるまで大声で言ってみよう。つまらない、または正確ではないと感じたら、いいと思うまでやり直せばよい――あるいはこのエクササイズを（質問3から）、真実かつ興味深い内容になるまで繰り返そう。

トラブルシューティング

ナンパのガイドラインのほとんどは、認識できる相対的な地位がベースになっている。ある時点で、女性が君の地位を自分と比較してどう見るかによってガイドラインも変わってくる。もし君が社会的に高い地位にいる人間なら、それを上げるよりも、むしろ下げたほうがいい。さっきとはまったく反対のことをしよう。例えば、自分は大手映画会社の社長であるとか、有名脚本家だと名乗るのではなく、簡単に「映画関係の仕事をしています」とだけ言う。あとは勝手に詮索させればいい。

心のゲームをマスターする

書評

トーマス・スコット・マッケンジーより

人間は自らの思念によって生み出される。
その人の考えることが、その人なのだ。

——マハトマ・ガンジー

俺はスターだ。俺はスターだ。俺はスターだ。俺はスターだ。
俺はビッグで、輝いてる、スーパースターだ。

——ダーク・ディグラー『ブギー・ナイツ』

過去に何度も証明されていることだが、自信と魅力は同じものだ。自分に自信のある人は同僚に賞賛され、友人の尊敬を勝ち取り、女たちを魅了する。実際、どれほど有名なナンパテクニックも、自信のない男が欲しい女を手に入れる役には立たないだろう。

しかし、このナンパの最も基本的な性質に苦しめられている男たちが大勢いるのだ。子供時代の苦い思い出、絶対にモデルにはなれないルックス、貧弱な貯金額、将来の見えない仕事、みすぼらしい車、後退する生え際、異臭を放つわきが、そして長年の女性との没交渉……。これらすべてが本来魅力的な男たちを神経質で怯えたネズミに変えてしまっているのだ。鋼のような腹筋と、光り輝く真っ赤なオープンカーを持った男たちの中にすら、過去に過保護な母親や別れた妻に自信とプライドを傷つけられ、それ以来、女の目を見てものが言えなくなっている者がいるのだ。

サージ・カヒリ・キングの『Mastering Your Hidden Self : A Guide to the Huna Way（隠された自分をコントロールする方法――フナへの道）』には、人間から自信を奪うものへの対処法が書かれている。キングはわれわれにこう教えてくれる。われわれは理不尽な精神の前に無力な、哀れな犠牲者ではない。むしろ**われわれが**精神をコントロールする。感情をコントロールする。認識や気持ちや、将来の展望をコントロールする。君が自信とエネルギーと力に満ちた人生を送れるように、キングは太古の技法を駆使し、精神をリセットする具体的な方法を示してくれる。

フナとは何か

世界には広く信仰されている宗教や哲学とともに、ある神秘主義的な体系が、それを信じる者たちによってはるか昔から伝えられてきた。フナは俗世と神秘の両方に立ち、混沌とした現代社会にも十分通用する自己開発のシステムとしてわれわれを導いてくれる。「フナ哲学の根本的な考え方は、われわれは自分の信条、解釈、行動、反応、思想、感情によって、自分自身の現実を作り出しているということだ」とキングは記している。

これが意味するのは、人間には本来、無限の創造力が備わっているということだ。「心に描けるものはどんな形にせよ実現が可能だ」とキング。過去のデートの経験に基づいた抑制心理を捨てて、どこまでも現在と未来を信じることが大切というのはこういうわけだ。

フナ・システムには七つの原則がある。

1．世界は君が考えるとおりのものである

フナの根本的な思想であり、この原則によって、現実を作り出しているのは自分だということが述べられる。

2．限界は存在しない

心と体、自分と他人、さらに人と神との間にも、境界は存在しない。われわれが考える境界とは、抑制された意識が作り出した主観的な制限なのである。

3．エネルギーは意識の向く方向へ流れる

ある考えが浮かんだり、ある気持ちになったとき、それは人生の設計図を描いたということだ。意識が向くと、それがポジティブであれネガティブであれ、そちらへ進んで行く原動力となる。つまり、女の子に無視されてくよくよすることは、その子に君の一日を台なしにする力を与えるということなのだ。

4．力を発揮するのは今

この瞬間、君は過去のどんな経験にも邪魔されておらず、将来のどんな義務にも縛られていない（当然だが納税の義務はある）。キングは「今、君には自分の制限を外す力がある。意識的に君の選んだ未来への種をまこう。心の持ちようを変えることは、経験することの意味を変えるということだ」

5．愛するということはともに幸せになること

人は愛の中で生きているとキングは言う。これを認めることで、現在も未来も、君は自分自身を幸福な状態に置くことができる。

6．すべての力は内面から生じる

現実を変えたいと思うなら、神の思し召しを待っていてはいけない。自己の存在を変えるかどうかは自分次第なのだ。この原則にはキングから重要な忠告も含まれている。「君がそうさせないかぎり、何者も君や君の運命に対して力を持ち得ない」。これはこんな意味にも取れる――社会的な成功に縁がないのを友人、家族、職場、あるいは社会全体のせいにしている人たちは、それをやめて責任を受け入れるときだ。

7．結果は誠実さを計る目安である

裁判所に行ってみるといい。真実にはさまざまな形があることに気づくだろう。無限の宇宙では絶対的な真実というものは存在しない。「個人レベルでいう真実とはその人の意識のことだ」とキングは言う。簡単に言うと、自分のいいようにやれということだ。

ネガティブ思考の有害な影響

この心のゲームを極めるためには、ネガティブな思考とエネルギーの有害性を認識することが絶対に必要である。「一般的に、ネガティブな態度は心のストレスの原因となり、それが緊張となって肉体に伝わり、臓器や細胞にまで影響を及ぼす」とキングは言う。

ネガティブな態度をポジティブに変える一番シンプルな方法は、悪い考えが現れたときにそれに気づき、意識的に反対の良い方向へ意識を向けることである。「状況を見たときに、現実問題としてそれが良かろうが悪かろうが、意識の転換は可能である」とキングは付け加える。

潜在意識

潜在意識と聞いて思い浮かべるのは、何か心の深いところにあって、何年もセラピーに通った結果、

自分が子供の頃のある出来事から悪い影響を受けていると分かる、といったことではないだろうか。

これにキングは反論する。われわれは自分で潜在意識をコントロールできると彼は説明する。「潜在意識は反抗的で手に負えない子供ではなく、われわれの利益の最大化に反して働くこともあり得ない。**クー**（潜在意識）が君の意思に逆らっているように思えるとしたら、それは君が前に潜在意識に命令したこと、あるいはまだ解除していない命令に従って動いているからだ」

どうやって潜在意識を手なずけるか。癖を直すことがいい例だろう。精神的あるいは肉体的なクセとは、潜在意識の記憶装置に蓄積され、関連づけられた刺激が与えられたときに解放されるよう設定された肉体反応なのである。

口癖を直すことを考えてみよう。君が人と話すとき、おそらくつなぎ言葉があちこちに出てくるはずだ。最初は次の言葉を探す間だけつなぎ言葉を使っていたのかもしれないが、いつかそれが口癖になってしまった。この悪習慣を、そのまま放置するのではなく、また一度にやめようとするのでもなく、何かに置き換えるべきだというのがフナの考え方だ。「潜在意識が真空状態になることはない。これが重要なことだ」とキング。

そこで、つなぎ言葉を捨てる代わりに、ゆっくりと話すことを潜在意識に教える。または「えーと」などと言いそうになったら、指で何かをコツコツ叩くよう自分を訓練する。

潜在意識は常に君の役に立とうとしている。ただきちんと訓練されていないケースが散見されるというだけだ。「潜在意識は常にあなたの利益を最大化するように働く」とキングは記している。「しかし不幸にも、一般の潜在意識のイメージの根拠となる前提が、事実とかけ離れているのだ」キングによると、潜在意識と交流することで、自分がゴールを目指すさまざまな理由がはっきりし、動機づけに効果の薄いものはほかのものと交換が可能だという。彼はまた潜在意識と交流するいくつかの方法も提案している。

最初に、自分の潜在意識に名前をつける。次に、記憶探しだ。二つある記憶探しの一つをやってみる。一つ目は「宝探し」と呼ばれる。まずは友人と話すようなつもりで潜在意識に話しかけてみる。そして何か楽しい記憶を思い出し、どのくらい細かく、生き生きと思い出せるかをポイントに、潜在意識が運んでくるものを観察する。または潜在意識に好きな記憶を自由に持ってこさせてもいい。忘れていたことを思い出し、そのときの感覚が洪水のように蘇るだろう。

二つ目は、「ゴミ拾い」と呼ばれる。これはまず、潜在意識に嫌な記憶をすべて拾い上げるように頼む。これをしっかりやると、あるパターンが見えてくるだろう。

「記憶はあるテーマに沿って現れる。そのテーマはあなたの成長を妨害するネガティブな固定観念の領域が何かを探る手掛かりになるかもしれない。例えば、一度の「ゴミ拾い」で出てきた「嫌な記憶」をまとめると、「フラれることへの恐怖」や「束縛するクセ」がテーマだったということに気づくかもしれない」とキングは書いている。女性に関係したことなら、たいてい誰でも恥ずかしい経験を持っている。しかし、この経験が潜在意識の中できちんと処理されていないと、潜在意識が本来の実力を発揮する妨げとなる可能性があるのだ。

感情からの開放

キングの中心的な教えの一つに、潜在意識の犠牲になるのはやめて、自分でそれを導き、指導せよというものがある。

その方法の一つが、キングが言うところの感情からの開放に向けて努力することである。「感情的に反応する潜在意識」と一体にならないこと、とキングは言う。「あなたが『自分は怒っている』と言うと、あなたと潜在意識は一体となってしまい、怒りを抑えることが非常に難しくなる」

そうではなく、新しい感情が湧きおこったら、すぐにその目的と原因を突き止めること。自分に問いかけてみるといい。「この気持ちはどこから来るのか、なぜこう感じるのか」

このような自分への問いかけで、感情の出所が分かるだろう。自分を見つめるという行為だけでも、気持ちを抑えるのに役立つ。「感情のエネルギーは分析すると消えてしまう傾向がある。なぜなら、エネルギーの一部を意識的な思索へ振り分けることになるからである」とキングは説明する。

また、潜在意識をコントロールするテクニックの一つとして、キングは再プログラムを挙げる。「潜在意識の習慣的な思考パターンを変えたいときは、それが新しいパターンを完全に受け入れるまで、こうしたいと望むパターンを常に意識して念頭に置いておくことだ」。これが、ポジティブな思考がナンパに効く理由なのである。

意識

意識の意味を完全に理解するためには、まず意思の力について理解する必要がある。君が意識レベルで持っている唯一の能力は、自分の認識や注意を、思考や経験に向けることだけだ。これが「自由意思」という言葉の意味である。

われわれは女性が自分を好きになるように仕向けることはできない。上司に給料を上げさせることもできない。「しかし、私たちは人生で経験することにどう反応するかを選んで決定することができる。そして、この瞬間から以後、また将来において、自分自身や環境を変えるために何をするかを選択し、決めることができるのだ」とキングは書いている。

キングによると決意とは、「与えられた最終目的地へ向かって、注意と認識を持続的に向け続ける意識」だという。彼は続ける。「そして目的地へ到達するために設定した決断や選択を継続的に改め続けることで、障害や困難があっても、ゴールへ到達することができる」

言いかえれば、ある方法で何度も挑戦して、その都度失敗しても、決意のある者はそれで諦めたりしない。「彼はうまくいく方法を見つけるまで、別のやり方で、さらに別のやり方で挑戦を続ける。たとえ自分自身を変えなければならないとしても」

キングはこう締めくくる。「意識の強い者と、意識の弱い者の違いはこうだ。強いほうは続ける決心をし、弱いほうはやめてしまう。夜の間ずっと話していた女が君に嘘の電話番号を渡したとき、また、ついさっき君を振った女が別の男といちゃついているのを見たとき、それを思い出すことが大切だ。失敗したり、後退してもかまわない。だが諦めてはいけない。

ゴールと目的

キングはゴールに到達することと、目的を達することを分けて考えており、これは自分を変える旅のキーポイントの一つである。

その違いとは、目的は「君の人生全体に影響を及ぼすもの」だが、ゴールは単純に、目的に向かって前進するときの目印——君が書いた個人的なミッションの具体的な結果のようなものだ。「ゴールと違い、目的とは到達するものではなく、君が自分で行うことだ。最終的な目的のないゴールなど意味がないが、目的があればどんなゴールも意味を持つ」とキングは記している。

この本のあちこちで、キングは精神と感情の状態を良くする技術を数え切れないほど提供してくれている。人生を改善するために精神を使うことで、女性と仲良くなるために不可欠な自信が身につく。

キングは言う、「何にでもいいところを見つけること。もし何も見つからなければ、それを良くする方法を見つけること」

DAY 12

ミッション1　自分の美点を伝える

自分について人に知ってもらいたいことを八つ、書き出してみよう。例えば、独立心、ユーモア、責任感、知性、芸術的才能や、ほかにも自分が優れた人物に見えるようなことだ。

ミッション2　自分のストーリーを見つける

相手に伝えたいことは分かったが、ではどうやって伝えればいいのだろうか?

今日はエピソードを語ることについて学ぼう。

多くの女性は、人の話を聞くことを学ぶのは大事だと男に言うわけだが、出会った最初の段階では話し方を学ぶほうが重要だ。なぜなら、君の仕事とは自分が一晩会話をする価値のある男であることを証明して見せることだからだ。

材料となるのは過去に君に起こった出来事だ。自分の持っている才能や、可愛らしい欠点を女性に語るよりも、自分にまつわるエピソードを語ったほうが効果的だ。これには会ったばかりの女性に、家はどこか?　仕事は何か?　などの定番の質問を連発してしまうミスを防ぐ意味合いもある。さらに、そのグループを楽しませるだけでなく、今度は自分たちの話をしようと思わせる効果もある。

今日の課題で君は完璧なストーリーの草案と話し方を身につける。

幸運にも君にはすでにトークの才能が十分に備わっているかもしれない――エジプトのカイロで朝三時に彼女のために薬屋にアスピリンを買いに行った話を武器に、幾多のパーティーで女をゲットしたとか。

あるいは、それほどおしゃべりなタイプではなく、その場で面白い話を考えたり、長く自分の話に人を引きつけておくことは苦手かもしれない。自分の生活は退屈で、人に話すことなんか何もないと言う男をこれまで何百人も見てきたが、これも実は頭の中で動いている抑制心理の影響にほかならない。住んでいる町がどれほど小さかろうが、どれほど自分の行動範囲が狭かろうが、どれほど家族が平凡だろうが、どれほど年を取っていようが、面白いエピソードがきっとあるはずだ。だがそれは探さないと見つからない。

自分の人生で思い出に残っている場面を思い出してみよう。君の人格形成の分岐点となった重要な出来事でも、軽く人に話したいだけのちょっとした笑い話でもかまわない。例えば――

- 皮肉で気恥ずかしい話。彼女と二人で恋愛カウンセリングに行ったとき、セラピストが彼女にこんな質問をした。
- ドキドキする冒険談。スキューバダイビングの最中にレギュレーターが壊れた。周囲には攻撃的なバラクーダの群れが……。
- エッチで照れくさい話。飛行機で隣に座っていた人妻がトイレでセックスしようと誘ってきた。

●純粋で心動かされる話。ハムスターが死んだことに気づかず、眠っているのだと思っていた――七日間も。
●小さな詩的な話。ハンバーガーを食べていてふと人生の意味に気づいた。
●危険な武勇伝。リオデジャネイロのクラブを出たところで、男に殴られそうになっていた女の子を助けた。
●今起こっているややこしい話。つい数分前、知らない女が来て妹を家まで送ってくれと頼まれた。
●こんなことがあればいいのにという話――聞いている人が嫌な気持ちにならず、君のネガティブな部分（人嫌い、ケチ、不幸、偏見、怒り、倒錯など）が見えないものであれば何でもよい。

今度は、物心のついたときから昨日の夜まで、子供時代、家族、学校、仕事、旅行、趣味、デート経験など、何があったか思い出してみよう。そしてこれらの経験から、八つのエピソードを取り出し、それぞれに面白タイトルをつけ（「魔法のハンバーガー事件」「怒りのハムスター物語」など）、書き出してみよう。

もしエピソードが八つ浮かばなければ、最近友人や家族と交わした会話を思い出してみる。君が何か言って皆が大騒ぎしたこと、興味津々だったこと、大ウケしたことなどを思い出してみよう。

それでも駄目なら、映画プロデューサーに君をモデルにした映画を提案するチャンスがあったと想像する。相手をその気にさせるには、どんなエピソードを入れ、何をメインストーリーにすればいいだろうか。

まだ困っている君は、両親、親戚、友人に電話をして、君のことで一番好きなエピソードを教えてもらおう。

ミッション3　ストーリーの選択

次の課題はミッション1で書き出した自分の美点を精査することだ。さらにミッション2で君が選んだエピソードを確認する。そして君の美点を示す要素を一つかそれ以上含んでいるエピソードに星印をつける。覚えておきたいのは、良いストーリーとは自慢話や出来すぎた話ではなく、君の強さと弱さの両方を表現し、正直かつ控え目で、それでいてユーモアがあって聞いて面白い話なのだ。

星印をつけたエピソードの中で最もクオリティが高く、聞いて面白い話を二つ選ぼう（マークのつく話が一つもなければ、頑張って別のエピソードを思い出すか、クオリティを高めよう）。そして選んだ二つを書き出す。

今日はこの二つをベースにして話を進めていこう。

ミッション4　ストーリーを準備する

紙切れでもノートでも、パソコンの新しいファイルでもいいので自由に書き込めるものを用意する。

二つのエピソードを最初から最後まで文字に起こしてみよう。嫌な記憶がよみがえることもあるが、嘘でなければどんなものでもかまわない。

●つかみはしっかりと

最初にいい印象を与えることが重要だ。そのために一番いいのは、最初の一行を短く、鋭く、鮮やかにすること。これは会話で自然と出てくる要約のようなものだ――「本当？　俺もアイスランドで強烈に匂うサメを無理やり食べさせられたことがあるよ」。聞き手の興味を引くために質問調にするのも手だ。「強烈に匂うサメを食べたことある？」。あるいは相手が興味を持ちそうな言葉でもいい。「アイスランドで変なことがあったよ」

●オチをきれいに

ストーリーの最後にあっと驚くどんでん返しがある、途中に出てきた謎の答えが明らかになる、しゃれたセリフで終わる、気の利いた教訓になっている感じで終われば一番いい。いずれにせよ、最後の一行で笑わせる、興奮させる、驚かせる、賞賛させる、愕然とさせるなど、聞き手から強いポジティブな反応を引き出すようにする。最後に質問をして、誰かが同様の自分の体験を話したくなるように誘導してもいい。

●スリルを盛り込む

その先で何かが起こると分かっているが、何がどうやって起こるのかが分からないときに聞き手はスリルを感じる。君も話をどこへ持っていこうとしているのかを（少なくともどこかへ持っていこうとしているということを）、聞き手に常に意識させよう。でもその過程を言ってはならない。

●詳細な描写を含める

エピソードを書き起こしながら、そのときの情景を思い描こう。必要なら目を閉じる。景色、音、匂い、そのときの気持ちなどを詳細に。細部の情報が豊富であればあるほど、聞き手も深く感情移入する。

●ユーモアも大切

舞台のコメディアンを見るといい。彼らはつかみからオチまでにたくさんの細かいボケを挟む——オチに突っ込みを入れてさらに笑わせたりもする。自分のエピソードにユーモアを挟むポイントを見つけよう。自分、他人、人間の行動を大げさに言って笑う、先に言ったジョークを繰り返す、普通とは反対のことを言う、などが基本パターンだ。

●自分の価値を高める

自分の美点を描くとき、自慢をするにしてもいい方法と悪い方法がある。悪い方法とは、それを文章として言ってしまうことだ。「新車を買ったんだ」。いい方法とは、それを話題全体の細部の一部として聞き手に伝えることだ。「……車で帰ったんだけど、窓を開けなくちゃならなかった。新車の車内の匂いで窒息しそうになるから」

●余分な情報を削除する

書き終わったら、自分のエピソードを読み直してみよう。聞きやすいことはもちろん、描写が細かすぎたり、余分な情報が入っていないかチェックしよう。内容に関係のないものは容赦なくカットする。二〜三人のグループに向かって話すこともあるかもしれないので、ペース配分にも気をつけるように。

●ガツガツした部分も削除する

忘れてはならないのは、このストーリーの目的は、自分を売り込んだり、成果を自慢することではなく、楽しませたり驚かせたりしながら相手に君のほうを向いてもらうことだ。

●全体の長さを確認

ストーリーは三十秒以上、二分以内にまとめる（ざっと七十五～三百文字）。短ければスリリングな部分やユーモアを足し、長ければ余分を省く。

二つのエピソードを書きあげたら、それぞれを話のエッセンスまでシェイプアップし、さらにポイントごとにまとめる。例えば『スター・ウォーズ』のストーリーをポイントにまとめるとこうなるだろう――「養父母と暮らす十代の若者、二体のアンドロイドを手に入れる、秘密のメッセージを発見する、同様の冒険が続く」。『スター・ウォーズ』と違い、君のストーリーには三～六のポイントがあればよい。

実際に声に出して話す練習はするが、記憶しておくのはポイントだけでいい。こうしておくことで、台本どおりという感じは減り、さらに相手の食いつき具合を見て話を膨らませたり、短くしたりする自由度が増える。

ミッション5　ストーリーを声に出す

私には言葉についてこんな哲学がある。
「塩を取ってもらえませんか？」と言うとき、何千通りもの言い方がある。
「塩をください」という意味にもなるし、「あなたが好きです」という意味にもなる。
また、「あなたに腹を立てています」という意味にもなり、例を挙げればきりがない。
言葉は小さな爆弾であり、計り知れないエネルギーを秘めている。

――クリストファー・ウォーケン

では、いよいよ話し方をマスターしよう。

聞き手を魅了する一番いい話し方は、情熱を持って話すことだ。自分の人生に興奮し、経験したことに集中し、自分の話を信じきること。何度同じ話をしても、それを体験したときに感じた困惑、興奮、驚きをそのままに、初めてその話をしていると相手に思わせること。

ＤＡＹ３でやった発声練習を復習したら、レコーダーに二つのエピソードを吹き込もう。大きな声でゆっくり、はっきりと、ダイナミックに語ることを忘れないように。相手をさらに話に引き込むには、キーワードを強調したり、間をとったりしてドキドキ感やユーモアを増加させる。また、強調する言葉を変えたり、思いがけないところで間を取ってリズムを変化させるなど、いろいろ試すこと。

リラックスして話せるようになったら、今度は話の途中に聞き手とやり取りができるポイントがないか探してみよう。これは相手の注意をそらさないためだ。このやり取りには、同じ経験があるかどうか尋ねたり、意見を求めたり、思い出せない数字などを聞いたりするパターンがある。

例えば、チャッキーチーズ（訳注　ゲームセンターとファーストフード店が一体になったアメリカのレストランチェーン。子供に人気がある）でのエピソードなら、君からの問いかけはこうだろう。「行ったことある？　よし。それなら意味分かるよね？」。空港での話ならこう聞けばいい。「トム・ハンクスが演じた、空港から出られない男って感じの話なんだけど。何ていう映画だっけ？」

さらにレベルアップしたければ、ポイントでさりげなく間を取って雰囲気を盛り上げる練習をしよう。ドリンクを一口飲む、ミントを一粒口に入れる、喫煙者なら煙草に火をつけるなどの手が考えられる。

こうして録音が完成したら、ノートやコンピュータに書いた最初の原稿に戻って、それを最新版に更新する。聞き手とのやり取りを挟むタイミング、間の取り方など、練習しながら思いついた強調ポイントをすべて書き込もう。

ミッション6　ストーリーを演じる

いよいよ完成への最終ステップだ。

鏡の前に立つか、ビデオカメラの前に立って自分を録画しよう。

そしてストーリーを語る自分の姿を見る。

実際に話すときに成功の鍵となるのは表現力だ。表情の変化、目の動き、手の表現、体全体の表現、君から放出されるエネルギー。このすべてが言葉と同じくらい強力にストーリーを語っているのだ。

思考や感情にはそれぞれ違った動きでアクセントをつけてみよう。そしてジェスチャーや声のトーンを変えてみる。携帯電話やストロー、近くにいる人など、手の届く範囲のどんな小道具を使ってもかまわない。

しかし、オーバーアクションにならないように気をつける。ジェスチャーや仕草は、小さくてさりげないほど信憑性を帯びるものだ。一人で勝手に盛り上がったり、雑な感じにならないように気をつけよう。いつもグループ全体の注意が自分に向いていることを確認し、彼らが意見を言いたいときには自由にそうさせること。脈絡のない話を次々に始めないこと。こういうことで君は話術の達人から、会話を台なしにする人へと格下げされてしまうのだ。

鏡の前では練習できない、もう一つの大事な要素を最後に紹介する――予想外の出来事だ。ステージでパフォーマンスをする人々が一様に言うことだが、どれだけきちんと準備をしても、スポットライトが当たった瞬間にすべてが変わってしまう。

だから、グループに向かって話をするときも、すべてのジェスチャーやセリフを完璧にやる必要はない。話の核となるポイントだけ抑えておけばいい。もし誰かが質問などで話の腰を折ったり、あるいはよく似た自分の体験談を始めたりしてもイライラしてはいけない。これはいいサインなのだ――彼らが君の話をちゃんと聞いている証拠だ。

話がそれてしまった場合は、聞き手が先を聞きたがっているとき以外は、最後まで話し終えることにこだわらないほうがいい。話のオチはその後に会話が途切れたときまで置いておけばいい。最後まで話すことが目的ではなく、人を引きつけてやまない君の魅力をアピールすることが目的なのだということを忘れないように。

一方で失礼な態度にはきちんと対応しなければならない。コメディアンもいつも客席からヤジをとばされる。手元に対処法をいくつか持っておくといい。俺の友人などは、誰かが彼の話に集中できなくなると、「では、ショーはこれでおしまい」と言って冗談にしてしまう。

ミッション7　ストーリーを聞かせる

今日、二つのストーリー（相手とのやり取りも含めて）を少なくとも二回ずつ、誰かに話して聞かせよう。一人に両方を聞かせる必要はないが、一日の間にそれぞれの話を最低二回ずつやること。君がいいなと思った女性にかぎらず、同僚、友人、両親、見知らぬ人、親戚、テレホンアポインターなど、話す相手は誰でもよい。

話しながら、新しい情報やジョークを入れたり、思いつきの質問をしたり、アドリブを挟むことも自由だ。無事に話し終えたら、最初のファイルやノートに戻り、加筆、変更、省略を加えて、原稿を改良していこう。

もし、どちらの話にも誰も興味を示さなければ、リストにあるほかの話と交換する。新しいストーリーもウケなかった場合は、そこにいる人に同じ話を自分ならどう話すか聞いてみるといい。二つともうまくいったのなら、今度は新しいストーリーをどんどん増やしていこう。

物語は人類が生み出した最も古い芸術表現だ。その伝統を引き継いだ自分を祝福しよう。

DAY 13

ミッション1 スケジュール帳を手に入れる

ＤＡＹ13の解説ページを開こう（☞160ページ）。そのページにあるカレンダーを切り取るか、一部コピーを取ろう。

ミッション2 読み書き能力の向上

本屋に行こう。欲を言えば、カフェか、ゆったり座れるスペースのある本屋がいい。スタイルライフカレンダーのページとペン、日誌（もしつけているなら）を持って行くこと。リラックスして。今日の残りのミッションはこの本屋で行う。

ミッション3 文化を拝借する

地域のイベント情報誌を探す。無料で毎週発行されている情報誌などもいいし、雑誌のお出かけガイドや普通の新聞でもいい。地元のレストランやナイトクラブが掲載されたザガット・サーベイ（訳注　一般利用者へのアンケート結果をもとにした客観的な評価が特徴のレストランガイド）や、地元の観光地の載ったガイドブックなども必要になるかもしれない。買うわけではないので、一円も払う必要はない。

ミッション4　コスモポリタンになる

『コスモポリタン』誌の最新号も取ってくる。

ミッション5　夜の計画を立てる

店内のカフェなど、くつろげる場所に座ろう。スタイルライフカレンダーを取り出し、店内で集めた雑誌や情報誌のさまざまなリスト、コメント、お勧め情報に目を通す。

面白そうなイベント、レストラン、コンサート、新しいギャラリーの開店イベント、人気の本、フリーマーケット、そのほかのイベントでその週に行われるものを選ぶ。それぞれのイベント情報をカレンダーの左側の枠内に書き写す。シンプルでお金のかからないイベントほどいい。もちろん無料なら何も言うことはない。どれも君が参加できることが条件だ。つまり、すでにチケットがソールドアウトしているコンサートや、高すぎるレストランは選べないということだ。

右側の長い枠には、彼女、または彼が、そのイベントに行かなければならないという説得力のある理由を一つか二つ書き入れる。

ミッション6　それが本当に彼女たちが思っていることか？

『コスモポリタン』誌を始めから終わりまで読んでみる。

まず気づいてほしいのは、男と同じように、女もデートをしたり、彼氏を作ったり、告白してフラれたりしないように必死だということだ。その次は、記事、コラム、投稿、広告を読んで、面白い話題になるものがないか探そう。

話題を選んだら、近くに座っているか、通りかかった女性に声をかけて、その記事の感想を言ってみよう（歩いている相手に話しかける場合、こちらに歩いてくるタイミングで声をかけること。相手の背中が見えたらもう遅い）。彼女に雑誌の記事を見せて、君がどう思ったか話す、または女性の感想を聞いてみてもいい。

彼女が親切に応答してくれたら素直に喜ぼう。君から自然とルーティーンが湧いて出たわけだ。もし相手の反応が悪ければ、もっと面白い話題を探して別の女性に試してみよう。

声をかけた女性に、なぜ『コスモポリタン』を読んでいるのかと聞かれたら、正直に言おう。この雑誌を読んで女性のことをもっと知るようにアドバイスされた、と。

その後の会話を続ける必要はない。しかし彼女が君との会話を楽しんでいるようであれば、オープナーやストーリーや資格没収のテクニックを使って、そのまま続けてもいい。三人の女性と雑誌について話をしたら、このミッションは終了だ。

帰宅後、昨日始めたストーリーリストに今日うまくいった「コスモポリタンルーティーン」を加えること。

STYLELIFE CHALLENGE

日	
月	
火	
水	
木	
金	
土	

ミッション1　自分の価値を証明する

オープナーのポイントの一つは、君がすぐに立ち去ることを相手に伝えて、時間設定をすることだった。

今日の目標は、女に行かせたくないと思わせるクールで面白い男になること。ゴール（フックポイント）への最短の方法は、君のすごさを見せつけることだ。結局、彼女には一晩に何人もの男と出会う可能性がある。その中で君を選ぶ理由は何か？

ナンパする自信があるというだけで、一部の女性にとって君は十分ほかの男から抜きんでた存在に見えるかもしれない。別の女性は君のユーモアセンスや外見を特別だと感じるかもしれない。彼女に最初の彼氏を思い出させたのかもしれないし、意に介さない態度や、ほかの性質が彼女を興奮させるのかもしれない。しかし、中には――特に多くの選択肢を持っている女――ちょっとしたプラスアルファを見せなければならない場合もある。

相手に自分を印象づける最もスマートでベストなやり方は、彼女自身のことについて何か言ってあげることだ。

君に課せられた課題は、ＤＡＹ14解説ページ（☞165ページ）を開き、まず教材となる台本の使い方を読んでから、後のルーティーンを覚え、女の価値を受け入れる代わりに、女に価値を与える方法を学ぶことだ。これまでに学んだほかの事柄と同じく、ルーティーンそのものにパワーがあるのではない。ゴールは彼女を、君に会う前よりももっとハッピーで楽しくしてあげることなのだ。

ルーティーンを覚えたら、今日のフィールドワークに出かけよう。

ミッション2　彼女の手を取る

今日は、だんだん増える君のレパートリーに指輪のルーティーンを加えよう。どこでもいいので人の集まる場所に行こう。カフェ、バー、公園、美術館、デパート、スーパーなど。そして新しいオープナーの一つを使って会話を始めよう。

その後は、ＤＡＹ11で身につけた、用事があって立ち去る素振りをする。それから自然と彼女の指にはまっている指輪（または指輪のない指）に目を止め、ルーティーンに移行する。フックポイントに行き着くまで、そして彼女がすっかり面白がってしまうまではずっと急ぎの用事がある素振りを続けよう。

彼女に連れがいたら、彼らも交えて会話を続けるように。

彼女が指輪のルーティーンをどう思うかは関係ない。彼女が退屈しようが興味を持とうが、君はただ自分の価値を相手に伝える練習をしているだけだ。このルーティーンは君が心から楽しんでやっているときに最も効果を発揮する。決して相手に自分を印象づけたり、好きになってもらうためのテクニックではないことを忘れないでほしい。君が話をして、彼女がそこに立って聞いていれば、ミッシヨンはうまくいっているということだ。

そのまま会話を続けてもかまわない。ルーティーンの後にどうすればいいか分からなければ、丁寧に挨拶してその場を立ち去るだけでいい。来週は、この後の会話で二人の関係を一気に縮め、電話番の交換まで持っていくテクニックを学ぶ。

三人の女性に指輪のルーティーンをやったら、今日のフィールドワークは終了だ。

ミッション3 ダーウィンならどうするか

ここまでやってみてどうだろう。大変だと思ったかな？

君は本当に素晴らしい、いい男だと心から思う。自分の人生があって、家族や友人がいる。世界中どこへでも出かけられる。その君がなぜ見ず知らずの普通の女に会うことに気後れする必要があるだろうか？

その答えは、俺の友人である、進化だ。

極論を言うと、好むと好まざるとにかかわらず、俺たちの種族――そしてほぼすべての種族――の男は女を巡って争い、そして女が男を選ぶことになっている。

DAY14解説に、スタイルライフのコーチ、トーマス・スコット・マッケンジーがまとめたマット・リドレーの『赤の女王――性とヒトの進化』のレポートがある。君の課題はこのレポートを読んで、今月君が取り組んでいることの多くが進化論に裏づけられていると気づくことだ。人間の行動は育った文化の干渉も同時に受けていることも覚えておくこと――もちろん進化生物学者は、文化そのものも、自然淘汰の過程で形成されたと言うのだろうが。

DAY 14
解説

本書に収録した台本について

ある日、俺はテレビで『CSI：マイアミ』（訳注　二〇〇二年から二〇一二年まで放送されたアメリカの犯罪捜査ドラマシリーズ）を観ていた。その回はナンパアーティストが登場する話で、彼らは『ザ・ゲーム』に俺が書いたテクニックを一言一句違えずにそのまま使っていた。このドラマはその時間帯の最高視聴率を誇る番組で、五十五カ国で放送され、約五千万人が視聴している。にもかかわらず、世界中のナンパ師たちがこれとまったく同じテクニックを使い続けている。そして俺はこのドラマのせいで誰かが捕まったという報告をたった一度も受けていない。

つまり、人間が耳にしたそのままの言葉や、それを聞いた場所を忘れてしまう能力を侮ってはいけないということだ。

しかし、議論のために最悪のケースも想定してみよう。想像してほしい――君がオープナーで会話を切り出すと、女が一発でこの本からの引用だと見破った……。

まったく問題ない。

必要なのはイレギュラーへの対応だけだ。このケースでは二人に共通点があるということが対応策を考える前提になる。二人とも同じ本を読んでいるということだ。オープナーはさっさと諦めて大声で叫ぼう。「まいったな。あの本知ってるの？　どう思った？　今日は書いてあることを試そうと思ったんだ。でも最初のアプローチでこっぱみじんだな」

オープナーの目的が会話のきっかけを作ることだとすると、君はもうそれをスタートしており、世界で一番楽しい話題——恋愛——について話している。

どんな結果でも、予想できることなら恐れる理由などどこにもない。なぜなら、予想できるのであれば、実際に起こったときの対策を立てられるからだ。

大きく考えれば、裏にある真意と比べ、言葉や何を言うかは大した問題ではない。浮気な友人のオープナーが効果的なのは、それが浮気な友人のオープナーだからではなく、グループや個人を相手にしたときに、誰も傷つけずにみんなが楽しめる会話をスタートできる方法だからである。それがどんな状況でも使えるものなら、あるテクニックが広く知れ渡ろうと、心配する必要はないのだ。

男女が惹かれ合うメカニズムが知識によって変わることはない。ナンパは、これから君が読もうとしているテクニックは、人類誕生からずっと同じ原則に沿って行われているのだ。

このことを念頭に、次に紹介するルーティーンは、自分の価値を証明する方法の一つにすぎない。「ザ・チャレンジ」をやっている間、同じ結果の出るものであれば、何を学んでも、何を使ってもかまわない——カードを使わないおしゃれなマジック、「キューブ」（『ザ・ゲーム』参照）のようなイメージを視覚化するゲーム、手書き文字占いなどの性格診断、そのほか、最終ゴールであるいい男へ君を導くものなら何でも自由に学び、実践してほしい。

指輪のルーティーン

■**親指**＝ポセイドン。個人主義、独立、習慣の打破
■**人差し指**＝ゼウス。支配、力、エネルギー
■**中指**＝ディオニュソス。不遜、反逆、退廃
■**薬指**＝アフロディーテ。愛、ロマンス、繋がり
■**小指**＝アレス。抗争、攻撃的、競争
■**指輪なし**＝ヘルメス。友好的、援助、冒険心

実際の会話

あなた：行く前に教えてくれないか？　その指に指輪をしてるのは何か理由があるの？
彼女：別に理由なんてないけど。
あなた：面白いね。いつも同じ指に指輪をしてるの？
彼女：そうね、だいたいは。
あなた：こんなこと聞くのは、占いの好きな友達がいて、どの指に指輪をするかでその人の性格が分かるって聞いたばかりなんだ。全部本当かどうか分からないけど、その人が僕に言ったことはかなり正確だったよ。

もし彼女が指輪をしてなければ、こんな言い方もある。「行く前に教えてくれないか？　指輪がないけど、普段からしてないの？」。それからさっきの台詞に入っていこう。ただし、「どの指に指輪をするか、またはまったくしないかでその人の性格が分かると聞いた」と言うこと。

あなた：古代ギリシャでは、手のひらの一番上の盛り上がっているところがそれぞれ違う神様に象徴されていたんだ。それで当時の人々は自分の信じる神を表す指に指輪をしたんだ。

ここで、彼女の指一本一本の説明をしよう。急いでいないのなら、彼女が指輪をしている指の説明を一番最後にして期待感を上げるといい。

あなた：例えば、親指は海の神ポセイドン。とても独立心が強く、神々の中で唯一彼だけがオリンポス山に住んでいない。親指はほかの指からある意味独立して生えているよね。だから親指に指輪をする人は独立心が強くて、一般的に自分のことは自分でやるタイプなんだ。人差し指は神々の王ゼウスを象徴している。力と支配だ。親が子供を叱るとき、いつも人差し指を振るよね。人差し指に指輪をする人には、リーダーシップをとりたがる人が多いんだ。

自分の性格と指の表す意味が合わないと言われたら、ある性格を強めたいと無意識に思っていたり、そのような性格の人に憧れる気持ちがあるとき、知らずに特定の指を選んでいることがあると言おう。

あなた：中指をつかさどるのはディオニュソスだ。ワインとパーティーの神様だね。この神はとても反逆的な精神の持ち主で、規則から自由な人々のことが大好きなんだ。だから中指に指輪をする人は、他人の気持ちはあまり考えずに自分の好きなように振る舞うことが多い。社会を混乱させる可能性もある。

暴言を吐くときに中指を立てるのもうなずける。薬指はもちろんアフロディーテを表している。これは愛の女神で、結婚指輪を薬指にするのもこういうわけなんだ。面白いことは、静脈が途中で枝分かれせずに真っ直ぐ心臓と繋がっているのは薬指だけなんだ。だから、結婚式で誰かがこの指に指輪をはめてくれるということは、その人は君がハートと直接繋がったということなんだ。

君が軽く触れても大丈夫なくらい、彼女がリラックスしていると思ったら、この話をしながら彼女の手を持ち上げたり、指に触れてみよう。もっと知りたがっている様子なら、指の静脈の線を腕の上のほうまでずっとなぞってみてもいい。

あなた：小指は戦争の神アレスの領域だ。よくヤクザが小指に指輪をしてるだろ？　これは争いごとの象徴なんだ。昔、人々が自分で小指に指輪をはめると、それは彼らが何らかの争いに巻き込まれているとか、心に悩みを抱えているという意味だったんだ。その指輪がプレゼントとして送られてきたら、それは水面下では送り主との間に紛争や対立の種があるということだったんだ。

彼女が指輪をしていなければ、次の台詞をつけ足そう。

あなた：指輪をしない人々は神からの使者ヘルメスの仲間だ。彼は外国旅行や富を象徴し、またすべてにおいて最高のものを愛するんだ。かといって貪欲というわけじゃない。彼は与える神として知られていて、また神々の中でも一番人間に頼りにされる存在なんだ。とても冒険好きで、旅行や、仲間と一緒にいるのが大好きなんだ。

進化する性的嗜好

書評

トーマス・スコット・マッケンジーより

『Mastering Your Hidden Self : A Guide to the Huna Way（隠された自分をコントロールする方法――フナへの道）』のレポートで、人間は環境、経験、信条、願望によって形成されることを学んだ。マット・リドレーの『赤の女王』では、数百万年におよぶ進化もまた、人間の形成に大きな影響を与えたことを学ぶ。

動物界における相互関係とともに、その求愛行動や交尾の進化論的本質を理解することは、われわれが自分の求愛行動を理解するために不可欠である。

リドレーによれば、求愛行動の場面で人間が最も強力に進化させたツールは精神である。「多くの進化人類学者は次のように考えている。人間の大きな脳は、頭を使ってライバルを出し抜いたり、裏をかいたりすることを可能にし、遺伝子を残すことに多くの役割を果たしている、あるいは、大きな脳はもともと異性を誘惑しパートナーを見つける目的で使われていたかもしれない」と彼は書いている。

男はなぜ美しい女を好むか

多くの男は、自分たちの町や国の女はほかと違っていて、ナンパにも特別な戦略が必要だと考えている。しかし、何万人もの生徒を指導した経験から、昔はいざ知らず、今はこの考え方は正しくない。さらに進化論的にも誤りである。どこへ行こうがナンパはだいたい同じなのだ。

「つい最近まで、ヨーロッパ人の暮らしはアフリカ人と基本的に同じだった」とリドレーは書いている。彼の説明によれば、どちらも狩猟で肉を得て、植物を採集し、同じ材料で道具を作り、複雑な言語を操り、よく似たやり方で子供を育てた。金属加工や農業、記録を残す文字などの高度な技術は、リドレーによると「今から三百世代前以降にやっと登場したのであり、遺伝子レベルで刷り込まれるにはまだ新しすぎる。ゆえに、人類には普遍的な人間性、つまりあらゆる人間が共通して持っている性質がある」という。

彼は三十七カ国で千人以上からデータを取ったある研究を引用している。統計によると「男は若くて美しい女に関心があり、女は富や社会的地位に関心がある」という。

この世界共通の選別の法則が意味するのは、人類はみな浅はかだということではなく、われわれがなるべく多くの子を生み、なるべく多くの子孫を残そうとしているということだ。リドレーによると、このように男がきれいな女に執着するのは、形ではなく機能の問題だという。「美しさは若さと健康のバロメーターであり、同時に生産能力のバロメーターでもある」

「紳士は金髪がお好き」（訳注　一九五三年にアメリカで公開されたコメディー・ミュージカル映画のタイトル）というフレーズも、リドレーによると金髪と若さとの相互関係にたどりつくという。

なぜ女は社会的地位の高い男を求めるのか

外見に関しては、男は女よりも楽だといえる。

「二人の科学者が二百の原住民部族を調査した結果、男性がハンサムかどうかは、外見よりもむしろ、その男の持っている技術や能力によって決まることが確認されている」とリドレー。そのほか多くの研究からも、女性は男性の性格、支配力、地位といった要素に惹きつけられることが証明されている。

「一夫一婦制の社会に住む女性は、男たちが〝一家の長〟となる機会を得るよりもずっと前に、彼らの誰かをパートナーとして選ぶことがよくある。彼女は過去の実績よりも、男の将来性についてのヒントを探さなければならない」ともリドレーは書いている。「バランス感覚、自信、楽観的な態度、効率性、忍耐力、勇気、決断力、知性、出世欲――これらは仕事で上を目指す男性に求められる資質である。そして女性がこれらに惹きつけられることは決して偶然ではない」

言い換えれば、もし君が現在無職だったとしても、成功者の特徴を見せてやれば、女性が君に賭ける可能性があるということだ。

その一つはボディランゲージ。リドレーは、俳優に二つの偽の取材を受けさせるという内容で科学者チームが行ったある調査の様子を記している。「一方の取材で、俳優はドアの近くの椅子に大人しく座り、うつむいて記者に向かってうなずいている。他方では、彼はリラックスして椅子の背にもたれかかり、自信を持って身振り手振りを使っている」。「女性がこの映像を見ると、自信たっぷりに受け答えする俳優のほうがデートの相手にはふさわしく、男性として魅力的だと感じるのだ」

人気があることはなぜ重要か

クジャクは雄が群れになって求愛行動をする珍しい鳥の仲間であるとリドレーは指摘する。この群れのことを科学者はレック（訳注　集団求愛場）と呼ぶが、「このレックの特徴は、ほとんどの場合、雌との交尾に至るのは群れの中心付近にいる一羽、または数羽だけということ。しかし、その一部の雄が交尾に成功したのは、群れの中心というポジションにいたということよりも、結果としてほかの雄に周りを取り巻かれていたことが大きな理由なのであった」

彼は同じ章でグッピーを使った別の実験結果についても述べている。まず雌のグッピーに二匹の雄（一匹はほかの雌とのカップル、もう一匹はフリー）を見せる。雌はその後で、今は一匹でいるのにもかかわらず、先ほどカップルだった雄を選んだという内容だ。

女性の競争意識と社会的証明、つまり社会で自分と同等のグループがやっていることを真似る傾向は、動物界にも存在するということだ。

なぜ女性は選ぶのか

雌の本能的な人生のゴールは、生きるために必要なものを十分に提供してくれる相手、あるいは父親として優秀な相手を見つけることである。一方で雄のゴールは、できるだけ多くの妻や自分の子の母親になってくれる相手を見つけることである。

性別によって違うゴールを持つ理由は、それに伴う**投資**の差である。

子供に大きな投資をするほうの性（例えば何カ月もお腹に胎児を抱えているなど）は、無駄に性行為をしてもほとんど得るものがない。その一方、子供にほとんど投資をしないほうの性は、より多く性行為の相手を探す時間がある。

この二つのゴールは、独身者の集まりに参加した男性がすぐに気づく事実に科学的な根拠を与える。つまり、男は競って女の気を引こうとする。

リドレーはこう続ける。「男性の目標は女性を誘惑すること。彼は女性を操って自分の魅力に惚れさせようと試み、そして彼女の心に入り込んで気持ちを自由にかきまわそうとする。このとき、男性には生物学的進化のプレッシャーがのしかかっている。それは自分の優位性を示して彼女をすっかり自分のものにし、性衝動を起こさせ、確実にカップルになることである」

リドレーはクジャクの尾や、シカの角、ツバメの尾羽、チョウやグッピーの鮮やかな色を軸にした求愛行動を観察する。大前提として――「女性は選ぶ、女性の選択好きは遺伝、女性は派手な装飾物が好き、装飾過多なものは男性には重荷になる。これだけのことが、今や疑いのない事実なのだ」

多くの女性にとってハイヒール、バストアップブラ、タイトな洋服、無駄毛の処理などは、おしゃれで魅力的であることの一部なのだ。もし女性と仲良くなりたいのなら、自分でも同じ荷物を背負う意思が必要になる。不自然に感じて落ちつかないこともあるかもしれないが、自分を群れの中で目立たせる服装をすることは、自信と独立心に溢れたリーダー（あくまで着こなしている場合だが）という印象を生み出す。リドレーが言うように、「普通を好む人はいないのだ」

なぜ男はセックスを女性より軽く考えるのか

リドレーによると、セックスに対する態度の違いは、後に来る結果の違いから来る。歴史的に、男性にとってセックスは比較的低いリスクで莫大なリターンを期待できる行為だった――「残す遺伝子が子供一人分増えるだけ」。リドレーは言う。「そのような機会を得た男は、そうでない男よりも確実に多くの子孫を残す。それゆえ、われわれは不毛というよりも、むしろ多産な人物の子孫なので、現代の男は性的にはチャンスのある流れの中で生きているといえるだろう」

男性は誰とでも気楽にセックスができるのに対して、女性は計り知れないリスクを抱えている。避妊の信頼性が高まり、計画出産が可能になる前の時代、女性の浮気は、人妻であればお腹にいる浮気相手の子供と、夫からの報復の二つを抱える恐れがあり、独身女性の場合は、未婚の母という絶望的な状態に陥ることが考えられた。

この巨大なリスクを帳消しにできるものは何もなかった。一人のパートナーに信頼を置き続けることができれば、女性が子供を持てる機会は大きい。しかも、夫の助けがなくなれば子供を失う可能性はもっと大きかった。それゆえ、気軽にセックスをしても、女性が残せる子孫は増えたのではなく、逆に減ったのである。そして現代の女性たちも多くは気軽なセックスに対して警戒心を持っている。

リドレーはまた、彼の不特定多数との性行為に関する説を補強するために、興味深い統計にも触れている。ある調査によると、サンフランシスコのゲイの七五パーセントは、百人以上のパートナーと関係を持ったことがある（二五パーセントは千人以上）が、対照的にほとんどのレズビアンは一生に十人未満のパートナーしか持たないという。

なぜ男と女は騙し合うのか

リドレーが本書で述べる興味深い結論の一つが、人間は本来一夫一婦なのだが、同時に浮気な性質も備えているというものだ。

女性は気軽にセックスすることに対して男性に比べて否定的だが、では知らない男とはまったく寝ないのかというと、そうではないとリドレーは言う。ただ彼女たちが性に対して奔放になる場合には目的があるという。彼は動物社会を例に挙げる――特に群れで暮らす鳥に見られる浮気現象などだ。人間の場合と同じく、群鳥の雌も、雄を二つのカテゴリーに分ける。愛人と夫だ。「雌が魅力的な雄とつがいになったとき、子育てでは雄よりも雌のほうがよく働く」。リドレーは続ける。「雄はまるで優良な遺伝子を雌に与えた代わりに、巣の世話は雌がやって当然と考えているように見える。そして、もちろんこれは彼女にとって、見た目はまあまあだが働き者の男を探したり、近所の男前と浮気するいい口実になるのである」

リドレーはこのテーマにおける議論を、彼がまだ女性の精神の奥に存在すると考えている、狩猟採集時代のルールをざっと要約したもので締めくくる。「ある女が集落で一番の狩人と結婚し、別に既婚者で一番の狩人を愛人にしたことが始まりだった。彼女はこうやって自分の子供の食べる肉を豊富に確保したのだ。この精神は大金持ちの実業家の妻へと引き継がれ、彼女の赤ん坊はたくましい夫のボディガードそっくりに成長した。男は子供の世話、生活の糧、遺伝子の供給者として搾取されるようになっているのである」

なぜ男は女よりもポルノが好きなのか

リドレーは、男女の性的な興奮に関する研究に関しても興味深いコメントをしている。男は一般的に視覚的なイメージで興奮する。ポルノや『マキシム』誌の成功はこのためである。では女性にとってポルノにあたるものとは何だろう。彼の答えは、数十年間変わり映えもない「ロマンス小説」だ。

しかし、女性がロマンス小説を読むのは、さわやかな男性が出てくるからとか、どぎついセックスの描写があるからという理由ではない。ロマンス小説におけるセックスとは「体験――特に体の接触――に対するヒロインの感情の動きを通して表現されるもので、それは男性の体の細かな描写ではないのだ」

ポイントは、女性は感情の動きで欲情し、引き金になるのは言葉や体の接触ということだ。このことから、女を誘惑するプロになるには、言葉と女の体の仕組みのプロになる必要がある。

また、これとは別の異性愛者の男女に関する研究では、男は集団セックスに興奮し、女は異性同士のセックスに興奮することが分かっている。また異性愛者の男女はレズビアンのセックスシーンに興奮するが、同性愛者の男性のセックスではどちらも興奮しない。女性に自分の腹筋や性器を大写しにした写真を送れば彼女はムラムラするだろうと思っているなら、考えを改めたほうがいい。

なぜ「スタイルライフチャレンジ」か

『赤の女王』によって、生物学的な進化の重圧が数千年の間に人間の配偶者選択に与えた影響が明らかになり、われわれが議論しているスマートな装い、自分の価値のアピール、社会的地位の向上、人間性の誇示、自信の伸長など、社会的に洗練されることについても科学的な根拠が得られた。

成長しようとする君の足を引っ張る友人たちのことさえ、進化の結果、当然起こることとして記述されている。本当は見習うべき存在だと感じていたとしても、男性は競争相手を追い落としたいものなのだ。

そして最後に、もっと自信を持ちたいと思っている君に朗報だ。外へ出てアプローチの技術をマスターしようと取り組んでいる君は正しいことをしているともリドレーは言っている。

「われわれは、自分の欲望を、他者からの反応を見て相対的に計っている。拒絶を繰り返し受けていると、われわれの視線はだんだん下がってくるが、継続的な求愛行動の成功は、それが自信となり、われわれが少し上を目指すきっかけになる」

中間地点《ミッドポイント》
コーチングセッション

姿勢を正して、人生について少し話そう。

成功の秘密はこれだ――君が何かから得るものの量は、君がその中に入れたものの総量と等しい。

なぜ俺が今これを君に話しているのか？

これは前にあるウェブサイトで読んだ言葉だ。「人は失敗しない。ただ彼らはやめてしまうのだ」

中間地点は軍隊にとって危険な時間帯だ。俺は突破口を目前にした君を絶対に除隊させたくない。

ここまで真面目にやってきて、これ以上先へ進むことに少し不安を感じているかもしれない。君が過去のチャレンジャーたちと同じなら、ここまでのフィールドワークをやりながら、精神的に相当打ちのめされたと思う。

一体何のために、君はわざわざ知らない人々に打ちのめされるのか？

彼らは君が成長するための生きた教材なのだ――彼らは君に自分自身の心の中を見せるため、そして次からどうすればいいのかを君に教えるために存在している。自分で自分のことを判断するようには、彼らは君のことを判断してはいない。

かつて受け取った何通もの落選通知にくじけていたら（我ながら支離滅裂な初期の作品については言うまでもなく）、今の物書きとしての俺はいなかっただろう。

だが、段落の一つ一つ、犯した間違い、批判、成功から俺は学んだのだ。

何を学んだと思う？

これが挑戦だということだ。つまり、簡単には手に入らないということ。

決して難しいことではない。しかし戦わないといけない――君にとって何の役にも立ってこなかった悪い習慣と。

君は今、自分を正すオリーブの枝を差し出されている。

それを手に取るか、逃げ出すか、それともその場に立ってその枝で自分の頭をムチ打つか。

まばゆいばかりの女性遍歴を持つ俺の知り合いは全員、努力の結果そこに至った。今本人に聞いたとしてどう答えるかは分からないが、彼は驚くような障害物を次々に乗り越えていったのだ。その最大のものが、彼自身だった。

課題をこなす過程で味わう落胆は、俺たち全員も過去に経験している。成功する者と、そうでない者の違いは、どれだけ自分自身と、ナンパという名のゲームと、街へ出て全力でプレイすることに自分を捧げられるかの差なのだ。

このゲームで一番苦しいのは、ゲームが俺たちに要求する努力だ。

職場や学校でどれほど高い地位にいようが、死ぬほどセクシーな服を着た、クラブにいる誰もが振り返る、アゴの外れるような美女にかなう地位など存在しない。誰もかなわない。ロックスターでも、億万長者でもかなわない。

彼女はただ掃きだめから男をつまみあげるだけだ。それは君かもしれない。しかし選ばれるためには全力で立ち向かわねばならないのだ。

女性に話しかけるチャンスを見逃すたびに、挑戦しないたびに、何かを諦めるたびに、ポーズだけ繰り返すたびに、初めてのことや、恥をかかないように自分に言い聞かせるたびに、ただ一人損をするのは君なのだ。

ウェイン・グレツキー（訳注　カナダの元プロアイスホッケー選手）の言葉を引用しよう。

「打たなかったシュートは百パーセントミスする」

シュートを打つのは今だ。

DAY 15

ミッション1　コールドリーディング

今日はほかの男に差をつける一番簡単な方法を一つ紹介しよう。このテクニックを使えば、あっという間に初対面の相手の心に入り込み、その人の親友すら知らないことを言い当てることができる。

ミッションは、ＤＡＹ15解説を開いてコールドリーディングの手引（☞187ページ）を読むことだ。

ミッション2　占い師に会う（オプション）

課題は〝占い師のところへ行き、鑑定してもらう〟こと。

携帯用レコーダーを持っていれば、録音させてもらえるように頼もう。

この課題をオプションにしたのは、コストがかかるからだ。通常は五ドルから四十ドルくらいだろう――それ以上払ってはいけない。しかし、できればチャレンジャー全員に鑑定を受けてほしいと思う。

どの街にもだいたい一つや二つ、スピリチュアル系の本屋や市場など、占い師がいる店先があるはずだ。地元のどこで手相占いやタロット占い、そのほかの占術をやっているのか分からなければ、本屋でガイドブックを見てみよう。または、インターネットで「占い」を検索してみよう。それでもまだ見つからなければ、最後の手段として、The American Association of Professional Psychics（アメリカプロ霊媒師協会)、電話1-800-815-8117(海外から1-561-207-2391)に電話して、十分間の電話鑑定を受ければいい。

注意：ほとんどの占い師は信用できるが、中にはそうでない者もいる。クレジットカードなどお金に関する番号、個人情報などを言わないように。さらに、最初に言われた金額以上は払わないこと。もし危険が迫っているといった内容の鑑定を受けて追加料金を請求されることがあっても、その手に乗ってはいけない。礼を言って立ち去ろう。

ミッション3　鑑定結果を分析する

この課題は、占いを受けても受けなくても、チャレンジャー全員を対象とする。(もし経済的な事情や、時間がないなどの理由で鑑定を受けていないのなら、インターネットの無料占いなどに書かれていることを、鑑定を受けたつもりで読んでみよう)

今日読んだコールドリーディングの情報を念頭において、占い師から受けた鑑定を分析しよう。それから次の質問に応えてほしい。

■鑑定結果について良いと思いますか、悪いと思いますか？　なぜそう思いましたか？

■占い師は作られたルーティーンに沿って鑑定していたと感じましたか、それとも本当にあなたの中に入り込んでいましたか？　なぜそう思いましたか？
■占い師は友人と比べてどの程度あなたを理解していましたか？　なぜそう思いましたか？
■占い師には普通の人が持たない感性があると思いましたか？　なぜそう思いましたか？
■また鑑定してもらいたいですか？　なぜそう思いましたか？

自分の答えを思い浮かべ、コールドリーディングの良し悪しは何によって特徴づけられるのか考えてみよう。もし占い師の言葉で特に印象に残ったものがあれば、書き出そう。

自分で行うコールドリーディングでこれらの文やフレーズが使えるかどうか考えてみる。

DAY 15
解説

コールドリーディングの秘密

ニール・ストラウス、ドン・ディエゴ・ガルシア、トーマス・スコット・マッケンジーより

ナンパ師を志すチャレンジャーのほとんどは「探検家」というパーソナリティー（人格）モデルに一致する。おそらく君もその一人ではないか。もしそうなら、次の分析結果は君にも当てはまるかもしれない。

探検家のパーソナリティーを持つ人は、自分に人格的欠陥がいくつかあることを認めるが、たいていはその欠陥を補う能力で外見を取り繕うことができる。これは、彼らがまだ目覚めていない膨大な潜在能力を内に秘めているためである。彼らは多種多様な出会いを求め、自分を縛るルールが多すぎると、オリに入れられた虎のような気持ちになる。

探検家はややストイックになりすぎる傾向があるが、前向きに励まされると幸せを感じる。同時に

自立していることにプライドをもっており、他人の言うことをそのまま受け入れることはしない。かといって周りの人たちから好かれたいと思っていないわけではない（おそらくその必要も感じている）。

探検家は成長すると、さらに多くの秘密を持つようになる。頑張って努力を続けて人生を切り開いていくが、ときどき過去を振り返り、自分の生き方が本当に正しかったのか思い悩む。近く実現できそうな夢がいくつかあり、同時にやや非現実的な希望もいくつか持っている。

いずれの部分でも、そのとおりとうなずいた君は、まさにコールドリーディングの力を体験したのだ。コールドリーディングの技術を一言でいうと、当たり前のことを相手にさも大発見のように聞かせることだ。**コールド**とは話者が君のことを何も知らないことを指し、**リーディング**は、君の経験や考え、欲望や将来のプランなどが、本のページからつまみあげるように、話者にぴたりと言い当てられてしまうことを指す。

歴史

そして実際そのとおりなのだ。この後の文章は、数世代にわたって多くの占い師に受け継がれてきた古典的読心術についてだ。

一九四八年、心理学者B・R・フォアは学生にある性格診断テストを行った。そして、学生が答えた内容にかかわらず、フォアは全員にまったく同じ診断結果を渡し、学生に診断の精度を五点満点で採点するように言った。五点に近いほど、学生が診断は正確だと感じたことになる。

その結果、クラスでの平均点は四・二六だった。それぞれ個性の違う人間がまったく同じ診断をされたにもかかわらず、彼らは渡された言葉がほとんどすべて自分に当てはまると感じたのだ。

ここで分かったことは、人間は、あいまいで一般的な内容の性格診断を、完全に自分に当てはまると考える傾向があるということだ。さらに、人々は多くの場合、自分に対する意見について、自分がそうありたいと思うものを受け入れる。

この原則は、なぜ手相占いで生活が成り立つのか、なぜ多くの人が新聞の星占いページを毎日真剣に読むのか、なぜ電話の運命鑑定などというものが存在するかといった質問への答えになるだろう。

コールドリーディングとナンパの関係

人々の一番好きな話題が彼・彼女自身のことだとすれば、彼らが自分のことを当人と同じくらい知っている人物と出会ったときの喜びはどれほどか、想像してほしい。

つまりコールドリーディングがナンパの技術の中心にあったとしても何ら驚くことはないのだ。実際に使われている方法をいくつか紹介しよう。

●コールドリーディング・オープナー

知的な観察力を見せたり、女性ならではの感性を共有すれば、彼女の好奇心はたちまち刺激され、自分のことを話し始めるだろう。「××な気がするの」「××な感じがしてるんだけど」「最近気づいたんだけど……」などのフレーズを言い出したら、君がリーディングを始めるいいきっかけだ。

●コールドリーディング・フック

自分は彼女をナンパするほかの愚か者とは違うんだということを見せたほうがいい場合がある。会話の早い段階で、彼女について驚くほど深い、すべてお見通しといったコメントをすれば、彼女は自分が特別な人物と出会ったのだと思い始める。

●コールドリーディング・アンプ

昨日、君は自分を大きく見せるための指輪のルーティーン、自在に使えるテスト、ゲーム、デモなどを学んだ。コールドリーディングの知識は、これらのデモンストレーションを軽い時間つぶしから感動的な体験にまで、自在に調整するための基礎となる。

道義的観点から

コールドリーディングは前向きな使い方にとどめよう。

相手の将来について話すとき、悲観的なことや、相手を傷つけるようなことを予言してはならない。たとえ本当のことでも、性格の欠点などを言うときは相手が安心できる形でそれを伝えるように。例えば相手に「かなり情緒不安定だね」などと言わないように。代わりにこう言おう――「ここにいる人の中で一番自信家ではないかもしれないけど、心ではちゃんと自分の価値を知ってるね」

コールドリーディングを冷酷に人を操る道具として使ってはならない。特に二人の間に強い霊的なつながりがあると信じさせようとするペテン師のような真似はしないこと。

まっとうに会話のきっかけとして、仲良くなる道具として、また君が知っている珍しい人間の行動を説明する例として使ってほしい。

最後に、コールドリーディングは伝統的に先生から生徒へと伝えられ、一般には知らされていない技術だ。女やそのグループといるときに**コールドリーディング**という単語を言ったり、技術を教えたりしないこと。

伝達手段、小道具、分類システム

コールドリーディングは相手の内面を表す言葉を一つか二つ言うだけでもいいし、あるいは、三十分間えんえんと君のすごさを女に語って聞かせることもできる。

小道具や分類システム、また君のリーディングの根拠になる特定のものが何かあれば、信頼性と説得力が増し、全体の時間を決める言い訳にもなる。一般に、数分以上かかるリーディングは、静かな場所か、フックポイントの後で二人きりになるまで行わない。

コールドリーディングに信憑性を持たせるための小道具は数かぎりなく存在する。タロットカードやルーンストーン、易経の本などのよく知られたものから、予言をさらに神秘的に見せるスクライング（水晶占い）やダイス占術などだ。小道具を持ち歩くのが嫌なら、手相や数秘術、占星術、昨日学んだ指輪のルーティーンなどのように、知識だけでできる占いもある。

バーやクラブで女性と会うのなら、親しくなる過程で必ず起こることや、店にあるものを使ってコールドリーディングを始めることもできる。例えば、握手をしたときに、手を握る強さや握り方から話を始めることができる。また、飲んでいるカクテルや、グラスのストローの位置、口紅の減り方などからも彼女の性格が判断できる。

心理学に基づいた性格分類システムやそれにまつわる豆知識を取り入れることで、君のリーディングは説得力を増し、専門的な空気をまとう。一つの例が、ある人物を自己主張と感情的な反応をベースにして四つのカテゴリーに分けるソーシャルスタイルモデルだ。ざっとどのようなものか説明しよう。

自己主張の強さを計るため、彼女が友人と出かけるとき、相手に何をしたいか聞くタイプか、または自分のプランを伝えるタイプかを聞く。次に感情的な反応の度合を計るため、腹が立ったらそう相手に伝えるタイプか、自分の心にしまい込むタイプかを聞く。
彼女の答えをもとに、君は彼女のタイプをベースにしてリーディングができる。

■友人の意見を聞いて旅行プランを決め、感情を表に出さないタイプなら、彼女は**思考派**。
■友人に自分の考えを伝えて旅行プランを決定し、感情を表に出さないタイプなら、彼女は**行動派**。
■友人の意見を聞いてプランを決め、感情を見せるなら、**協調派**。
■自分の意見を言ってプランを決め、感情を見せるなら、**感覚派**。

それぞれのタイプはその先の行動様式につながっていて、インターネットで調べることができる。そのほか、知っていると便利な分類システムにはエニアグラムや、ＭＢＴＩなどがある。

コールドリーディング・コード

いつも彼・彼女が聞きたがっていることを言う――これが鉄則だ

――ライ・ハイマン
『GUIDE TO COLD READING（コールドリーディングの手引）』

コールドリーディングをさらに強力にする基本的なガイドラインと原則がある。その多くは何百年もの間使い続けられてきたものだ。いくつか紹介しよう。

●条件づけ

絶対に確定した事実という印象を与えないことは、コールドリーディングの鍵となる原則の一つである。条件をつけたり、定義のあいまいな言葉を使えばずっと安全（で正確）になる。

君が「シャイだろ?」と尋ねると、相手は「シャイじゃない」と答えるかもしれない。しかし、「ときどきシャイになるね」と聞けば、否定するのはもっと難しくなる。

自分なりのコールドリーディングを作るときに、メインの話の前提に使える言葉とフレーズを紹介しよう。**××なところもある、ときどき、わりとよく、どちらかというと、全体的には、何度も、折に触れて、たまには、けっこう××する、××しがち、時たま、**などだ。

もし相手の性格について思い当たることがあったり、自分のコメントが広範囲をカバーできるものだと思ったら、少し解釈の幅を狭める言葉やフレーズを使ってもいい。例えば、**たいてい、よく××する、めったにしない、たくさん、ほとんどしない、普通は、定期的に、ほぼしない。**

自分の発言が正しいと確信できるとき以外は、**いつも、まったく、すべて、いつも、絶対××しない、終始、絶対**といった断定的な言葉、フレーズは避けよう。

●具体的に聞かせる

リーディングでは限定的な表現を使うのを避けるが、具体性を暗示するフレーズを使ってインパクトを持たせることは可能だ。

その方法の一つは、**「なぜなら」**のような転換語を使うことだ。これによって何かとの因果関係を（たとえ何もなかったとしても）示唆することができる。

リーディングをより具体的に聞かせる別の方法は、聞き手の性格が普通と比べて際立っていることを示し、彼女の個性を確認することだ。次のような構造の文章を使えばよい。「××する人はたくさんいるけど、君は△△するんだね」

●自信

言っていることはすべて真実だと確信している様子で話そう。言い間違ったり、百パーセント正確でないことを話すときも、自信たっぷりに話せば誰も疑わない。逆に、声に自信のなさが出ていると、聞く側も不安になる――たとえ君が本当のことを話していたとしても。

●賛同

人々は自分たちのことを話されるとき、ポジティブな内容の発言であればたとえ正確でなくても賛成しがちだ。反対に、正しいことでも、ネガティブな内容であれば賛成しないことが多い。

この二つの原則を一つにすると、女性と話すときに有効な最強の武器になる。彼女やグループがネガティブな性格だと思っていることを、ポジティブに焼き直すのだ。

例えば、彼女が恥ずかしがり屋だとしたら、彼女にこう言おう。「君のことをシャイだと言う人もいるかもしれないけど、本当は知らない人といるときに、リラックスするのに少し時間がかかるだけなんだ」

あるいは、ちょっと冷たい感じのきれいな女性と話すとき、こう言ってみよう。「気取ってると言う人もいるかもしれないけど、それは違う。人と打ち解けて話すようになるまで、君がシャイになっているのを、みんな君の外見を見て冷たい人だと勘違いするんだ」

●同意

これはシンプルなテクニックだが、君の話が正しいと女性に思わせるのに大きな威力を発揮する。話を止められるところで細かく中断し、君の言っていることに賛成だとはっきりと意思表示させる、または、**「はい」**や、**「そうです」**のような言葉で反応させる。はいを言った回数が多いほど、彼女の潜在意識は君の信憑性を認めるようになる。

●対比

コールドリーディングの中には二つの正反対の内容を対比させるコメントをするものがある。例を挙げると、「君は楽観的で社交的になることもあれば、一人のほうが落ちついていられることもある」

これは紙の上では何の意味もないように見えるかもしれないが、実際に試してみるといい。説得力のある態度で相手に共感しながら言えば、驚くほど心が見透かされているように感じるのだ。

対比を含むリーディングで使えるもう一つのテクニックは、両手の対比というやつだ。片手を上げて、この手が一つ目の性格タイプを表すと説明する。次に二つ目の性格タイプを話しながら、それを表すもう片方の手を上げる。だいたいの場合、両方を見比べて考えている間、彼女の眼か鼻は、自分が選びたいと思うほうを指している。

●観察

コールドリーディングの最中は、彼女の反応や顔の表情に意識を集中しておくことが大切だ。彼女のボディランゲージが君の話に賛成しているか（結合的）、それとも否定しているか（分離的）をチェックするのだ。

例えば、君の話に共感していれば、自分で気づいていなくても、人は頭を上下させてうなずく動作をし、不賛成な場合はそれを左右に振る。あることを言うと赤面し、別のことを言うと顔をしかめたりするかもしれない。

次のリストは、君が相手の表情から見つけたい肯定、否定の合図だ。

結合的反応	分離的反応
頭を上下に動かす	頭を左右に振る
眉を上げる	眉を下げる
目を見開く	目をほそめる
笑顔	しかめっ面
体を話者に向ける	体が話者と別の方向を向く
表情に動きがある	無表情
腕を広げる	腕を組む

●聞く

ときどき君のリーディングの途中で自分の話を始める人がいる。こんなときは黙って話を聞こう。うなずいたり笑ったりして、君がそのこともすでにお見通しだという様子で。相手はたいてい、正確無比なリーディングを組み立てるのに必要な情報をすべて話してくれるだろう。

●そのほかのヒント

相手と面と向かって話しているときは、一言一句まで台本どおりにやる必要はない。君の眼と耳がリーディングの精度を上げるヒントを拾い上げてくれる。彼女の言うことや、動作、彼女の友人たちに注意を尖らせておこう。

ある女性の年齢、人種、声、装い、アクセサリー、ヘアスタイル、宝石などは彼女が何者なのかを如実に物語っている。彼女の爪がきれいかそうでないか、長いか短いか、自然かマニキュアをしているかどうか見てみよう。彼女の話し方、振る舞い、身振りなどから情報を拾おう。彼女は自信を持っているか、それとも不安がっているか？　それは彼女の外見にどう影響しているか？
彼女の出身地さえ（特に特定の大学、会社、職業に関係の深い町など）最高の材料になり得る。多くのことに気づけばそれだけ、君のコールドリーディングも具体的で正確になっていく。

●トラブルシューティング

君がリーディングをしていると、女性が否定的に首を振って腕を組んでいるのに気づくことがある。もしこうなったら、なんとか修正しなければならない。基本ルールに従おう。つまり、自信があることをアピールし、条件となる言葉に立ち返る。今まで言ったことをたった一語ですべてひっくり返すことが可能だ。それは**「しかし」**。

例えば、もし君が彼女に「ときどき自分に厳しくなりすぎるみたいだね」と言い、彼女が反対する。しかしイライラしてはいけない。結論を聞く前に彼女が意見してしまったような調子で話を続ければいい。「でもたいていは自分をそのまま受け入れている。これが、君が周りの人たちよりも優れているところなんだ」

先に言っておこう。実はコールドリーディングが通じないタイプの人々が存在する。君もいつか出会うかもしれない。彼らは「対立応答タイプ」と呼ばれ、彼らについて何を話そうが、必ず反対する。君が彼らのことをすべて知っているというのが気に入らず、怒りだすこともある。

例えばこうだ。君が対立反応タイプに、あなたはシャイですねと言ったとする。彼女はおそらく、

「ぜんぜん。いつも堂々としてる」と答える。そこで君がそのとおりだと言うと、彼女は「ときどき変わるけど」という。なぜだろうか？

このタイプは自分を人に定義されるのが嫌いなのだ。彼らのアイデンティティーは、個性的で妥協のない、しばしば人とぶつかる原因となる、その独立心なのだ。

この手の人々にコールドリーディングを行うのはウナギを手でつかむようなものだ。いずれウナギを捕まえる網が必要になる。網を使えばいい。笑ってこう言えばいいのだ。「なるほど、君は特定のタイプに分類されたくないタイプなんだね」

君に賛成する以外、この質問に答える方法はない。彼女が眉間にしわを寄せ、困った様子を見せたら、笑って冗談だと言ってさっさとコールドリーディング以外の別のテーマに移ろう。もし本当に嫌な女だと思ったら、丁寧に挨拶して立ち去ろう。万能のさよならのセリフがある――「会えてよかったよ」。

自分で驚く

この技術には次のレベルがある。

まったくの他人に近づいてこう話しかけると想像してほしい。「興味本位で聞きますが、あなたは軍人のご家族の中で育ちましたか？　やっぱりそうだと思った。たぶん、女きょうだいの長女でしよ。間違いない！」

コールドリーディングの練習を続けると、人間に対して強い直観が働くようになる。そのうちにこの本で説明したことのはるか先まで行ってしまった自分に気づくだろう。そして、誰かを見て、兄弟の上か下か、何の仕事をしているか、どんな環境で育ったか、その人に関する特定の数値などを正確に言い当てることができるようになる。

そして万が一間違えても、今度はコールドリーディングの技術で、その答えに至った過程を、最終的には彼女が納得するように説明することができる。

無理だと思う？　この方法については、ＤＡＹ28解説（☞297ページ）でもう一度見ていこう。

DAY 16

ミッション1　欠けている部分

今日の課題はたった一つだ。君はまだそれを読んだり、聞いたり、ナンパに関係すると思ったことは一度もないのではないだろうか。非常にささいなことだが、同時に社会性やこれまで学んだコールドリーディングの技術も要求されるだろう。

まったく同じことを話していても、これがあるかないかでナンパの成否は分かれる。

そして、自分を磨くために努力を続ける君がうっかり道を外してしまうのも防いでくれる。

簡単で基本的だが、俺が『ザ・ゲーム』を書いた後で学んだ一番大きなことだ。

俺がナンパのワークショップを開くようになって気づいたことは、自分が生徒を一目見て、女とうまくやっていける男かどうか見抜くことができるということだった。服装や見た目、話す内容などはまったく関係がない。形のない、男から放出されるエネルギーのようなものだ。

そのとき俺はこれまでにナンパで出会った生徒や教師が、みな同様に一つのことを見逃していることに気づいた。しかし、その正体がはっきりと分かったのはその数カ月後のことだった。

それはこんな出来事だった。ナンパのテクニックを習い始めて数年たつ生徒がいた。愛嬌のある優しい男で、あらゆるルーティーンに精通し（必要もないのにｉＰｏｄで聞いて復習していた）、ほぼ毎晩女と会いに出かけていた。しかし童貞だった。

そして俺のマンツーマンレッスンを受けるため、ロサンゼルスへとやって来たのだ。彼は自分の技術をチェックし、弱点を指摘してほしいと俺に言った。やがて俺が見つけた彼の弱点とは、それを理解している人全員のナンパを変える、ちょっとした発想の転換だった。

定義するとこういうことだ。

ナンパに失敗する男は、自分がいい気持ちになるために女を探しに出かける。
成功する男は出かけていって人々をいい気分にさせる。

前者のタイプと一緒にいたい人はいないだろう。ガツガツしていて、自信がないくせに相手のリアクションばかりを求める。自分を認めてもらおうと頑張る彼の挑戦に付き合うのはとても疲れる。後者のタイプの男といるのは楽だ。彼からはポジティブなエネルギーが出ていて、好感度も高い。女性は彼やその仲間と一緒にいる時間を楽しみ、いつも一緒にいたいと思う。彼女たちは彼を信頼し、一緒にいて安心し、結局は朝五時に彼の家で自分がなぜここにいるのか思い出そうとするのである。

どちらのタイプも相手に言うことはまったく同じなのだが、別の趣旨で女と会話をするため、まったく違う反応を受けることになるのである。

君はこう思うかもしれない。まてよ、でも資格没収のテクニックは、相手を喜ばせることとは一見逆のことをするのではなかったか？

ありがとう。

毎回ナンパされる女をありきたりのやり方でほめても、彼女はそれを無視する――あるいは君がただ彼女と寝たいだけなのだと思う。だから君は彼女を軽くいたぶって、彼女は自分のタイプではない、僕は君のファンではないよ、ということを示す。そして彼女が逆に君をモノにしようと動き始めたとき、君はやっと彼女をほめてあげるのだ。すると彼女はその晩、あるいは翌朝、君と別れた後もいい気分でいられるのだ。――まるで自分に素晴らしいことが起こって、本当の自分を認めてくれる人とやっと出会えたような気分で。

まとめると、資格没収で彼女をやっつけるのは、後からきちんと可愛がってあげるための前フリなのだ。

そういうわけで今日は、自分がほめられたい気持ちは忘れ、人々をほめていい気分にさせよう。話しやすそうなグループを探してバーに行ったり、一人の女を探しにカフェに行ったりする必要はない。普通に一日を過ごそう。一日に三回、誰かを認めてあげて、その彼・彼女をいい気分にしてあげよう。

それが今日のミッションだ。

例えばこんなことだ。真心をこめて両親に感謝の気持ちを伝える、パーティーでなかなか打ち解けられない人がリラックスできる雰囲気作りをしてあげる、新しい服やヘアスタイルに散財した人によく似合うと言ってあげる、ホームレスと目を合わせ、笑顔で五ドル紙幣を渡す、ホテルのチェックアウトの混雑時、急いでいる人に順番を譲る申し出をする。

このエクササイズでは、人が何を必要としているかを見つけよう。やみくもにほめるだけでは駄目だ。また、自分を上げたり下げたりすることも気にしてはいけない。

例えば、まだカーディーラーの札も取れていない新品の黄色いランボルギーニから誰かが降りてくるのに出くわしたとする。彼をただの見栄っ張りのバカだと一蹴するのではなく、彼も人にほめられたくて大金を使ったんだと考えれば、やるべきことは分かる。「よお、いい車だな。うらやましいよ」と言ってやろう。

このエクササイズで目指すのは、君が他人の目を気にすることを忘れ、今度は人がそれぞれの自尊心を満足させるために何を必要として、そのために何を選んだのかということに対して嗅覚を磨くことだ。これを達成したら、その結果に君は驚くだろう。

L．A．で週末を過ごし、これらのポイントについて話し合った後、かつて、ギリシャ神話の英雄アキレスのように最大の弱点を抱えていたこの生徒は、俺に一通のメールを寄こした。「先日、二十六歳の誕生日を迎えました。その日は四人グループと話をしましたが、先日教えてもらったポジティブなスタンスでやりました。すると中の一人が僕の体に触り始めたのです。それからはもう、ハードコアの舌入れまくりのすごいことになりました。こんなの初めてです！」

さあ、自分のことばかり考えるのはやめて、これからは人間の最も知的で進化した感情を使いこなせるようになろう。それは、他人への共感だ。

DAY 17

ミッション1　失敗を犯さない

ここまでの十六日間でナンパについてかなり多くのことを学んだ。ここで一度立ち止まって、ちゃんと理解できているか確認しよう。

今日は一日を復習に使おうと思う。

最初の課題は、ＤＡＹ17の解説（☞208ページ）を読むことだ。ここには男がナンパのオープニングでやりがちな十一のミスを挙げている。

これらのミスを自分で犯していないかどうか、確認しよう。

ミッション2　基本動作がマスターできているか

過去八日間を振り返り、それぞれのミッションを見直そう。

まだマスターできていない技術のリストを作る。

十分に使いこなせていないと感じるものをすべてやり直すのが課題だ。

一人またはグループの女性に話しかけて、オープナーを使って会話をうまくスタートし、そのまま指輪のルーティーンなどを使ってスムーズに自分の価値のデモンストレーションに持っていく。ここまでを現時点でマスターしていなければならない。加えて、君のボディランゲージ、話し方、身だしなみが緩んでいないかもチェックすること。

ミッション3　指輪の帰還

復習の仕上げとして、外に出て一人もしくはグループの女を見つけ、指輪のルーティーンをもう一度やってみよう。

ルーティーンは丁寧に、DAY15で学んだコールドリーディングで得た情報も織り交ぜながら、時間をかけてやってみよう。自分が話しかけている相手の人間性や自己イメージを感じ取るように心がけよう。コールドリーディングは、自分がその人から受けた印象に基づいたコメントだけでなく、DAY15で聞いたり読んだりしたフレーズも最低一つは取り入れて使ってみよう。そのフレーズへの相手の反応も見逃さないように。

指輪のルーティーンとコールドリーディングの組み合わせで、無事二人、もしくは二グループの女にデモンストレーションができたら、今日のミッションは完了だ。

DAY 17
解説

十一の原則

1. 女が一人になるまで待ったりしてはいけない。彼女が君を気に入ったとしても、友人がすぐにどこかへ連れ去ってしまうだろう。
2. アプローチするまで、彼女を三秒以上見てはいけない。躊躇した時点で、君は彼女を気味悪がらせるか、自分自身を怯えさせてしまう。
3. グループに男がいてもびびってはいけない。彼女の家族、友人、同僚のいずれかで、恋人とはかぎらない。
4. 最初に謝ってはいけない。「すいませんが」「申し訳ないんですが」「ごめんなさい」などのフレーズは君を物乞いのように見せる。
5. いきなり口説いたり、ありきたりなほめ言葉をぶつけてはならない。会話は楽しい話か質問で始める。例えば、三本脚の猫の名前とか、七〇年代の品物を売っている店を聞いてみるとか。
6. 彼女に飲み物をおごってはいけない。相手の気を引くために金を使うべきではない。

7. いきなり女の体に触れるのはNG。彼女が君に触ってきたら笑顔で、「おい、気軽に触るなよ。売り物だぜ」と言ってやる。

8. 彼女に覆いかぶさるように話しかけてはいけない。真っ直ぐに立って、周りが騒々しければ、大きな声で話そう。

9. 最初から女の名前、仕事、住んでいるところなどを聞いてはいけない。男と出会うたびに同じことを聞かれて彼女はうんざりしている。

10. 女がグループのときは、彼女一人に集中してはいけない。ほかのメンバー全員と親しくなれれば、自然と彼女とも親しくなれる。

11. これらの原則の意味と、その理由を理解しているなら、原則からはみ出してもかまわない。

DAY 18

ミッション1　会話を縫い合わせる

ここまで君は、女と会ったときに言うこと、やることの一連の流れを学んできた。ここでそれらをすべて縫い合わせて彼女がもっと欲しがるようなものにしよう。

今回のミッション。DAY18解説「四つの聞かせる会話の秘密」（☞213ページ）を読んで次のミッションに進むこと。

ミッション2　素早く考える

即興劇にハロルドという行程がある。ハロルドを始めるとき、役者は観客に向かって何か言葉を選ぶように頼む。観客が言葉を言うと、役者はすぐにその適当に選ばれた言葉をもとに、自分の人生で起こった実話を観客に話す。

必ずその言葉について話さなければならないというわけではない。役者がそこから思いついたこと、それを聞いて思い出したことでもいい。例えば、客席が「道化師」と言ったとする。すると一人語りの役者は、初めてサーカスを見に行ったときの思い出や、高校でピエロのように振る舞っていたことなどを話す。あるいはどうしようもなく楽しかったり悲しかったりした出来事を話してもいい。

その後、舞台のほかの役者たちは彼が語った話に沿って、そのワンシーンや一部分、話からイメージしたことなどを即興で演じる。

今回のミッションは、これと同じことを家でやってみることだ。単語から思い浮かぶ君の人生に起こった出来事を、人に話して聞かせるのだ。

これには二種類のやり方がある。

■友達と集まって、交代で何かストーリーが思い浮かぶような単語を出し合う。単語を聞いたらすぐに話し始めることが重要だ。十秒以内に始めること。

無作為に選ばれた単語から、ストーリーをその場で考え、初め、中間、終わりの構成も考える。自信をもって話せるようになるまで練習すること。難しければ、DAY12のストーリーを語るヒント（☞143ページ）を読み返してみよう。

このエクササイズのゴールは、話している女性が与えてくれる材料を何でも使って、すらすらと会話を続けられる技術を養うことだ。彼女が発する具体的な単語はすべてフックであり、君はそれを引っ張って物語に仕立てたり、会話を膨らませていくのだ。

ミッション3　複数の糸を操る

今日のフィールドワークは、解説で読んだオープンループと複数の話題の糸の練習だ。外に出て、オープナーをやってみよう。だが今回はオープナーを話し終える前に、別の糸をスタートさせること。

例えばこうだ。浮気な友人のオープナーをやっている最中に別の糸を挟みたいときは、何気なく周囲を観察し、興奮した様子で何かコメントするだけでいい。いきなり話題を変えてもいい。「ところで聞くけど、どうして指輪をその指にはめてるの？」。またはこうも言える。「その前に、ここに来る途中で信じられないようなことがあったんだよ」

新たな糸として使えるのは、ＤＡＹ12で作ったストーリー、ほかのオープナー、彼女やそこにあるもので気づいたこと、彼女の発言から思いついたこと、指輪のルーティーンやソーシャルスタイルモデル検査を使ったデモンストレーション。

スムーズにできなかったり、最初は自分が注意力欠如障害のように見えたとしても心配しなくていい。さっさとアプローチして話し始めればいい。一度頭が切り替わったら後は簡単にできるはずだ。

ミッションは二つのグループに声をかけ、それぞれオープナーを途中でやめて違う話題を始めることだ。

一点だけ補足すると、ほとんどのナンパでは、オープナーの途中でオープンループを作る必要などない。しかし、今日この練習をしておくことが重要なのだ。

DAY 18 解説

四つの聞かせる会話の秘密

ループ

『千夜一夜物語《アラビアンナイト》』は、シャフリヤール王が妻の浮気を発見したところから始まる。彼は妻を殺し、もう二度と女を信用しないと宣言する。それ以来、王は毎日違う女と結婚して一夜をともにした後、朝になると裏切られる前に殺してしまった。

狂った王の恐怖の時代は、王が一人の女性を娶《めと》る日まで続く。女の名はシェヘラザード。彼女は、王が朝になったら自分を殺すつもりなのを知っていた。そこで最初の晩、彼女は王にある物語を話して聞かせた。しかし物語がちょうどクライマックスを迎えるというところで夜が明ける。彼女は話をやめ、続きは次の晩に話すと王に約束する。

物語の最後を聞きたい王は翌朝シェヘラザードを殺すのをやめる。ところがその夜も、また次の夜も、同じように物語はいいところで中断されるのだ。やがてシェヘラザードは王との間に三人の子を産んで自分の貞淑さを証明し、王の気持ちを射止めたのだった。

ここでシェヘラザードが基本方針にしたのは、心理学のNLP（神経言語プログラミング）の分野では「開回路《オープンループ》」として知られるものだ。

簡単に言うと、オープンループを作るとは、物語や考えを完結しないままにしておくことだ。『LOST』（訳注　ロスト。二〇〇四年から二〇一〇年までアメリカで放送された）などのテレビドラマが大ヒットした理由がこれだ。基本となるあらすじに毎週新しいオープンループを付け加え、視聴者を常にミステリーの謎解きを待っている状態にさせておくのだ。

俺がナンパを覚え始めたころ、女の電話番号やメールアドレスを知りたいと思ったら、いつも指輪のルーティーンのようなデモンストレーションから始めた。そして、全部話し終える前に、友達が待ってるから行くよと言ったり、実際に友達に引っ張っていってもらったりした。こうすれば、もし彼女が自分の指にはまっている指輪の意味を知りたければ、また俺と会わないとならないわけだ。

フック

会ったばかりの女と話をするとき、彼女が口に出すコメントの文章を、水平に伸びた長い糸だと想像してもらいたい。

次にその文章の中心になる単語にはそれぞれフックがぶら下がっていると想像する。会話の新しい糸を引き出すのに、このフックのどれかを引っ張るという方法がある。

「弁護士助手として六カ月間働いたの」という何でもない一言でも、引っ張れるフックがちゃんとついている。自分の知っている法律関係の話をする、その前には何の仕事をしていたか聞く、働いている事務所について聞く、弁護士助手はどんなことをするのか聞く、自分が経験した仕事で一番良かったものや悪かったものの話をする、最近ニュースになった裁判の意見を聞く、ロースクールの今後の課題について議論する、この街へ来てまだ間もないのかと聞く、芝刈り機ビジネスで主任弁護士を探している弟に紹介するから今の仕事は辞めろと言う、など。

たとえ彼女が情報をほとんど出してこない場合でも、引っ張れるフックは無限に出てくる。君はそのいずれかを使って話を作ったり、面白い資格没収に仕立てたりすればいいのだ。会話の達人になるには、みんなが気がつかない一番面白いフックを探すことだ。

フックは逆パターンでも使える。女に質問するのではなく、自分の話の中に彼女が詳しく聞いてみたくなるような特定の情報を選んでぶら下げておくのである。例えば、「僕の地元ではそんなことはしないよ」と君が言うと、彼女は君の地元がどこか聞かずにはおれないだろう。また、「まあ、そうかもしれない。でも僕のいる業界では違う」と言えば、彼女は君の仕事を聞くだろう。そしてだんだん彼女は君を追いかけ始めるのだ。

糸

簡単に言うと、糸とは会話中の一つの話題のことだ。例えば、君が女性のグループにアプローチして浮気な友人のオープナーをやると、糸はやきもちを焼いている友人の彼女になる。しかし十分もたつとその糸はすり切れて細くなってしまう。そこで会話をつなごうと、「昔の彼氏と友達付き合いしてる女の子をどう思う？」と焦って聞くと、ほかに話すことはないのかと思われてしまう。

こうなるのを防ぐためには、たった一つの話題に集中することを避け、それを限界まで使い切らないようにすることだ。シェヘラザードのようにいくつもの物語を同時進行で進めて聞き手を飽きさせず、もっと聞きたいと思わせるのだ。会話の中でいくつものオープンループを操ることで、君と相手には話すことがたくさんあるように思わせる効果もある。

ここにオープナーから二番目の糸を伸ばす例を紹介しよう。このオープナーは君のようなチャレンジャーが「ザ・チャレンジ」挑戦中に作ったものだ。

あなた：「ちょっと聞いていい？　ヴィレッジ・ピープル（訳注　「YOUNG MAN（Y.M.C.A.）」で有名なアメリカの音楽アーティストグループ。衣装としていろいろな職業のコスプレをしていた）に消防士がいたっけ？」

彼女：「さあ、現場の作業員とか、皮を着た人はいたと思うけど」

あなた：「そうそう、五人なんだけど。四人しか思い出せなくて。警察官だろ、インディアンだろ……。

ところで、そのブレスレットいいね。妹が誕生日プレゼントに自分で同じようなのを買ってたな」

彼女：「ありがとう。実はこれもプレゼントなの」

あなた：「そうなんだ。いつも思うんだけど、自分の誕生日に自分でプレゼント買うのっておかしくない？　値打ちがないというか。俺は二十歳の誕生日に……」

ヴィレッジ・ピープルのことばかり十分間話すのではなく、オープナーの途中で二番目の話題を始める。こうすればブレスレットとプレゼントの話が終わったときに、話を途切れさせることなく、オープンループであるヴィレッジ・ピープルに戻ることができる。

新しい話題を自然に始めるには、自発的に何か新しいことに気づいて、もとの話題よりも盛り上がることだ。

これはテクニックに見えるかもしれないが、実は日常でもよく起こっている。例えば、友人に銀行で出会った女の話をしていて、銀行の名前を言った途端、友人がその銀行の窓口の女の子に一目ぼれした話を始めたり、あるいは、偶然話の途中で君が以前付き合っていた女性が目の前を通り過ぎ、話をやめてその女性を指差したりしたことはないだろうか。

単純にループとフックと糸の使い方を知っているだけで、君が初対面の人とより深く、楽しく繋がれる能力がアップするのだ。このおかげで簡単に彼女と親しくなれるうえに、致命傷にもなる沈黙を防ぎ、二人にはたくさん話題があるという印象を残すことができるのだ。

四つ目の秘密

『千夜一夜物語』の教訓を忘れないでほしい。人間は物語とサスペンスを求める生き物だ。ルーティーンを途中でやめる、話のいいところで中断する、彼女の頭の中で鳴り響いている質問の解答を言わないといった実験をぜひやってほしい。

シンプルに言えばいいのだ。例えば、「だいたい三つの理由で人を好きになることが多いけど、まだ君のことをよく知らないから三つ目の理由は言わない」、とこんな感じだ。

ループは後からならいつ閉じてもいい。その後電話で話したとき、再び会ったとき、または閉じないのも自由だ。彼女にもっと知りたいと思わせれば、また君に会いたいと思わせたことになるのだ。

最後に、聞かせる話術の四つ目の秘密を教えてほしいって？　……俺も教えたい。でも、それはまた今度ね。

DAY 19

ミッション1　カレンダーに予定を書き込む

君のスタイルライフカレンダーを手元に準備する。ウェブサイトからプリントアウトしても、コピーをとってもいい。

カレンダーに今日と、この先六日間のイベントスケジュールを書き込む。それぞれにアピールポイントと行く理由も。レストラン、コンサート、パーティー、ＤＡＹ15（☞184ページ）で覚えた道端の占い師など、何でもいい。

そのイベントの内容、日程、何がすごいかをよく覚える。

ミッション2　タネまき

これで女からやすやすと電話番号を聞きだす準備は整った。

最初のステップは、ＤＡＹ19解説のタネまきに関する短い記事を読む。

ミッション3　ミッション「タネまき」

三組と会話をして、それぞれにカレンダーにあるイベントのタネをまけ。

二組は君の知り合いでもかまわない。最低一組は、君がオープナーを使ってアプローチした相手であること。

必ずしも会話の最後で彼女を招待する必要はない。電話番号や次の約束が最終目的ではない（もちろん成功するに越したことはないが）。ゴールはあくまで気さくな会話の中にもう一度会うためのタネをまく練習をすることだ。

DAY 19
解説

タネをまく

初めて会った女との交渉で一番難しいのは、電話番号を聞きだすことかもしれない。女がそれを断ったり、男には教えたくないと言って、逆に君のを聞かれたりすると、彼女との関係を築くためにここまで君がしてきた努力はすべて水の泡となってしまう。

彼女が君のことを好きだったとしても、初めは断られるかもしれない。これは自動応答（またはオートマチックレスポンス）と呼ばれるものだ。何度も繰り返し雑な誘い方を経験してきた女の多くは、ほとんど本能的に、連絡先のリクエストを断るための、相手を傷つけないセリフを持っている。

ではどうすればいいのだろう？ ――最初から聞かなければいいのだ。

今日と明日、相手に頼まずに電話番号を交換するための二つのポイントを学習する。

最初のポイントはタネをまくこと。これは、何か面白そうなイベントについてしゃべって、しかしすぐには相手を誘わないというテクニックだ。例えば君が行く予定のパーティーを話題に出し、それが面白くなりそうだという話をさらっとした後、すぐに別の話題に移る。その後、もう少し話してから、別れる直前に彼女に一緒に来ないかと誘う。

俺の場合は会話の途中で大好きなシェフの話をする。「『となりのサインフェルド』（訳注　アメリカで一九八九年から一九九八年まで放送されたコメディードラマ。アメリカ人の四人に一人が見たといわれる）の異常にこだわるスープシェフの話を覚えてる？　実は異常に寿司にこだわる男を知ってるんだ。メニューには〝お任せ〟の一言しか書いてなくて、自分の好きなものしかお客に出さない。寿司は一口で食べないとそれ以上握ってくれない。彼が醤油をつけないでというものを醤油に浸そうとすると止められる。カリフォルニアロールみたいなアメリカ風の寿司なんか注文したら、叱られて店から追い出されるんだ。それでも行く価値はある。文字どおり口の中でとろける寿司を出すんだよ。この男はアーティストでね。絶対に笑わない。ただ世界一の寿司を握るという衝動だけで動いているんだ」

この話をしたあと、さらに木曜の晩に友達と行くつもりだということさえ話す。そして次のステップではどう考えても彼女を誘うだろうと誰もが思う。しかしそれではあまりにも分かりやすいので、やめておく。俺は別の話を始め、彼女はなぜ誘われなかったのか考え始める。最後の最後になって、俺は彼女を振り返って言う。「ねえ、どうかな。木曜日にその寿司屋に一緒に行かない？」

もちろん、最初に寿司の話をしたときに誘ってみてもいい。それでも彼女がイエスという可能性はある。だがナンパのポイントとして、なるべく相手に対して**「もしよかったら」**という言葉は使わないで済ませることだ。

タネをまいておけば、突然誘われたときに彼女が感じるかもしれないプレッシャーを避けることができ（このプレッシャーがネガティブな自動応答のきっかけになることがよくある）、彼女がイエスという確率は上がる。最初にイベントの話をし、最終的に君の誘いを受ける前にどうするかを考える時間を与えることは、彼女の決心をより強めることにもつながる。これは、その後に君が素晴らしい人間性を発揮し、自分の価値、さっぱりとした態度などをアピールし続けた場合に特にいえる。つけ加えるなら、資格の没収で学んだように、最初に話だけ聞いて誘われないと、彼女はそのイベントについ行きたくなってしまうのだ。

もう一度会う約束に楽しみを加えることと、しっかりと予定を立てることで、彼女が約束をすっぽかす可能性は劇的に下がる。まだ君のことをよく分かっていなかったとしても、彼女は来てくれるだろう。ただ経験のためという理由でも。楽しい人々と少人数のグループで、世界最高の寿司屋を試したり、史上最強のコメディアンを見に行ったり、街で一番おしゃれなバーで飲むというと、ただ「コーヒーを飲む」とか「少し話す」といった、そこらの男たちの常套句よりもよっぽど楽しそうに聞こえる。やる気満々の見知らぬ男と夜を過ごす二人きりのデートと比べて、最初から自分への期待値が低い普通のイベントは、女性にとってはより魅力的な提案だ。

タネをまくといっても、ややこしい内容や、遠い場所、終わるのに何時間もかかるようなイベントは避けること。いろいろな意味でコストのかかるものには、相手もイエスとは言いにくい。

いったん会話に相手の興味を引きそうなイベントを仕込めば、電話番号や次に会う約束はやすやすと手に入るだろう。さらに明日のミッションをマスターすればもう無敵だ。

DAY 20

ミッション1　電話番号への道

今日は電話番号交換のパート2、これだけに注目する。DAY20解説（☞225ページ）を読んで、便利で言葉数も多くなく、ほぼ断られる危険ゼロのタネまきツールを学んだら、ミッション2へ進もう。

ミッション2　アプローチ、タネまき、連絡先交換

ここまで学んだテクニックを使って女にアプローチしよう。

昨日と同じように、カレンダーのプランを会話中に仕込んでおく。フックポイントに到達したら、会話を終わらせる前に、今日やった番号交換をやってみる。

電話番号を一つ手に入れるか、または五人の女と話せばこのミッションは終了だ。どっちが先か？

DAY 20 解説

電話番号交換

チャレンジャーがポケットに常に携帯する四つのアイテムがある。

■息をキレイにするガムかミント
■情報を書くためのペン
■紙——名刺が望ましい（自分のものでなくてもいい）
■コンドーム。ゲームを続けるには、安全に遊ばなければならない

多くの人は携帯電話に相手の番号を記憶させる。それはそれでいい。携帯電話での番号交換にも面白いルーティーンがある。例えば、名前の代わりにおかしなフレーズを登録するといったことだ。君が電話をかけると、相手の携帯の画面には「熱々のタマーレ」と表示されたりする。しかし、昔ながらの紙とペンによる番号交換にもたくさんの利点がある。次のテクニックはその代表的なものだ。

昨日君は会話にタネを仕込むことを学んだ。次のステップは会話を終える前にその話題に戻るやり方だ。

例を挙げよう。話が一番盛り上がったとき、君は帰ろうとする。そのタイミングでふと思い出したように次のようなセリフを投げてみよう。「さっきの寿司屋はチェックしといたほうがいいよ」。そして少し考える。「君も木曜日に一緒に来たほうがいいな。そうすれば今の性格判断の話も最後までできるし」

彼女に働きかける追加の言葉に気づいただろうか――それはオープンループを閉じる「××だから」だ。断られたり、すっぽかされたりしないように、さらに一歩踏み込んだわけだ。

その後にこう言う、「これが僕の連絡先」。女は自分の番号を渡さない手段として自動応答を持っているが、相手の番号を受け取らないことはまれだ。

そして次に、ペンと名刺（なければほかの白い紙。レシートなどでもいい）をポケットから取り出す。それを半分に破り、片方に自分の名前と電話番号を書く。

そして、自分の番号を書いた紙は手に持ったまま、何も書いていないほうの紙をペンと一緒に彼女に渡す。彼女はそれを受け取る――ここで受け取らないのは失礼だ。

五回に四回は、彼女はその紙に自分の名前と番号を書く。まれに書かない場合、彼女はこう言う。「これをどうするの？」。君はただ自分の情報の書いてある紙を彼女に見せ、「どうするのって、決まってるだろ？」という目で彼女を見るだけだ。

君は自分の番号を書いた紙を、彼女も番号を書いた紙を、それぞれ持っている。それでは紙を交換しよう。まったく公平だ。

この場面を想像して、自然でスムーズに動けるようになるまで何度か練習してみよう。

簡単に思えるだろうが、そういうものだ。

電話番号の交換はマジックではない。君に興味のない人がいきなり連絡先をくれたりするような、そんなものではない。ちょっと照れくさくて、ぎこちなくなりがちな社会儀礼を、スムーズにくぐり抜けるための道具なのだ。

ちなみに俺は今までに一度もこれで断られたことはない。嘘の番号を渡されたこともない。それは必ずしもテクニックの差ではなく、タイミングなのだ。

うまくやるコツは、フックポイントにたどりついた直後にやることだ。会話、雰囲気、人間性で女の想像力を一度がっちり捕まえてしまえば、彼女は君が連絡先の交換もせずに突然いなくなってしまうのを残念に思うだろう。君が社交的で、信頼の置ける人間で、ほかの男よりも魅力的で楽しそうで、連絡先の交換を急ぐタイプではない、と彼女に思われているかぎり、交換はスムーズにできるだろう。

少し気の利いた男を演じたければ、お勧めの方法がある。彼女が番号を書いたところでこう言ってみよう。「ついでに君の似顔絵も書いてくれる？　顔を忘れるといけないから」。彼女が絵を描くのを見てさらに多くの情報が得られるだろう。そして何より、とても楽しい。

電話番号をもらったらそのまま立ち去らないように。そのまま二～三分は話を続けよう。もし慌てて消えたりしたら、彼女は君はもともと電話番号目当てだったのだと感じ、後悔するだろう。そうではなく、交換が終わったら、もう一つ小話でもして彼女を落ちつかせよう。何も話すことがなければ、彼女の書いた似顔絵をからかってもいい。「これ何？　腕？　そういえば似てるね」

最後に、電話番号はナンパの最終地点ではないということを言っておく。ただ一息つけるというだけだ。

彼女とその晩一緒に過ごすことになり、連絡先交換はすぐには必要ないというケースもある。また、電話番号は最初の十五分でゲットし、その後で数時間一緒にいたというケースもある。さらに、その日のうちにまた会う約束をして、電話番号は最初から必要ないこともよくある。

男にとって女の連絡先は勝利の証といった側面もあるわけだが、究極的にはそれはどこで会話を中断したかを覚えておくためのしおりのようなものなのだ。

ミッション1　静かなアシスタント

今日のミッションは難なくこなせるだろう。

しかし大切な一日だ。

なぜなら今日は、ここまでに得た情報を集約し、出会いのきっかけ作りから、心を奪ってベッドに連れ込むまでの大きな流れに落とし込む作業だからだ。

ＤＡＹ21解説（☞231ページ）には、会話のスタートから電話番号を聞きだすまでの一連のステップがリストアップされている。君がマスターし、実際に使えたテクニックをすべての項目で書き出してほしい。それが終わったら、今後にトライしてみたいテクニックも書き込む。そしてそのリストを切り取るか、コピーするか、あるいはほかの紙に転写する。

このリストをカンニングペーパー、またはアシスタントだと思うこと。

ミッション2　アシスタントを役立てる

完成したカンニングペーパーを折りたたんで後ろポケットに入れよう。

今日の課題は女（または女性を含むグループ）にアプローチし、リストの最初から最後まで通してやってみることだ。最終的に電話番号が手に入るのであれば、リストの各ステップのテクニックをすべて使う必要はない――むしろほとんど使う必要はないかもしれない。あくまでこれは安全対策だ。ある程度上達すると、あらかじめ準備した台本は、会話が勢いを失ったとき、または関係構築に必要な次のステップへとスムーズに進めないときのバックアップにすぎないことに気づくだろう。

達人になるための王道は、まずはすべてを使いこなせるようになること。そしてナンパが当たり前に成功するようになれば、今度はそのレベルを維持しつつ、可能なかぎり使わずに済ませることだ。言い換えれば、カンニングペーパーを使わなくて済むレベルに達するために、まずはそれを使って練習するのだ。

ミッション3　ナンパの全体構想

最良の戦略とはどういうものだろうか？　君にもそろそろ教えておこうと思う。

どこに向かうのかが分からなければ、どの道を行くのがベストかも分からない。DAY21解説に全体構想を「ナンパの解剖学」としてまとめたので、読んでもらいたい（☞232ページ）

DAY 21
解説

静かなアドバイザーリスト

それぞれ書き出してみよう

●態度、確認事項

例：気分が落ちついている、自分に自信がある、遊び心を忘れない、ガツガツしない、ブレない、ポジティブな雰囲気を出す、結果を恐れない。自分は女が探し求める、そばにいてほしいタイプの男だ。出会う人々はすべて自分の先生だ。その女が自分に見合うかどうかをテストしているのだ。自分に似合うのは最高の女だけだ……

●オープナー

●意味づけ

●時間設定

●折り返し点

「ところで、みんなどうやって知り合ったの？」……

- ●資格没収
- ●自己アピール
- ●コールドリーディング
- ●社会的地位
- ●ストーリー
- ●イベントの仕込み
- ●番号交換テクニック

ナンパの解剖学

かつての俺のナンパの基本方針は、最後まで一緒にいるという一点だけだった。その間、彼女がしゃべっているか、俺がずっとしゃべっているかして、そのままじゅうぶん時間がたち、酒も入った後、アクションを起こす機会が来るのを待った。そして俺は勇気を振り絞ってキスしようとするが、無情にも女は顔をそむける。その後にはたいてい、ただの友達でいたいのという短い言葉が続く。毎回心にナイフを突き立てられたような気持ちがした。

俺には何が悪いのかまったく分からなかった。自分に魅力がなく、自信が持てないせいだろうと思うしかなかった。

そして、新しい女と出会う機会があるたび、今度は好きになってもらえるだろうかと期待しつつ、同じ作戦を繰り返した。

ナンパが練習で上達するものだと知ったとき、俺はすぐに、いつも目の前にぶら下がっていた事実に気づいた。すべてのラブストーリーには筋書きがあるということだ。見知らぬ二人がロマンチックで性的な関係を築くには、ある一連の手続きを踏まねばならない。ほぼすべての恋愛関係は、意識するしないに関わらず、この条件をクリアしている。

なぜ自分はいつも友達ゾーンから抜け出せないのか。俺は一つのステージ、「親密な関係の構築」の部分がすべての原因だったと考えるようになった。相手と親しくなり、お互いの信頼と共通の話題があれば友達にはなれる。俺が理解していなかったのは、異性として意識させるのも同じくらい簡単なことだが、そのためには違う材料を使う必要があるということだった。

これに気づいた途端にすべてが変わった。俺と女の関係は友達から恋人に変わり、やがて俺は恋愛関係の最初から最後まで、はっきりとした道順が描けるようになった。彼女が地図上のどの地点にいるかを知り、次のチェックポイントまでどのように導くかが分かっていれば、もはや顔をそむけられる心配などなかった。

そのチェックポイントはたった五つだ。

①ナンパの開始

ロマンスはすべて見知らぬ男女が出会うところから始まる。君の両親も、その両親も、同じようにして出会った。「ザ・チャレンジ」の最初の九日間を使ってアプローチについて細部まで説明し、可能なかぎり断られない方法で最初のコンタクトを成功させようとするのはこのためだ。

②自分をアピールする

会話をスタートさせた次の目標は、できるだけ早くフックポイントへ到達することだ。その女の考え方や、モテ度、興味を持っている事柄、好みなどによって、自己アピールは簡単な挨拶程度で済むこともあれば、パワフルなルーティーンを惜しみなく使って自分の圧倒的な実力を証明し、同時にほかの男とは一味違うことを理解させて、彼女とその友人を虜《とりこ》にするという職人技が必要な場合もある。

③気持ちを伝える

なるほど君はスマートで面白い男だが、別の女でもいいのではないか。なぜ彼女を選ぶのか？

ここで彼女に、二人は何らかの力で繋がっていること、共通点を持っていること、体に電気が走るのを感じたこと、理解し合っていること、二人が出会ったのは運命だったことを伝えよう。

④アクションを起こす手順

君のことが好きだからといって、君と寝るとはかぎらない。愛情への扉は開かれているが、彼女に飛び込んでほしければ、今この瞬間にそうするメリットを示さなければならない。

最も一般的なのは、言葉やボディタッチで彼女をその気にさせることだ。これには通常、時間、安心感、信頼、笑いが伴う。しかし、一線を越えるためにはもうひと押し必要な場合がある。こんなときは、嫉妬をあおる、あいまいなメッセージを送る、しばらくその場を離れるといったテクニックを使うと、早くしないと君と一緒になるチャンスを逃すと彼女に思わせることができる。

⑤肉体関係に持ち込む

いったん彼女が先に進むことに興味を示したら、後はミスをして心変わりさせないように気をつけるだけだ――彼女をいい気持ちにさせたまま、自分が利用されていると感じさせず、ネガティブな自動応答を引き出さないように注意して、一緒に最後の橋を渡っていこう。

すべてのナンパが1番目のステップから始まるとはかぎらないことを覚えておくこと――相手が最

初から君のことを気に入っていた場合、もっと後の段階から関係が始まることもある。最終的にはアプローチして数分で連れ出せるレベルまで到達することが可能だ。上達すればするほど、各ステージを通り抜けるスピードは速くなる。

さらに詳しく

これらのステップは、試みたほぼすべてのナンパで俺を導く役割を果たしてくれた。しかし、同じプロセスでもアプローチの仕方はさまざまだ。そして当然、別なモデルを使ったほうがいい反応を得られる場合もある。

この理由から、さらに詳細な全体構想を紹介するため、俺はスタイルライフのコーチ数人を集めてミーティングを開き、彼らのモデルもこの本に収録することにした。次ページに挙げるのが彼らの考えるチェックポイントだ。よく研究してほしい。

このモデルは男女の出会いの場面で、どちらの視点からでも適用できる。それぞれの段階が二人の関係を次の段階へと導く重要なチェックポイントであり、同時に道標でもあるのだ。

この関係構築の流れを理解するだけでも非常に有効だが、それをスムーズにミスなくたどる方法を知っていれば鬼に金棒だ。そこで俺はコーチたちにこのチャートを細分化し、各段階で君が取るべき具体的な行動と態度を提案してもらった。それが237ページの表だ。

ナンパのプロセス

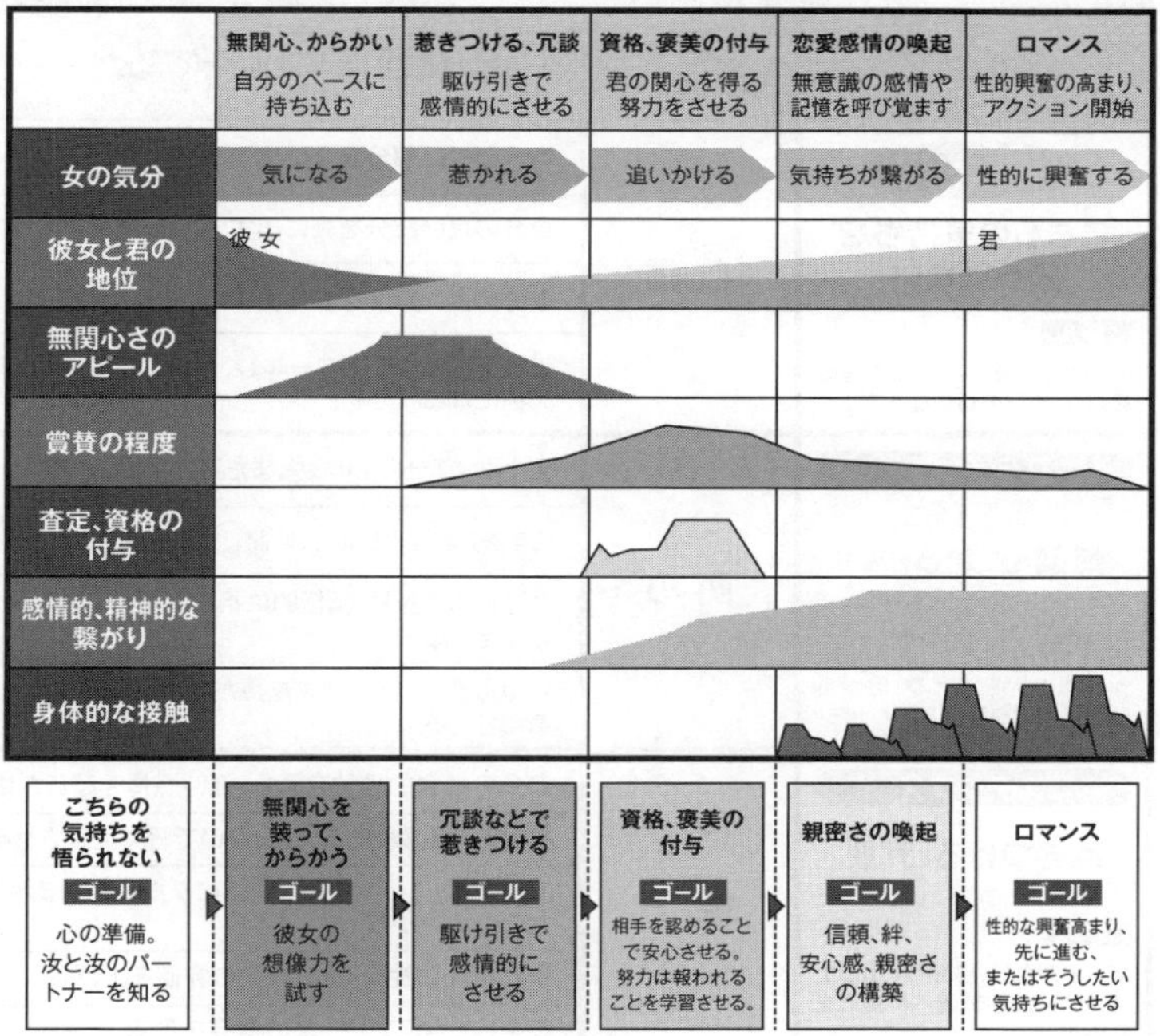

彼らの言う意味さえ分かれば、フレーズや作戦のすべてを記憶する必要はない——人を好きになる感情は無秩序に起こることではなく、誰かを誘惑することも偶然に起こることではない、そして肉体関係を持つにしても、なにも大騒ぎする必要はないのである。意識してそうしているかどうかは別として、事実、人生の公式というものは存在し、それを知っている少数の男たちは女でも人生でも成功を手にしている。

そして、君は今、その公式を手にしたのだ。

ナンパプロセスの構想

ステップ	女の精神状態	構想：いつ何をするか
自己イメージ **こちらの気持ちを悟られない** ゴール 心の準備。自分と自分の理想を知り、全体の構想を立てる。	自信	自分の良い部分を表に出す
		自分の良い部分を表に出す
		自分の良い部分を表に出す
		潜在意識をコントロールし、一緒にいて楽しい人物になる
ステップ1 **無関心、からかい** ゴール 女の想像力を捉える。君が自分の生活に必要だと思わせる	関心	男性的な部分も見せるが、まだ男女関係には無関心
		相手を驚かせないよう、時間設定を設けてアプローチ
		立ち去る素振り、積極的に相手に関心のない素振りを見せる
		好奇心をそそり、興味を持たせる、一緒にいたい気にさせる
ステップ2 **惹きつける、冗談** ゴール 楽しませたり、挑発したりして感情的にさせる。君への関心を高める。	魅了	自分の社会的地位を示し、強い感情を起こさせる
		挑発的な言葉、皮肉、からかいで軽く混乱させる
		フックポイントに到達。同時にグループのほかの女の心もつかむ
		優れた人間性を見せ、自分の評価を上げる
		集中して自己アピールの機会を作る
ステップ3 **資格、褒美の付与** ゴール 相手を受け入れて安心させる。君への奉仕を促す	達成感	彼女の人間性の見極め。どの程度追いかけてくるか試す
		資格を与え、試す
		彼女の努力を受け入れ、共同意識を持ち、こちらからも関心を示す
		コールドリーディング、フレームのコントロール、必要ならリフレームする
ステップ4 **親密さの喚起** ゴール 信頼関係、強い絆、安心感を構築。ずっとお互いを知っていたような気持ちにさせる。特別な運命的な出会いという感覚。	繋がり	ストーリーやゲームで楽しませる
		席替えで雰囲気を変える
		信頼を見せる、時間を飛び越える関係の構築
		隠れた性格を引き出す、親密な記憶を喚起する
		ポジティブな気持ちと結び付ける
		絆と繋がりを強める
		流動的に相手を試し、徐々にエスカレートさせる
		彼女が君を追いかけるように誘導する

DAY 22

ミッション1　会話の転換を学ぶ

今日はフレームのコントロールを学ぶ。常に会話の主導権を握っておくテクニックだ。このコンセプトは社会のほぼすべての局面で応用が可能なだけでなく、君が社会を見る目を大きく変えるはずだ。

最初の課題は、〝DAY22解説（☞242ページ）を読んでから後のミッションに進む〟。

ミッション2　建設的リフレーミング

最初のミッションは、今日一日に最低一回、否定的なことを肯定的にリフレームすることだ。

友人、同僚、または見知らぬ人でも、何か不満を言っていたり、ネガティブな発言をしているのを聞いたら、それをポジティブにリフレームしてみよう。例えば、友人が何かがうまくできないと言ったら、それは完璧を求めすぎるせいだと言ってやる。

もし誰かが「彼女にムカついて仕方がない」と言ったら、「なぜ彼女が口やかましいと思う？　お前のことを心配しているからだ。そうでなけりゃ何も言わないよ」と言ってやろう。

相手がポジティブな考え方に納得するまで、リフレームしよう。

もし何もネガティブなことを聞かなければ、友人や親戚に電話して、今週一番文句を言ったことや、いらいらしたことを聞いてみる。そして聞いたことをリフレームすればいい。

ミッション3　リフレーミングで冗談を言う

次の二つのエクササイズから一つを選んで、リフレーミングを使って冗談を言ってみよう。一度言えば、それでこのミッションは終了だ。実際に口に出すときは笑顔で、相手が確実に冗談だと分かるようにしよう。

①事故を故意にリフレームする

人気のバーかスーパーなど、人の多い場所へ行く。誰かとぶつかったり、肩が当たったら、通り過ぎる彼女に向かって冗談ぽく腹を立てた様子で、「今触ったでしょ？　私そんなに軽くないわよ！先に食事か映画をおごりなさいよ！」と言う。

②親切を利己的にリフレームする

レコード屋に行き、女性店員か女性客と話す。ディナーパーティーのＢＧＭにする（新しくてクールな）ＣＤのアドバイスを求める。何か勧められたら、それを勧めたらお金がもらえるんじゃないの？　とからかう調子で言ってみる。「本当にこれがいいと思ってる？　レコード会社からキックバックがあるんじゃないの？　きっとそうだろ、百枚売るごとにいくらとか」。それからそのＣＤを買うかどうか考えよう。このＣＤについてはＤＡＹ24で詳細が分かる。

ミッション４　状況が厳しいときは

もしまだ電話番号の交換に成功していなければ、君のカンニングペーパーを見直そう。それを後ろポケットに入れ、カレンダーには最新情報を記入し、今日、さらに四人の女かグループにアプローチすること。

DAY 22
解説

フレームを変える

トーマス・スコット・マッケンジーより

芸術家は絵画を額縁という枠に入れる。大工は家の外枠になる骨組みを組む。企画の担当者は業務完了までの時間枠を決める。犯罪者は関係のない人物をカタにはめて罪を逃れようとする。映画監督が撮影するフィルムのコマ数をフレームという。プロボウラーは十フレーム投げる。

フレーム（枠、型）という言葉は非常に多くの意味で使われるが、そのほとんどは、構造や予定といった意味合いで使われている。ジョセフ・オコナーとジョン・セイモア（訳注　両者とも著名なＮＬＰトレーナー）は、神経言語プログラミングの分野における古典『ＮＬＰのすすめ――優れた生き方へ道を開く新しい心理学』（チーム医療）で、フレームを「ある事柄を別の文脈に入れて、そのとき自分が大切だと考える別の意味を持たせること」と定義している。

言いかえれば、フレームとはそれを通して人やモノ、環境の意味を決定する文脈であり、フレーミングとは女性とのやり取りが君の望む結果へ向かうように形を整える方法である。君は自分のフレームでも、人のものでも、または、ある会話や状況が収まっているように見えるフレームでも、変化させることが可能だ。

リフレーミングとはフレームを変えたり、新しい見方を提示したりする過程のことである。「リフレーミングとは同じイメージや体験を、新しい、あるいは今までと違ったフレームに入れ直すことだ」、とロバート・ディルツ（訳注　1955年生まれ。NLPの共同開発者の一人）は著書『Sleight of Mouth : The Magic of Conversational Belief Change（手練手管の会話術――心を変えさせる魔法）』でこう書いている。「心理学的に、何かを『リフレームする』というのは、それまでの見方を改め、別の文脈や枠組みに入れることで、その意味を変えてしまうということだ」。

実際、女とのふざけた会話のほとんどはリフレーミングだ。例えば、彼女が君にぶつかったとき、「俺のケツ触っただろ」と言う――君は偶然ぶつかったことを、スケベな目的だったという状況にリフレームしたのだ。

社会のルールのほとんども、フレームという言葉で考えることができる。例えば、指導者とは、ある状況で支配的なフレーム（または視点）を持つ人物のことだ。しかしながら、支配することを頑固者や仕切りたがり屋と混同すべきではない。ディルツはこう主張する。「最も柔軟性のある人間が、会話を主導するのである」

最初に女と会ったとき、資格を没収されるのではなく、賛同を得る必要があると女に思わせる強固なフレームを持っておくことが重要である。これがスタイルライフカレンダーに予定を書き入れる理由だ。これがあれば女を君のフレームに入れることができる。

もっと言えば、アプローチの段階で君がすべきでないことの多くは――例えば会話のきっかけに飲み物をおごるなど、何かを提供すること――フレームが弱い、あるいは相手のフレームにはまってしまっている証拠なのだ。

リフレーミングのテクニック

リフレーミングには無数のテクニックが存在するが、『Sleight of Mouth』でロバート・ディルツは特に四種類を取り上げている。

●フレームのサイズを変える

ディルツは映画『キャバレー』を例にしてフレームのサイズがわれわれに与える影響を説明する。映画中、天使のように可愛らしい少年が美しい声で歌う場面のクローズアップで始まるシーンがある。しかしカメラが下がると、男の子が着ているのが軍服であることが分かる。さらにカメラが下がって、今度は彼の腕が見える――そこにはハーケンクロイツ（鉤十字）の腕章が付いている。

「画面がさらに広範囲を映すと、少年は大規模なナチスの大会で歌っていることが分かる」。ディルツはこう結論づける。「映像によって伝えられる意味や感覚は、情報を伝える画面のサイズ変化によってまったく違うものになる」

このことから、女性との会話のときも、君がカメラを持っていて、フレームの大きさをコントロールしていると考えよう。君は女と一緒にバーを出て家に帰りたいと思っているが、彼女は友達の考えを気にして迷っているとしよう。君が撮影する映画の中で、彼女は今、複数の人物が同時に映り込むグループショットのフレームの中にいる。フレームを大きくズームアウトして彼女にこんな話をしてみよう。この地球上で生きる時間は短いこと。いつまでも忘れられない冒険が待っていること。いつも他人の目を気にして生きていると、人生はただ流れていってしまうこと。あるいは、カメラをズームアップして彼女の友人をフレームの外へ追い出し、彼女の夢や希望に焦点を合わせる。そして彼女にそこから出たくないと思わせるような、君と二人だけの素敵な世界を作り出すのだ。

●文脈のリフレーミング

文脈のリフレーミングは、同じ出来事でも、それが起こった状況や場面によって違う意味合いを持つという事実に基づいている。「例えば雨。干ばつに苦しんでいる人々にとってはこれ以上ないほどポジティブな意味を持つが、洪水の被害に遭ったり、野外での結婚式を予定している人々からは非常にネガティブに受け取られる。雨が降ること自体に『いい』も『悪い』もない。評価はある文脈でそれが招く結果と関わっている」とディルツは言う。

この考え方は、実際のナンパと同様、心のコントロールにも応用できる。新しいオープナーを使って女にアプローチしたが、女は笑ってどこかへ行ってしまったと想像しよう。電話番号を手に入れるという文脈だと、このやり取りは失敗だったと思えるかもしれないが、連絡先の入手からオープナーのテストという文脈にリフレームすると、成功ということになる。

●コンテンツのリフレーミング

コンテンツのリフレームは、人間は自分の好き嫌いや、必要か否か、個人的な価値などの主観で、物事の意味を違えて判断する動物であると認めることからスタートする。ディルツは草の生えた空き地を例にとって言う。農婦はこれを作物を育てるスペースだと考え、建築家はゴシックスタイルの建物を建築する土地だと思い、また、燃料の切れかかった小さな飛行機で飛んでいる男は、緊急着陸場所だと考える。

われわれは皆違った物の見方をする。コンテンツによるリフレーミングは、個人の視点と、彼・彼女の振る舞いの真意を探ることなのだ。

君がバーの奥で一緒にいる女を家に連れて帰りたいと考えているとする。彼女の友人は「ここにいなさいよ。別に場所を変える必要なんてないでしょう?　初めて会った男について行っては駄目」と彼女に言っている。

友人の言うことを、自分勝手だとか、さしでがましいと一蹴することは簡単だ。だがここは、彼女の言動のポジティブな意図を探ってみよう。自分の友達の安全を気遣っているのかもしれない。彼女は君を、ゴミ袋で窓を目隠しして、電動工具の散乱しているワンボックスカーに乗っているタイプの男と思っているのかもしれない。

彼女は必死で君を怒らせようとしているかもしれないが、それは正しい理由からなのだ。君が彼女のフレームを早く理解すればするほど、この障害を除くのは容易になる。例えば、その友人ともっと話をして信用を得たり、自分の電話番号を渡すこともできる。こうすれば、君が連れ出した女のことが心配になったり、どこにいるのか確認したいと思ったときに、彼女は直接君に電話することができる。

●批評家と批判のリフレーミング

批評家たちの問題は、彼らが君のやっていることが間違いだと指摘するだけでなく、しばしば事実とは無関係に、彼らが間違いだと思っていることを口に出すことである。

批評家に対処する方法としては、彼らの否定的な態度を真に受けず、多くの場合、彼らが正しい心でそれを言っていることを理解することだ。

これは君が他人に対して批判的になる場合も同じだ。例えば、友人がある考えを述べたとき、「そんなことできるはずないだろ」といった、その後言い合いになるようなネガティブなコメントをすることは避けよう。そうではなく、「どうやってやるつもり?」のように、彼／彼女が個人的に受け取らない、建設的な問いかけをしよう。

このタイプのリフレーミングは、君の最大の批評家――君自身――にも有効だ。ゴールへの到達を妨げるどんな言い訳にも使える。例えば、「時間がない」なら、それを「時間を効率よく使っていない」という解決可能な問題へ転換する。そして、それを自分への問いかけにするのだ。「ゴールに到達するために、時間を有効に使うにはどうすればいいか?」

批判や制限を、「どうすればいいのか?」という問いにリフレームすれば、八方ふさがりを脱出できる。

ナンパのフレーミング

フレーミングを知れば知るほど、友達付き合いや仕事に柔軟性が増し、より楽しく、大きな成功を期待できるだろう。実際のナンパで使う場合に最低限覚えておきたい三つのことをまとめた。

1. 常に強固なフレームを持っていること。女のフレームに合わせようとするのではなく、彼女にありのままの君を見せよう。お金や社会的地位以上に、この態度が君に説得力を持たせるのだ。

2. リフレーミングは口説くときも、冗談を言うときにも鍵となるテクニックだ。会話を面白く、ポジティブに盛り上げ、ここ一番ではエッチな方向へコントロールする力を与えてくれる。可能なかぎり練習してほしい。女を上手にナンパできるだけでなく、君を頭の回転の速い、トークの達人にしてくれるはずだ。

3. いつもテクニックに頼ることのないように。すべての会話でフレームをコントロールすることは避けよう。負けを認めることが勝利につながることもあるのだ。

DAY 23

ミッション1　自己採点

さて、今日は全体の見直しをしてみよう。

次ページは君がここまで学んできた技術のリストだが、それぞれについて一から十までの数字に◯をつけて自己採点してほしい。完全に抜け落ちているものは一点、平均点のものは五点、完璧にマスターした技術や美点は十点をつける。

今日は採点結果が一番低かった項目について、各ミッションで与えられた課題を使って練習しよう。

来週はデートの約束を取りつけるまでのラストスパートだ。一つの漏れもないようにしておこう。

ミッション2　逃げ道を残しておく

君がまだ電話番号を手に入れていないとしても大丈夫。おそらく次の二つの原因のどちらかに引っかかっているのだろう。

一つ目は、何らかの悪循環に陥っている可能性だ。もしそうなら、誰かに助けを求めよう。可能なかぎり細かく状況を説明し、君が抱えている問題が起こる範囲を話し合おう。例えば、ネットやスタイルライフの掲示板でコーチやほかのチャレンジャーからアドバイスを得てもいい。それを武器に、

姿勢	1	2	3	4	5	6	7	8	9	10
声の張り	1	2	3	4	5	6	7	8	9	10
声のトーン	1	2	3	4	5	6	7	8	9	10
つなぎ言葉	1	2	3	4	5	6	7	8	9	10
身だしなみ	1	2	3	4	5	6	7	8	9	10
服装	1	2	3	4	5	6	7	8	9	10
心のコントロール	1	2	3	4	5	6	7	8	9	10
アイ・コンタクト	1	2	3	4	5	6	7	8	9	10
エネルギー／前向きな気持ち	1	2	3	4	5	6	7	8	9	10
見知らぬ相手に話しかける	1	2	3	4	5	6	7	8	9	10
オープナー	1	2	3	4	5	6	7	8	9	10
時間設定	1	2	3	4	5	6	7	8	9	10
意味づけ	1	2	3	4	5	6	7	8	9	10
資格没収	1	2	3	4	5	6	7	8	9	10
自分の仕事を魅力的に紹介できる	1	2	3	4	5	6	7	8	9	10
自己アピール	1	2	3	4	5	6	7	8	9	10
がつがつしない態度	1	2	3	4	5	6	7	8	9	10
ストーリー	1	2	3	4	5	6	7	8	9	10
コールドリーディング	1	2	3	4	5	6	7	8	9	10
自然に会話を続ける	1	2	3	4	5	6	7	8	9	10
オープンループ	1	2	3	4	5	6	7	8	9	10
タネまき	1	2	3	4	5	6	7	8	9	10
電話番号交換	1	2	3	4	5	6	7	8	9	10
フレーム・コントロール	1	2	3	4	5	6	7	8	9	10
リフレーミング	1	2	3	4	5	6	7	8	9	10

今日、さらに四回アプローチしてみること。

二つ目の可能性は、君がただこの本を読むだけで、実際にミッションをこなしていないことだ。恥を知るべきだ。

すでに連絡先をもらっている、またはデートをしたという場合も、それに満足して黙って座っていてはいけない。表へ出て四回アプローチすること。練習を繰り返して初めて完成に近づくのだ。

ミッション3　口説く

女と会うときに何が必要なのかが分かった今、なぜこれらのテクニックが有効なのかを理解しておくことも大切だ。そうすれば社会のあらゆる状況で起こり得るイレギュラーや突然の出来事、予想外の展開にもうまく対応することができる。ＤＡＹ23解説に掲載した、ロバート・チャルディーニの『影響力の武器』（誠信書房）のレポートを読んで、それぞれナンパに役立つ応用を考えてみてほしい。

DAY 23
解説

書評
イエスの原動力

『影響力の武器――説得の心理学』で心理学者ロバート・B・チャルディーニ博士は、人々が決断するときに使う判断材料を研究し、それらを説得の六つの法則として抽出した。

博士がベースにしたのは販売と広告であるが、人が特定の車やあるブランドの石鹸を買う理由だけでなく、各人がどのように決断を行うのかについても明快な回答を示してくれる。

以下はチャルディーニ博士の原則を要約したものだ。

それぞれの法則は女を惚れさせるプロセスでも応用することができる。例えば、社会的証明の原則からは、なぜほかの女と一緒にいる男のほうが、一人でいる男よりもモテるのかが分かる。それぞれの解説の後、少なくとも一つ、ナンパに役立つ実践的な使い方を書いてみよう。

注意：これはとても強力な理論である。自分よりも上の立場の人々に対して使われるもので、弱いものに対して使ってはいけない。自分だけでなく、全体の利益になることをいつも考えよう。

社会的証明

これは多数決の前提となる法則だ。大勢の人々が何か同じことをやっていると、そのほかの人々もそれが正しいと信じる傾向にある。博士が説明するように、「人々が正しいと思うことを見つけることは、人々が正解を選ぶために使う手段の一つである」

自分の決断に自信が持てないとき、または状況がはっきりしない場合、社会的証明は特に説得力を持つという。また、モデルとなる人物が自分と関係がある、あるいは自分とよく似ていると感じるとき、その効果はさらに強まる。

好きであること

決まりきったことだが、自分が相手を見知っていて、しかも好きであるほど、その人からの頼みを引き受けやすい。

博士はこの「好き」を生み出すいくつかの要因を挙げる。われわれが誰かを好きになるのは、ファッション、育った環境、関心事が似ている、ほめてくれる、好みの身体的特徴を持つ、頻繁に顔を合わせる（特にお互いの利益のために協力して何かを行う場合）などである。

さらに博士はこの原則の興味深い性質もつけ加える。「悪いことと良いことのどちらでも、ただそれに関係しているだけで、周囲の評価に影響する」。いずれの場合にしても、「実体はなくとも、自分を成功で飾ることができれば、われわれの社会的な評価は高まる」

ナンパに役立つ応用を書き出してみよう。

返報

もし、誰かが自分のために何かしてくれたら、どこかで借りを返さなければならない気持ちになる。それがたとえ「基本的に嫌いな相手で……、以前にほんの小さな親切を受けただけだったとしても、われわれがその人物の要求を飲む可能性は大きく上昇する」と博士は書いている。

彼によれば、これは次のような面白い結果を生む。つまり、誰かに小さなお願いをしたければ、作戦としてまず絶対に断られそうな大きなお願いをしておくことだ。

ナンパに役立つ応用を書き出してみよう。

決心と継続

人は一度決心するとなかなかそれを変えようとしない――何らかの行動や発言でそれを補強したと

きには特にそうである。たとえそれとは反対の事実が見つかっても、自分の決定や信念を曲げることはまれである。

「一度選択し、態度を決めると」、チャルディーニ博士は説明する。「それに対して一貫した態度を取ろうとする圧力を意識せずとも感じてしまう」

この法則から多くの結論を導き出すことができる。その一つが、人々は信念に基づいて行動するのではなく、信念を確定するために行動するということだ。また、誰かに何かを買う決心をさせたとして、実際に買うチャンスが訪れる前に値段が上昇したり、条件が変化したとしても、まだ彼らはそれを買いたいと思うということだ。最後に、事前に布石を打つテクニックを一つ。相手に何か大きな買い物をさせたいときは、まず何か小さなありふれたものを買わせておくのだ。

ナンパに役立つ応用を書き出してみよう。

権威

この法則が単純に意味するのは、われわれが権威になびく傾向にあり、たとえ意味のない、自分の利益に反することを希望されたとしても、その傾向は変わらないということである。

博士によると、これの副作用の一つが、われわれは、権威の印を身につけているだけの人に対しても、本物の権威に対するのと同様に、従属の態度を取ってしまうということだ。人々が頭を下げるものには官職名、制服や礼服、社会的地位を示唆する高価な所有物、命令口調や説得力のある声などが挙げられる。また単純に自分よりも体が大きいだけの相手に対しても、権威として認めてしまう場合がある。

ナンパに役立つ応用を書き出してみよう。

稀少価値

人々は手に入りにくいもの、または稀少になりつつあるものを、それが簡単に手に入る場合よりも、より価値のある魅力的なものだと考える。そして「供給が制限されているときよりも、手に入れるチャンスがあるときのほうが、人々にとってそれがより貴重な物として映る」とチャルディーニ博士は記している。

このことから彼が導いた結論の中で最も重要なものの一つが、「人間の意思決定において、失う可能性の有無ということが大きな役割を持っている」。つまり、自分と対象との間に障害があるとき、またはそこへのルートが制限されたときに、対象への欲求は大きくなる。そしてわれわれはその欲求を正当化するために、対象に対して通常よりも大きな価値を置くのだ。

「なぜなら、われわれは簡単に手に入るものよりも、手に入れにくいもののほうが質が高いことを知っているからだ。簡単に手に入るかどうかを基準にして、あるものの価値を簡単で正確にはかれるケースがよくある」

彼はまた、われわれが、常に入手が困難なものよりも、突然品薄になったものを、より尊ぶ傾向にあることもつけ加える。

ナンパに役立つ応用を書き出してみよう。

上級レベル

説得の法則は組み合わせて使われたときに最も強力な動機づけを起こすことができる。例えば、社会的証明と稀少価値が組み合わさると、「品薄になったときではなく、他者との競争になったときに欲求は最高潮になる」とチャルディーニは言う。

最後のエクササイズでは、ナンパでの強力なモチベーションになる二つの法則の組み合わせを考えて書いてみよう。

DAY 24

ミッション1 自分がパーティーになる

男が女とどこか行こうとするときに犯す最大のミスの一つは、何のアイデアも持っていないことである。「ええっと、何がしたい？」は女に対して最低の質問である。

次に最低な質問は、「土曜日は何してる？」、そう言った後で一緒に遊ばないかと誘うことである。彼女の生活をのぞき見するのではなく、彼女はなかなか普段の暮らしから出て自由にやりたいことができない、そしてもっとわくわくする世界を体験したいと望んでいる、というフレームを持っておきたい。そしてその世界が君なのだ。

「ザ・チャレンジ」はナンパだけではなく、ライフスタイル全般を設定している。君が周りから尊敬され、一緒にいたいと思われるような人間になり、ポジティブでエキサイティングな人々、場所、出来事が衛星のように自分を中心に回り始めれば、自動的に女に出会って、好かれるようになるものだ。

ここからは、「ザ・チャレンジ」の締めくくりとしてＤＡＹ30で君が催すディナーパーティーの計画を始めようと思う。このミッションの課題は、このパーティーをどうやって成功させればいいか、今日の解説を読んで答えを見つけることだ。

ミッション2　スタイルライフパーティーの仕込み

このミッションで君はディナーパーティーのタネをまく。

まずはいつものテクニックで一人かグループの女にアプローチする。しかし今回はカレンダーのイベントをタネまきするのではなく、自分のパーティーを会話にまいていこう。パーティーの目的や日時のことや、彼女と趣味が共通する友人の話などをするといい。だがまだ招待してはいけない。

会話が終わって、電話番号を交換するときになって、初めて彼女をパーティーに招待しよう。

招待の仕方としては、「ところで、君もパーティーに来たら？　気の合う人間が見つかると思うよ。それにサプライズがあったほうが盛り上がるし」

自分の何がサプライズなのかと聞かれたら、「規格外の人」と言ってからかったり、「みんなが知らない素敵な人」と言ってほめたりする。ここで何を言うかは、彼女が自分にどのくらい自信を持っていそうかで決める。

彼女が本当にパーティーに興味を持っているのでなければ、その場であまり細かい話はしないほうがいい。強引に誘っていると思われないためだ。電話で話すときまで待とう。こうすれば彼女はパーティーに誘われようとしてもう少し頑張るだろうし、自分はほかの参加者ともうまく付き合える、信頼に値する女だと君に証明しようとするはずだ。

五人に声をかけるか、パーティーへの参加を期待できる一人から電話番号をもらえばミッションは終了だ。さあ、うまくいくだろうか。
明日は手に入れた番号をどう使うかを教えよう。

DAY 24 解説

スタイルライフ・ディナーパーティー

パーティーをすることがどれだけ面白いか知っているだろうか？

長い間連絡を取っていない相手に電話する理由になるだけでなく、会う人ほぼすべてに電話番号を聞くいい口実になる。定期的にパーティーを開けば、電話番号の価値が失われることは永遠にない。「ザ・チャレンジ」の目的として、パーティーは六名かそれ以上の人数で、公共の場所か個人の自宅に集まり、楽しく遊んで友好を深めるというのがテーマだ。

目的

ディナーパーティーをすれば、自分のテリトリーで女に会うことができる。そこで彼女は君の気を引くためにほかの参加者と競わなければならない。またパーティーは気楽な、束縛感の少ないデートともいえる。周りにはたくさんの人がいて、会話が途切れる心配はなく、後から二人だけの時間が来るだろうという予感も生まれる。

さらに、頻繁にパーティーを行うことで、友人や潜在的なガールフレンドとの出会いの輪は広がり、リーダーシップが強まるなどソーシャルスキルを高めることもできる。自分も仲間に入りたいと人に思わせるライフスタイルを構築できるのだ。世界で最もモテる女が付き合うのは俳優や音楽家、映画監督、大金持ち、スポーツ選手だけではない。クラブのオーナーやイベントのプロモーターたちと付き合う女もいる。それは、誰でも内輪だけのグループに受け入れられたいという欲求があるからだ。自分のグループを作り、彼女たちを受け入れて喜ばせてやろう。

宣伝

わざわざパーティーの招待状を準備する必要はない。ビラなどは絶対に作ってはいけない。これは小さな、特別に選ばれた人々だけのイベントであって、ビラは大規模な、誰でも参加できるパーティーのためのものだ。

しかし、パーティーをやる理由だけは用意しなければならない。ややこしく考える必要はない。女には毎週行っている儀式のようなもので、君が出会った面白い人たちと集まって、おいしいものを食べて話をするのだと言えばいい。もっといいのは、実際にこの集まりを週一回か、月一回の恒例にしてしまえばいいのだ。月曜のマティーニ・ナイトとか、火曜はなぞなぞに挑戦とか、水曜の国際料理コンテストとか、何とでも呼べばいい。もっとそれっぽくしたければ、サロンと呼んだっていい。

また、みんなでお祝いをする機会を作ってもいい。友人に何か特別なことがあったとき――インディーズでレコードデビューをした、論文を書いて出版した、ホームページを開設した、誕生日、子犬を買った、新しいシャツを買った――それらを祝してパーティーをやろう。

そしてパーティーではそのCDを流し、論文の抜粋を読み、嬉しそうに新しいシャツを着て見せればいい。

別の理由としては、祝日にしてしまう手もある。カレンダーには毎日何らかの祝い事が書いてある――兄弟姉妹の日、バーバーショップ・カルテットの日（訳注　一九世紀アメリカの床屋の四人息子によるコーラス・グループおよびその演奏スタイル）、ゲーリー・コールマンの日（訳注　アメリカの俳優。『アーノルド坊やは人気者』で主役を演じる）――これも祝してパーティーをやろう。

会場

パーティー会場はいくらでもある。どれを選んでもかまわない。

一番いいのは君の家やアパート、または友人の家、アパートだ。準備するものはそれほど多くはない。掃除、食べ物、流す音楽の選定、そして（君と友人が年齢に達しているとして）パーティーに必要な量のアルコールだ。

料理が得意でなければ、ディナーパーティーは君にとっていい練習の機会になるだろう。出会った女が料理の得意な人なら、頼んで手伝ってもらおう。ゲストは君が料理の練習のためにパーティーをやっていることを知っているから、七面鳥が焦げていようが気にしない。アルコールさえあれば何でもいいのだ。

料理する時間もなければ興味もないという君は、出前を頼んでもいい。容器から出して、ゲストが到着するまでオーブンに入れて温めておこう。それから普通の食器に入れて出せばいい。聞かれなければ、通りの向こうのギリシャ料理屋で頼んだことをわざわざ言う必要はない。

もし十名未満の集まりなら、全員で座って会話できるような部屋を用意しよう。必要なら安い折りたたみ椅子を買う。もし進行役に自信がなければ、パーティーの初めか終わりにみんなが参加できるイベントを入れてもいい。人気のテレビ番組を観たり、なぞなぞのような参加型のゲームだ。七歳の子供が楽しめるゲームの楽しさを甘く見てはいけない。

会場の第二候補は、全員が十分座れる大きさのテーブルかソファのあるレストランかラウンジだ。事前に予約して、パーティー当日にも確認しておこう。費用は割り勘でまったく問題ない。普通に外食するのと大差ないが、君がみんなでお祝いしたいと思えば、それをパーティーと呼んで差し支えない。

それ以外の場所は、夜のピクニックやバーベキューをする公園やビーチ、バーやクラブ、ボーリング場もいいし、ホテルの部屋、遊園地などもある。法に触れない程度で、想像力のおもむくままだ。

キャスティング

君がやろうとしているのは酔っ払いの乱痴気騒ぎではない（それがしたいのであれば別だが）。そうではなく、気心が知れた仲間との小さなディナーパーティーのはずだ（というかパーティーについて女に伝えるイメージだ）。限られた人々だけの内輪のパーティーであればあるほど、イメージは良くなり、噂は伝わりやすくなる。

例えば、招待するという代わりに、彼女にはパーティーのキャスティングだと言ってもいい。「趣味も仕事もばらばらな個性豊かな人々を、正しい組み合わせでチョイスしているんだ。そして君はパーティーにぴったりの人物だ」と。結局、どのパーティーにもサプライズは必要なのである。

サプライズは彼女をからかういい言葉だが、実際問題として君は何か考えておかないといけなくなるだろう。会話や態度がやや風変わりな人か、あるいはかなり社交好きな人（周囲が引くほど極端でない程度で）を忘れずに呼んでおこう。

誰かがゲストの相手をして楽しませてくれれば、ホストとしての君のプレッシャーはなくなるだろう。

また、話のうまい男性を最低一人、女性かカップルを最低一人、そして「ザ・チャレンジ」で出会った女性。パーティーに一人以上の女性を呼んでおくことは必須だ。そうでなければ君が興味を持っている女性は落ちつかず、圧倒されるように感じてしまうだろう。

もし女が複数やってきて、彼女たちが君と出会ったときの話をしていても心配しなくていい。強いフレームを持ち続けることだ――「自分は外に出て知らない人と会って、自分の考えを何でも話し、人々を繋げていくのが好きな社交的な男だ」。

彼女が自分の友達を連れてきたいと言っても慌ててはいけない。連れてこさせればいい。彼女の友人を魅了できれば、彼女も魅了できるだろう。その友人が男でも大丈夫だ。どのみちほかにも女性を招待しているのだから、彼女たちがその男をずっと引きつけておいてくれるだろう。

君は彼女一人を招待したいのに、彼女は誰か連れてきたいと言ったとしても、それは君の友人の輪を広げることに繋がり、次回のパーティーをもっといいものにする役に立つのだ。

また家でパーティーをする場合、食事が終わると急に盛り下がることがある。これを防ぐ方法の一つが、四人から八人の仲間を「控え」として食後のカクテルから招待しておくことだ。新しい仲間のやる気とエネルギーが、記憶に残る活気あるパーティーに必要な生気を吹き込んでくれるはずだ（タイミングに気をつけよう。ほとんどのゲストはパーティー開始のだいたい三十分後に来ることが多い）。

招待した人々にお互いを紹介するときも工夫してやること――自分の自己紹介をするときに使うテクニックを用いるなど。友人をよく見せれば見せるほど、君自身がよく見られるのだ。

繋げる

パーティーの前、最中、後で、君が興味を持っている女性と関係を深めるためにできることがいくつかある。

君の家が会場だったら、彼女を引きとめて後片づけを手伝わせよう。別の場所だったら、その後でどこか行く場所を考えておこう。

君の働き者ぶりと面倒見の良さを見せるだけでなく、パーティーの進行を手伝わせても面白い。これには彼女に何か持ってこさせる、または料理をさせるなどの仕事を与えるのがいい。

俺の友人で、彼女と一緒にサングリアを作った男がいる。作業は簡単で、アルコールもあって、二人でやるにはベストな仕事だった。作り方はまず、スペイン産ワインのボトル一本とライム二個、レモン二個、オレンジ二個、マンゴー一個と、砂糖半カップを用意する。ピッチャーにワインを注ぎ、十分間放置してワインを空気に馴染ませた後、砂糖を加える。ライム、レモン、オレンジをそれぞれ一個絞り、ワインに加える。彼女に残りの果物を三角形にカットさせ、全部ワインに入れる。時間があれば一時間程度冷蔵庫で冷やす。後はアイストレー一枚分くらいの氷を入れて、ゲストのグラスに注げばいい。（これは五人分のレシピなので、ゲストが十名なら分量は倍にすること）

ほかに二人でできることは、食材の買い出し（食糧品店は初めてのデートには面白い場所だ）が考えられる。君が挑戦する巻き寿司の具を買うのだ。ひどい出来でもかまわない――むしろそれがいい。

あまり彼女にべたべたしないように、また彼女を退屈させないようにと一生懸命になりすぎてもいけない。また、パーティー中にほかの男が彼女と話し始めてもやきもちを焼かないように。ホストとして、君はパーティーの最重要人物なのだ。何も恐れる必要はない。信頼できる友人がいれば、君が彼女にどう自己紹介をしたかを知らせておこう。友人は、君のいいところをたくさん彼女に伝えてくれるはずだ。

このディナーパーティーのゴールは楽しむこと、毎日わくわくするような生活をすること、お互いに認め合えそうな人々の接点となることだ。これを成功させられれば、ナンパは勝手にうまくいってくれる。

DAY 25

ミッション1　電話でのルール

番号交換の次のステップ――電話をかける――で不安になる男たちもいるかもしれないが、電話で約束を取りつけるときのルールは至ってシンプルだ。ミスをしない、ということだ。彼女は君は出会ったばかりで、少しでも君に怪しいところがあれば、それが君とは二度と会わないという彼女の決心に直結する。

これは避けたいので、まずは電話についてのＤＡＹ25解説を読んでみよう。

ミッション2　パーティーを計画する

君がまだＤＡＹ30で行うパーティーの会場を決めていないのなら、すぐ決めるように。

リストを作って、パーティーに適した六名から十名の名前を書き入れる。君が番号交換をした女の名前も含めること。枠の左側に名前、右側にどういう人物かを記入する。それぞれの人物の情報は、君がリストを見直したときに特別なパーティーだと感じられるくらい、簡潔で目を引くものであること。

ミッション3　まいたタネを収穫する

先の数週間で手に入れた女の番号すべてに電話をかける。解説で学んだ電話のテクニックを練習しよう。

全員を君がＤＡＹ30で計画しているパーティーまたはイベントに招待する。場所と時間を忘れずに伝えるように。君が選んだ人々だけが集まる小さなパーティーであることを強調しよう。それで彼女は自分が特別に招待されたこと、自分が参加メンバーの大事な一人なのだということが分かる。まったくの他人に電話でお勧めの映画を聞くことに比べたら、この程度はどうってことはないはずだ。

君がまだ電話番号を一つも持っていなければ、パーティーに招待することを念頭に、新たに五人にアプローチすること。カンニングペーパーできっちり手順を確認すること。

すでにデートしてしまった君は、何があったのかをスタイルライフの掲示板で報告し、ほかのチャレンジャーと情報交換をしてもらいたい。

DAY 25 解説

電話ゲーム

あのさ、俺は以前、誰かに電話するまで二日間待ってたんだ。でも今は街の誰もが二日待ってるみたいなんだ。だから、俺は今度は三日がいいんじゃねえかなって思ってるんだけど。どう思う？

――映画『スウィンガーズ』

さて、君はアプローチに成功し、気に入った女から電話番号を聞きだした。それからどうする？　君のことなんか忘れているかも？　電話口で緊張のあまりすべてを台なしにしてしまわないか？　誘おうと思っている日は予定があって忙しいと言われたら？　重要な仕事の最中に電話してしまわないか？　男が出たら？　嘘の番号だったら？　カリフォルニアが水没してしまったら？
心配することはない。落ちついてさえいれば、最初の電話の手順はとても簡単だ。

どのくらい待つか

番号を受け取ってから電話するまで、何日くらい待てばいいものなのか。

翌日かけると言う人もいれば、三日待つと言う人もいる。

どれも間違っている。決まった日数などない。むしろあえて言うなら――待てるだけ待てばいい。別の言い方をすれば、出会った女と素晴らしく楽しい会話をして、彼女が何度も電話してねと君に頼んだときは、君は一週間でも待てばいい。彼女は君のことを覚えているだろう。

しかし、女と数分話をして番号を交換し、その後の彼女はずっとほかの男としゃべっていたような場合は、翌日電話しなければならない。ある程度深い関係を築いて、印象を残しておかないと、彼女は四十八時間で君のことなどすっかり忘れてしまう可能性があるのだ。

電話をかけるタイミングについての基本ルールは「鉄は熱いうちに打て」。君との出会いが彼女の頭の中でまだ新しいうちに。しかしあまりにも早く、頻繁に電話してしまうと、今度はストーカー扱いされる危険もある。

通知、非通知？

多くのいわゆる専門家たちは、女に電話するときは非通知にしておくようアドバイスする。また、彼女が電話に出ないときはメッセージを残さないようにとも言う。

考え方としては、君が電話をかけ続ければ、いずれ彼女は電話に出る――そしていったん捕まえたら、説得を開始できるということだ。

電話販売などでなければ、俺はこういうこじ開けるようなやり方はしないし、君にも勧めない。なぜかというと、彼女がかけ直してこず、電話にもでないとき、問題は電話にあるのではない。アプローチにあったのだ。彼女に、君にまた会いたいと思うような印象を与えなかったのが原因だ。実際、やりとりしながらうまくいかないと感じたときは、だいたいその前のステージで犯したミスが原因になっている。

だから番号は通知して、メッセージもちゃんと残すように。なぜか？　それがこちらの自信を示すことになるからだ。最初に会ったときに魅力的な人間であることを見せ、価値を証明し、信頼感を伝えていたら、君からの電話で彼女は喜ぶはずだ。

君が立ち去った後で、女に「電話がかかってこなかったらどうしよう」と心配させるのが君のゴールのはずだ。

イベントというタネをきちんとまいておけば、君が電話したとき、彼女は何の用事かすぐに察して、安心して電話に出ることができるだろう。

何と言えばいいか

これが一般的な電話での会話の構成だ。

1. なるべく名前は名乗らないこと。その代わり、前回の会話を思い出させるフレーズで始める。最初に会ったときにヴィレッジ・ピープルのオープナーを使ったのなら、電話に出た彼女にゆっくりと自信を持って、「分かったよ。ヴィレッジ・ピープルに消防士はいなかった」と言おう。彼女はすぐに君が誰か分かるだろう。駄々っ子だとからかったのなら、「よお、駄々っ子」とだけ言えばいい。君が他人だということを思い出させるよりも（特に彼女が君の名前を覚えていないときなど）、この方法で楽しく話をしたときのことを思い出させよう。

2. ぎこちない沈黙を避けるため、挨拶をしたらすぐに最近起こったことなどを話し始めよう。練習で作ったストーリーから選ぶか、新しいレパートリーをつけ加えてもいい。初めはこんなふうに。「今日、すごいことがあってさ……」。なるべく短い話を選ぶこと。自分のウォーミングアップではなく、ポイントは彼女を笑わせ、リラックスさせることだ。

3. 深く落ちついた、聞いていて心地いい声と、楽しげでポジティブな態度で話すこと。テンションを上げることは大切だが、早口すぎたり、はしゃぎすぎないこと。受話器に向かって微笑めば、彼女もそれを感じるだろう。

4. 短いストーリーを話し終えたら、彼女にも少し話させよう。今日あったことをしゃべったり、君に質問したりするはずだ。何も話したがらなければ、次へ進もう。

5. その週の翌日以降で約束をする。専門家のアドバイスは、まず君の都合の悪い日を先に言って、ほかの事柄とともに君が忙しい人生を送っていることをアピールして、彼女をそこに詰め込んでしまうことだ。資格没収の項目で学んだ押したり引いたりのテクニックを組み合わせ、こんなふうに言うことができる。「金曜と土曜は忙しいんだけど、日曜に小さなパーティーをするんだ。面白い人間ばかり呼んでるから、君も来ればいいよ。誰か問題児が必要なんだ」

6. パーティーではなく何か別のイベントに誘うのなら、それをデートというフレームでくらないように。「遊びに行く」「ちょっと付き合う」、あるいは友人たちに「加わる」というかたちで誘うこと。

7. 彼女が行くと言えば大成功だ。彼女の都合が悪ければ、カレンダーにあるほかのイベントのことも知らせてみよう。それも一つだけ。彼女が行きたそうに熱心に何か言っているのでなければ、彼女が好きそうなイベントであること、空き席があればまた連絡することを伝えよう。

8. 彼女の答えがどうあれ、誘った後に急にさよならと言って電話を切らないように。番号交換をした後と同じように、一～二分は会話を続ける。ちょっとしたジョークや短い話をつけ加える。

9. 最後は盛り上がって話を終えるように。彼女よりも先にさよならを言おう。君は忙しい。やることがあるのだ。

この簡単なサンプルは何千人もの男が使って実際に成功しているが、これが初めて電話するときの唯一の方法と言うわけではない。このプロセスに慣れてきたら、最初の電話では簡単な会話だけして、二度目に誘うといったやり方で、ほかの男に差をつけてもいい。

メールに慣れていても、一度目は電話するほうがいいだろう。ただ、もしお互いにすれ違いでなかなか話せない場合にはメールが役に立つ。

またもや彼女が忙しいと言ったら……

約束しようとするとあいまいな態度をとったり、何度誘っても断られたとしたら、これまでの過程を見直すときかもしれない。ここに至るステップの初めの段階で、どこかにミスが見つかるはずだ。社会的なランクが低いと思われた、女に飢えている印象を与えてしまった、それか番号交換のタイミングが早すぎたのかもしれない。残念ながら服のセンス（もしあればだが）が彼女の基準に達していなかったこともある。自分の至らない部分を見つけて改善しよう。まれなケースだが、すべてをそつなくこなしたうえで、それでも彼女がはっきりしない場合は、彼氏がいるか、付き合いかけの誰かがいる可能性もある。

「忙しい」という言葉を額面どおりに受け取ってはいけない。もしアンジェリーナ・ジョリーが自分の豪邸で、ボノやジェイZやビル・クリントン、ジョージ・ルーカスなどを呼んで開くパーティーに来ないかと電話してきたら、君の都合はどうだろうか？　――当然、都合をつけるに決まっている。予定はキャンセルし、仕事はサボり、必要なら逆立ちしてでも行くだろう。

君のゴールは、あり得ないほど素晴らしい、何があっても会いたいと女に思わせる男になることなのだ。『Perfect 10（パーフェクトテン）』誌（注　米国のアダルト雑誌。モデルは整形をしていないことが条件）のモデルと出会って、彼女と会う時間を作らない男がいるだろうか？

要は『パーフェクトテン』の女の子になればいいのである。

DAY 26

ミッション1　頭を空っぽにする

今日のミッションはこれまでで最大の難関かもしれない。しかし、直感的なナンパの理解にはベストな方法なのだ。

課題〝学んだテクニックをすべて忘れ去る〟。

ミッション2　丸腰でのアプローチ

今日中に三人の女、またはグループにアプローチする。ただし、テクニックは一切使わずにだ。意見を聞く以外の方法で会話のきっかけを作ること。資格没収の会話モデルも使わない。指輪やギリシャの神々の話はしない。名刺を半分に破るのもなしだ。

自分で何らかの方法を見つけて――周囲の人間、女が着ているもの、そのときに思いついたことなどをネタに――会話をスタートさせる。他愛のない話でも、仕事について陳腐な質問を投げても、バーやカフェにいたなら飲み物をおごってもいい。今までのルールはどれだけ破ってもかまわない。とにかく、彼女が席を立つか、明らかに席を立ちたそうな素振りを見せるまで話を続けること。厳しいかもしれないが、頑張ってほしい。

可能なら、君がどれだけ耐えられるか、時間を計ろう。テクニックなしで十分間が目標だ。

万が一うまく会話を続けられれば、パーティーやイベントに誘ってしまうのももちろん自由だ。

ミッション3　違いを認識する

今日のアプローチを振り返ってみよう。テクニックを使ったときと、今日やったフリースタイルとで、何か違いに気づいただろうか？「ザ・チャレンジ」を始める前と現在との違いは何だろう？　もしあれば、書き出そう。

ミッション4　隙間を埋める

今日最後の課題は、「隙間を埋める」ことについてのアドバイスを読むこと。チャレンジャーの中には、この段階でスランプに陥ってしまう者がいる。彼らはグループにアプローチし、会話を始め、自分をアピールし、コールドリーディングする。つまり、正確にすべての手順を踏む。しかし、本当は緊張し、綱渡りをするような気持ちでいるのだ。それは、あるテクニックから次のテクニックへと移るときの**隙間**で、何をすればいいのかが分かっていないからだ。何を言えばいいのか？　どうやってテクニックをつないでいくのか？　どうしたら番号の交換までたどりつけるのか？

しかし、不安になる理由など何もない。なぜなら、誰でも人と楽しく話した経験が必ずあるはずだからだ。テクニック依存を克服し、隙間を埋める言葉はいくらでもあることに気づくことが、今日のフィールドワークの目的だった。

君にもう一度会いたいと彼女に思わせるのは、テクニックではなく、君の人間性なのだということをつい忘れてしまいがちだ。確かにルーティーンは強力なテクニックだ。君をほかの男たちよりもいい男に見せ、しかも会話の中で自然に次のステップへと導いてくれる。しかし、女とのやり取り全体が大きなパフォーマンスである必要はない。オルゴールのハンドルを回して客を楽しませるサーカス小屋のサルのようには思われたくないだろう。

だから、芸能、文化、催し、街の出来事などの最新情報をいつも収集し、流行、話題、ファッションの動向にいつも目を光らせ、一般教養を磨く。そして生身の自分に自信を持つことだ。それでもまだ問題があれば、お笑いのレッスンなどを受けて、即興の会話を勉強してみるといい。

ナンパとは自己研鑽の積み重ねであり、それは誰もが一生を通じてやっていくことだ。だから正攻法でやるべきなのだ。

DAY 27

ミッション1　つながり方を学ぶ

想像してほしい。音楽や映画の好みが君とまったく同じ女の子に出会った。人生の哲学や持っている意見も同じ。しかも、出会ったことはないが、君の家のすぐ近所で育ったという。驚くべき出会いだと思わないだろうか？

恋愛感情を持つとはこういうことだ。女との間に作り出したいのはこのような状況なのだ。DAY27解説のページを開き、後のミッションに進む前に一読してほしい。

ミッション2　カレンダーに予定する

スタイルライフカレンダーを一枚新しくコピーする。「ザ・チャレンジ」の最終日までの毎日の予定を書き込む（お勧めのポイントと行く理由も）。君のパーティーも忘れずに記入しよう。日付を覚えて、君自身がそれを見慣れるように。パーティーに誘う理由も書いておこう。

ミッション3　愛情の鍛錬

以下にある三つの愛情のエクササイズから二つを選んでやってみること。エクササイズは、会社の同僚でも、店のカウンターの人でも、ただの知り合いでも、インターネットのチャットの相手でも、誰とやってもかまわないが、初対面の人や、アプローチしたグループを相手に行うと一層の効果が期待できる。うまくいけば、パーティーや、カレンダーにあるイベントのどれかに招待すること。

君が愛情のレベルを上げたり下げたりしたときの相手の反応をよく見よう。

●愛情を育て、壊す

次のエクササイズの間、君が簡単に愛情を生み出し、そしてさっさと壊したときの相手の様子を見よう。

次のような会話をする。

君：どこから来たの？

彼女：（どこか街の名前）

君：ちょっと待って、俺もそこで育ったんだ。学校は？

彼女：（学校名）

君：冗談だろ？　俺もそこなんだ。

彼女：本当？

君：嘘。一度も行ったことない。（感情を入れずに）怒った？

●愛情テスト

このエクササイズでは、愛情を壊した後、相手がそれをもう一度作り直そうとするかを見る。

君：君が一番最近、買ったりダウンロードしたCDって何？

彼女：（ある歌手の歌）

君：本当？　へえ。そんなに好きじゃないな。

ここでもし彼女が、一歩引いて、自分もそんなに好きじゃないと言えば、彼女は君の愛情を求めていることになる。彼女がその歌の良さを説明し、君に反対意見を唱えたときは、別に愛情を求めていないか、自分の音楽の趣味に自信があることを示している。

●身体的な愛情

このエクササイズでは、ボディランゲージが人に及ぼす影響を見る。

好きな相手と話している途中で、相手が話す間、腕を組んで、体を横に向けてみよう。座っているなら、組んだ足も相手と違う向きに向ける。一分か二分、そのままの姿勢でいる。

相手はそわそわ、落ちつかなそうにしていないだろうか——君の態度を指摘するかもしれない。

ここで腕を戻し、体を開いて再び相手のほうを向こう。相手が仲のいい友人なら、君が身体的な愛情表現をやめたときに何か感じたかを聞いてみよう。

このエクササイズを今日もう一度別の相手に試してみよう。

DAY 27
解説

愛情を生み出す

愛情を生むとは、信頼、安心感、共通性、一体感に基づいて人間関係を構築することである。多くの男性にとってはこれが肉体関係へと続く最も普通の流れである。

交流を深める中で、愛情を持つと、君が一生懸命隠そうとする小さな欠点（実はバカでおっちょこちょい、ヒーローコミックやミュージカル、モンスタートラックレースの大ファン、などなど）を彼女が見つけて可愛いと思う。一方で、普段心の奥にしまってある考え、体験、感情などを彼女は話し始める。君は彼女にとって最高の理解者なのだ。また、二人で大笑いしたり、同じタイミングで同じことを口走ったりするのもこの段階だ。

簡単に言うと、愛情とは、二人がお互いのことを本当によく知り、出会うべくして出会ったことに気づくことだ。それは信じられないほどの幸運なのだ。

また、愛情はレゴブロックで組み立てた城のようでもある。一瞬でバラバラになり、また、数秒で元どおりにすることもできる。ロマンチックで性的な関係を目指して、必要なプロセスを経て交際を進めるとき、愛情を育てて、壊すタイミングと方法を知っていることは大きなプラスである。

ラブストーリーを考えてみよう。恋人同士が本当に結ばれるまでに、二人の関係は何らかの理由で一度は壊れる——誤解、両親の反対、悪役の恋敵の登場、過ちを犯す。しばらくの間、彼らは悩み、そして悲しみの中で、どれだけ互いが相手のことを想っているかを悟る。そして、愛情を取り戻し、お互いの気持ちを吐露した後、二人はまた一つになるのだ。

いわゆるナイスガイたちがよくやるミスは、相手に好意を持たれるための努力は一切せずに、いきなり愛情を得ようとすることだ。自然に愛情が生まれる場合と、愛情を得ようと必死になってフラれるケースの間には、きっちりと線引きがされている。

さらに、タイミングも重要だ。踏み出すのが早すぎると、二人の関係が友達ゾーンに落ちてしまうことがある。

逆にタイミングが遅すぎても、彼女は自分が恋愛対象として見られていないと思い、君をただの登場人物の一人だと考えるだろう。出会った女と、愛情を介した関係へと舵を切るベストなタイミングは、フックポイントを過ぎてから、本格的に体の接触を伴うステージに移るまでの間だ。彼女が君に興味を持ち、会話しながら自分を売り込もうとしている間なら、初対面の相手にはタブーの質問も含めて、彼女に何を聞いたっていいのだ。

魔法のようにどこからともなく現れる愛情を、自分で作り出す手助けとして、スタイルライフのドン・ディエゴ・ガルシア上級コーチに、このメカニズムをかみ砕いて分かりやすく説明するよう頼んでおいた。

彼は、すっきりと二つのカテゴリーに整理してくれている。設定とシンクロだ。

設定

この数十年、世間の親は自分たちの子供がフレッド・ロジャースの『Mister Rogers' Neighborhood（ロジャースさんのご近所）』（訳注　一九六三～二〇〇一まで放送されたアメリカの国民的子供番組）を観て喜んでいると信じていた。彼は番組の冒頭で、優しく、親しげに「やあ、ご近所のみなさん！」とお茶の間に呼びかける。

彼が「やあ、初めてお会いするみなさん！」とは言わないことに注目してほしい。君がご近所さんであるという**設定**で語りかけているのだ。おそらく君はロジャース家の近所に住んだことはないだろうが、彼は君をそんな気分にさせる。ミスター・ロジャースは仲の良いご近所という設定を作って、視聴者を自分の家の居間の常連であるかのように扱って番組を進行し、ヒットした。ミスター・ロジャースのように大げさに親しく振る舞うのはどうかと思うかもしれないが、同様のやり方で女を恋人だと設定し、そのように接することができたらと思うのではないだろうか？　では自分に聞いてみよう。「この人が一生の友達ならどう振る舞うか？」。自分の答えを社会の常識のフィルターに通せば、アプローチの仕方が分かるはずだ。

彼女が君を見て、声を聞いた瞬間から、恋愛という設定で行動しなければならない。スーパーマーケットの牛乳売り場に君が会いたいと思っていた人がいたとしよう。礼儀正しさを設定したアプローチでは、最初に握手を求め、自己紹介する。

しかし、恋愛に設定したアプローチでは、君はいきなりこう切り出す。「普通の牛乳とノンファットミルクで迷う人たちのために脂肪分二パーセントの牛乳があるのは分かる。でも脂肪分一パーセントの牛乳って？　一パーセントと二パーセントはどう違うんだ？」

人間は信頼できそうなリーダータイプには自然と引きつけられる。このタイプが持っている特徴は、自信、説得力、信憑性、安心感、堂々とした態度、礼儀、誠実さである。これらの性質を装えば、ナンパに気づかれるリスクを避けることができる。つまり、物品の提供、相手のフレームに呑まれる、友達ゾーンに落ちる、恋人でなく相談相手になってしまうなど。

シンクロ

カール・ユングは偶然の一致に意味を見出すとき、共時性（シンクロニシティー）という言葉を好んで使った。私の場合は、積極的に愛情を生み出すことをシンクロさせると呼ぶ。

シンクロとは、相手のすることをすべて見習い、コピーすることではない。もっと巧妙な形で、相手の中に自分を落とし込んでいき、徐々に共感を得ていくことである。何人かで集まったとき、人はいつも無意識にこれをやっている。正しくシンクロすれば、相手は理屈ではなく、感情的、精神的、衝動的なレベルで君に引き寄せられていく。

では、関心を持った女性にシンクロするいくつかの方法を見ていこう。

●**視覚**

視覚的に女性とシンクロするには、彼女の姿勢、表情、呼吸のペース、仕草、瞬きの頻度まで、観察し、合わせる。やるときには落ちついて、穏やかな状態で。ぴたっと一致すれば、今度は彼女が無意識に君の動作に合わせてくるだろう。

●**聴覚**

彼女がある特定の言葉を頻繁に口にしたり、その言葉が彼女にとって特別な意味があると感じたら、それをスイッチだと考え、後で使えるように記憶しておこう。また言葉使いを、彼女の業界用語、地方の表現、彼女が属している特定の集団に特有の言葉に合わせてもいい。

聴覚的なシンクロはまた、話し手がある感覚と強く繋がっていることを示す言葉にも注目する。例えば、視覚が勝っている人は、自分の考えや将来の夢などを話すとき、**注目**、**明るい**、**見る**、**見せる**などの言葉を使う傾向がある。触覚や感性の世界で生きている人は、**触れる**、**触ってみる**、**察する**、**感じる**などを使う。聴覚人は**鳴る**、**響く**、**カチッ**などの表現を好む。彼女の会話パターンに耳を傾け、どの感覚語が多いかをつかんだら、自分が話すときにそれを織り交ぜるのだ。

相手の話し方に合わせるポイントはほかにも、音程、ボリューム、テンポ、音質、トーンなどがある。また、言葉にならないうなり声や、笑い声、話の間にもシンクロすることができる。ちょっとやりすぎにも聞こえるかもしれないが、例えば、早口の人とゆっくり話す人が会話すると、お互いに苦労することは誰でも知っている。ゆっくりしゃべる人は相手の早口を聞きとるのに苦労するし、早口の人は相手のスローテンポにイライラする。コミュニケーションの方法が似通っているほど、仲良くなる可能性も高いのだ。

●論理

興味、美的センス、道徳観、感受性、共通したバックグラウンドを探し、論理的にシンクロする。これは恋愛感情を育てるときによく使われる方法で、「私もそう」遊びがよく知られる。「私もそう」といえる話題には、家族の思い出、旅行の話、仕事の目標、好きな娯楽、アレルギーなどの体質、人間関係に必要と思うことなどがある。

軽いプライベートな話題で論理的にシンクロすることもできる。出身地はどこか、なぜ一人で暮らしているのか、何をやろうとしているのかなど。そして、もう少したってから、道徳的に難しい問題や、性格判断や、想像力テスト、彼女の弱い部分、愛情にまつわる話、人生のゴールや夢を語るなど、彼女の深い部分へと移っていく。

簡単に言うと、似ていることで一体感が生まれ、それが恋愛に繋がるのだ。

●感情

興味を持った女性と話しながら、彼女が考えたり感じたりすることを、全身全霊で理解しようと努める。彼女と同じ位置に立つためには、感情移入の技術をマスターすることだ。同じ視点から物事を見るのである。この広い世界で生きることは決して楽ではなく、ときどき疎外感すら味わう。誰もが自分の理解者を探しているのだ。

●私たちVS彼ら

二人だけが知っていて、ほかの誰も立ち入ることができない秘密を持つことは、愛情を育てる最も強力な方法の一つである。さまざまなやり方があるが、誰も理解できないおかしな考えを共有することや、二人が幼馴染、ときには婚約者を演じて、ほかの人の前でそのように振る舞うなどがある。愛情を深める二人になりきる後者は、特に効果があるだろう。

●トラブルシューティング

これらの小さなテクニックの中には、最初のうちは意識して練習しなければならないものもあるが、そのうちに勝手に体が動くようになるはずだ。マスターする一番いい方法は、それぞれの効果が確認できるまで、一つずつクリアしていくことだ。例えば、呼吸を彼女に合わせると、周りの空気がかすかに変化し、二人の距離が縮まって周囲と切り離されるのを感じるだろう。

広く、深い愛情の最大の障害は、他人ではなく自分なのだ。本当の自分や、弱い自分を見せることに臆病になってしまうと、彼女は敏感に反応してガードを下ろさなくなってしまう。愛情は行き帰りが自由である。お互いを信頼して心を開かなければ成り立たないのだ。

難しいと思ったら、君と彼女のどちらが仮面や壁を作っているのであれ、テクニックはすべて忘れ、まず自分のガードを下ろして彼女に心を開いてみよう。驚くようなことが起こるはずだ。

DAY 28

ミッション1　心のコンパス

ナンパには、人が口にせず、教えず、多くはその存在さえ気づいていない重要なポイントがある。ルーティーンを使わず、これまで学んだ全体の流れを完全に無視しても、この技術を頼りに前進することができる。

ナンパ以外でも、就職の面接や、銃口を突きつけられて助けを必要としているといった、生活のあらゆる局面で、これを知っているといないとで結果が大きく違ってくる。

次のミッションに進む前に、DAY28解説（☞297ページ）でそれが何なのかを見てみよう。

ミッション2　超能力者か狂人か

このエクササイズは、二人以上で座ってしゃべっている気の良さそうなグループを相手に行うのがベストだ。

課題は、彼らがどういう関係かを当てることだ。親戚？　ルームメイト？　職場や学校の友人？　恋人同士？　デート中か？　授業のことを話しているのだろうか？

すでに勉強したやり方で推測する。そして近寄って答えを聞き、答え合わせをする。校正は、正しい推測に役立つだけでなく、何かの研究データ収集と誤解されずにグループに質問することができる。

例えば、「友達と話してたんだけど、聞いていいかな。君たちが話をしているのを見て、友達は会社の同僚だろうって言うんだ。でも俺は大学の友人同士だと思ったんだ」

もし変な目で見られたら（そういうこともある）、こう言って素直に認めよう。「変な質問でごめん。彼は心理学をやっているんだ。毎度のことなんだけど、確認するのはいつも俺の役で……」

いつも笑顔を心がけよう。君が話しかけたのは単なる興味からで、批判しているわけではないことを分からせる。また時間設定もする。

三組のグループに話しかけるか、一つでも正しい推測ができればミッションは終了だ。

会話が弾み、話しこむ結果になったら、パーティーに新しいメンバーを招待する機会を逃がさないこと。

ミッション3　好意の証拠を手に入れる（オプション）

ミッション2が簡単すぎる、または今日のうちにもう少し校正の練習をしたければ、先のアプローチに追加のゴール設定しよう。

第二のミッションは、話しかけたグループの女のうち一人から最低一回、君への好意を示すサインを見つけること。このサインに慣れるため、今日の解説にあるサインの例をよく読んでおくこと（☞

302ページ)。

もし三つのグループのどの女からもサインが出なかったときは、通常のオープナーを使ってさらに二つのグループに声をかけること。

サインを一つキャッチするか、全部で五人の女、または五グループに声をかけたら今日のミッションは終了だ。

話しかけた女からサインを受けたのであれば、もちろんその後は電話番号を交換して、パーティーに誘うこと。

DAY 28
解説

校正

女に惚れさせる技術を完璧にマスターするために知るべきことは、たったの三つしかない。

■君が何者なのか
■何をするか
■いつ、どのようにそれをすべきか

君が何者なのかとは、「ザ・チャレンジ」の最初の数日でやったプライベートな人生のゴール、目標設定、人間性などのことだ。明日はもう一度、君の性格の特徴をすべて見直し、それに磨きをかけていく。

二番目の何をするか。これは、君がほぼ毎日練習を積んできた、オープナーから自己アピールまで、ナンパの各プロセスでの技術のことだ。

いつ、どのようにそれをすべきかについては、君はすでに一連のステップの順番と流れ、全体の構成を学んでいる。しかし、ナンパというパズルを解くにはもう一つの作業がある。それが校正だ。これが大きく結果を左右するのだ。

技術的に言うと、校正とは多くの場合、計測器の目盛りを、基準値からの狂いを調べることで正確に調整し直すことだ。ナンパの場面でも定義は同じだが、この場合の計測器は君で、基準値は彼女ということになる。

計測する

アプローチの場面で、校正の技術があれば、興味を持ったグループや女の動向を読みとり、次の手を考えることができる。

例えば、バーで女がぶらりとやってきて君の胸を触り、あなた可愛いわねと言ったら、君はどうする?

ここで意見を聞くオープナーをやってみても、女は退屈するだけだろう。かといって自己アピールでは少し強すぎる。ここで校正をすれば、前半のプロセスはほとんど飛ばし、女の求めるスキンシップが何なのかを考えないといけないことが分かる。さらに校正すれば、女がその場ですぐに始めたいのか、それとも家まで連れ帰ってほしいのか、あるいはほかの誰かに見せつけるためだけなのかを判断することができる。これらの状況判断（かかるのはほんの数秒）で、君は次の動きを決断できるのだ。

女とやり取りしている間は常に校正作業を行うことになる。そして、ちょっとした仕草、アイコンタクト、声のトーンを調整するだけで、話している女の態度や反応、君への関心度を変化させることができるのだ。彼女のすぐそばに立ったときの彼女の反応を見よう。そして、かなり離れて立った場合と比較してみる。覆いかぶさるようにしたときと、体をそむけるようにしたとき。目を真っ直ぐ見たとき、唇を見たとき、広く肩全体を見渡したときなど、いろいろなパターンを試してみればいい。

相手の反応を見て、それから、自分の望む反応を起こさせるように動く。それがナンパの極意なのだ。

目盛りを調整する

校正はナンパの肝になる技術だが、それだけに大きな落とし穴にもなり得る。もし女の出すサインを過大評価して腰が引けてしまうと、不安で気持ちが落ちつかなくなり、うまくいかなくなってしまうだろう。

初対面の人と面と向かったとき、相手について思ったことや判断したことは、ポジティブであれネガティブであれ、一瞬で頭に浮かぶ。ここで不安に陥ってしまうミスを防ぐため、彼女が君についてどう思ったかを計る目盛りをゼロ（好きでも嫌いでもない）ではなく、プラス２（少し興味がある）

に合わせておこう。女と会話するときには、全員が君のことを好きだという態度で臨むこと——そして女の反応で判断に迷うことがあれば、いつも自分にとって都合のいいように考えること。これで自信を持って先に進めるはずだ。

目盛りに印をつける

そのように君の目盛りを合わせたら、次に、彼女が今、君のことをどう思っているかを計測し、次のプロセスへ進むために必要なものを見極めよう。

次の三つの反応のうち一つを見つけること。

■青信号　ポジティブな反応。前へ進め。
■黄信号　ニュートラルな反応。注意して進め。
■赤信号　ネガティブな反応。ストップ。手を止めて問題を考える。

赤信号は失敗を取り返さねばならない状況だ。計測を誤ってラインをオーバーしてしまったか、どこかで間違いをしてしまったということだ。この場合、その前の黄信号まで戻ろう。

現れる頻度の最も高いのが黄信号だ。ここからは状況はどうにでも変わる。全体のプロセスのどこに彼女がいるか、次はどのステップに進むか、そこに行くために必要なものは何かを計る君の能力にその後の結果はかかっている。彼女が前進するために必要なものは、君の男としての価値、魅力、安心、信頼だ。また、単に時間の問題というケースもある。

このような計算をなるべく心の中で、相手に悟られないようにして行う。学習の過程で多くの人が身につけてしまう悪い癖がある。それは相手の反応をうかがうことに一生懸命になりすぎてしまうことだ。ある反応を期待して何かをしたり、あるいはそのような君の意図に相手が気づいたとき、インパクトが薄れるだけでなく、君の不純な動機も見透かされてしまうのだ。

このようにほんの小さな、ささいなことでナンパの成否が決まってしまうことがある。なぜなら、意識しているかどうかは別として、女も君を見て、校正しているからだ。そして、ほとんどの女は、俺たちよりももっと精度の高い校正技術と直感を備えている。

目盛りを読む

最初から少し目盛りのずれた男たちがいる。彼らは自分が人を気まずくさせたことに気づかないし、逆に女に好かれたときも、それに気がつかない。

今の君がどうだったとしても、女の反応に注目して何か学ぼうとしていれば、やがて経験と成功体験が蓄積されて、校正の正確さも自然と増していくだろう。君の直感は研ぎ澄まされ、そのうちに校正のルールなどもまったく必要なくなるはずだ。つまりひと目でお見通しというレベルに達するわけだ。

一方で、女が君に関心を持っているのかどうかを判断するときに使える、分かりやすいサインを教えておこう。これらはとても微妙なサインなので、一つ見つけたからといってすぐに自分に青信号を出してはいけない。彼女がもう少し君のことを知りたがっていると判断する前に、必ず三つか四つのポジティブなサインを確認すること。

■無理に答えさせようとはしないが、君の名前、仕事、出身地、年齢などを聞いてくる。
■君が体を後ろに反らすと、君のほうへ体を傾けて話す。
■足は組まず（または君に向けて組む）、体を斜めに君のほうへ向ける。腕は組まない。
■歌、映画、ニュースについて、君に合わせて意見を変える。
■冗談を言うと彼女だけが笑う。
■どこかへ連れて行こうと手を握ると、握り返してくる――君が手を離しても、まだ握っている。
■「あなたとは寝ない」「一緒には帰らない」と、君が頼んだり、そんな素振りを見せる前に言う。
■ふざけて君の手や腕をパンチしたり叩いたりする。
■一緒にいる友人が会話に加わろうとしたり、帰りたがっても無視する。
■話すのをやめて見つめると、一秒以上目をそらさない。

■君が別のほうを向いてほかの人と話し始めても、そのままで君が向き直るのを待っている。
■無意識に好意を示すジェスチャーをする。唇を舐める、髪の毛先をねじる、瞳孔が開く、興奮すると鼻の穴が広がることもある。
■君と話しながら服装を直す。または服を触って素肌を見せる。
■ストロー、携帯電話、装飾品などをぼんやりとなでる。(それらを堅く握ったり、いじり回すのはいいサインではない)
■君が話すのをやめても、「それで……」などと言って、会話を続けようとする。
■君と同じ動きをする――君が髪をかき上げると、彼女もかき上げる。君が飲み物に口を付けると、彼女もそうする。しかめっ面をすると彼女も真似るなど。

超音波で距離を計るとき、送った信号が反射波となって戻ってくるのを待つように、君への関心度をテストするために信号を送ることができる。小さな動きをして彼女の反応を見よう。例えば、冗談めかして(そして軽く)彼女の肩にパンチする。彼女がパンチを返してきたり、君の背中を叩いたりすれば、それはいいサインだ。体を固くしたり、そむけたりするのは悪いサインだ。

あらかじめ言っておくが、中には出会った瞬間から気楽に体に触ってくる女もいる。彼女たちは、自分が触ることで男に及ぼす影響をよく知っていて、男が勘違いして追いかけてくるのを楽しんでいるのだ。その場にいる誰かに見せるためにそうすることもある。この種の女に対しては、よっぽど自信がないかぎり、どんなサインも好意と受け取らないことだ。最初のうちは笑って、一回触ると二十ドルと言ってあしらっておこう。相当なお金になるはずだ。

計測器をアップグレードする

ここまでは次にやるべきことを特定する校正について話してきた。しかし、実はほかにももっと強力で楽しいタイプの校正もあるのだ。コールドリーディングの要素を含み、最適な資格没収のタイプを教えてくれ、さらに愛情を作り出す助けにもなる。

X線のスコープでも付けているように、この新しいタイプの校正技術を使えば、彼女の心の一番深いところにある考えや、欲求や、欲望を見通すことができるのだ。この技術を習得するため、次のことを考えながら彼女と話してみよう。

■彼女の性格はどのタイプか？
■彼女の自己評価は高いか低いか？
■性的にオープンかそうでないか？
■仕事は何をしているか？
■付き合っている人はいるか？

■長女か、末っ子か、真ん中か？　それとも一人っ子か？
■母親と父親のどちらと仲がいいか？
■体育会系か、純情か、知性派か？
■男のどんなところに惹かれるのか？
■何が欲しいのか？
■人生での達成度は？　何を求めているのか？

コールドリーディングのときと同じで、これらの情報へのヒントはたくさんあるはずだ。服装、化粧、姿勢、身振り、目の動き、話し方、一緒にいる友人などをチェックしよう。

校正をマスターする

校正をマスターする方法は一つしかない――答え合わせをすること。

一番簡単な方法は、テレビドラマを音声なしで観ることだ。画面の登場人物の人間関係を可能なかぎり読みとる。それからボリュームを戻して、どのくらい正確に当てたか採点する。

少し上達したら、失礼にならない程度に、初対面の相手の情報を読みとる練習をするといい。読みとるのは、仕事、育った環境、学校の人気者だったか、兄弟の何番目か。会話のどこかで読みが正しいかどうか聞いてみよう。

これを気負わずにできるようになったら、友人と出かけたときに、二人以上のグループを相手に、彼らのことがどれだけ分かるかやってみよう。さっきの情報に加え、そのグループの人間関係、地元の人かどうか、だいたいどんな人物なのかといったことも読みとろう。

終わったら、近づいて答えを聞いてみる。もちろん笑顔で、怪しまれないように、興味津々という態度で聞くこと。笑い物にするとか、女に点数をつけているなどと取られないように。校正、愛情の構築、コールドリーディングの上達に必要な答え合わせができるだけでなく、ちょうどいいオープナーにもなる。今日のフィールドワークでそれが分かるだろう。

DAY 29

ミッション1　計りに乗る

昨日学んだように、ナンパには三つのポイントがある。君が何者なのか、何をすべきか、いつ、どのようにそれをすべきか。

今日は、君が何者なのかということを、さらに深く考えていきたいと思う。自分の人格を改善し続けることは簡単ではないが、いったん軌道に乗せれば、後は自動的にナンパや人生におけるゴールへと進み始めるだろう。そうなれば無理に指輪のルーティーンや自己アピールをする必要もなくなる。なぜならそこにいるだけで、自分の価値をデモンストレーションしていることになるからだ。

その人の魅力や希望といったものは、相互に関係する八項目の性質にまとめられる。ＤＡＹ９解説の、この性質の説明を読んで、それぞれの性質について十点満点で採点してみよう。

もし君が、友人と一緒に「ザ・チャレンジ」をやっている、ミッションについて誰かに話した、スタイルライフの掲示板で地元の仲間を見つけた、などのいずれかに該当する場合は、いったん採点を終えた時点で、その信頼できる仲間にも君の点数をつけてもらおう。

ミッション2　ラストスパート

今月、まだデートの約束も何もしていない君は、今こそ本気でやってみるときだ。

また、パーティーへの参加が確実な女性をまだ一人も確保していない君も、もう一度アプローチを試みよう。

「ザ・スタイルライフチャレンジ」は明日で終わりだ。

勝者になるための道具は君の手元に揃っている。やることはただ、その道具を使って実行することだけだ。

すべてのテクニックを駆使すること。そして、今日のためにもう一つとっておいた。会話を簡単にスタートするテクニックだ。

手元にノートか、白紙の紙を用意する。一番上に大きな文字で、「映画トップテン」と書く。そして一から十までの番号を入れる。

今日のミッションは、トップテン映画のリストを作成することだ。そしてパーティーで、この中から一つか二つ、バックに音を消して流しておくのだ。もちろん、この重要な仕事にはアシスタントが必要だ。

以下の五つの場所のうち一つを選んで行ってみよう。親切で心の広い女の子と出会えるはずだ。

1. トレーダージョーズやホールフーズマーケットのような、健康志向のスーパーマーケット
2. 有名ホテルのロビー、ラウンジ、バー、プールサイド
3. 大学の本屋、図書館、カフェ、学生会館

4. スピリチュアル関係の本屋、チャーチカフェ（訳注　alternative coffeehouse／地域の教会が運営する喫茶店。アメリカにおけるコミュニティ維持のための新しい教会のかたちと位置づけられる）、ヨガ教室
5. ワイン試飲会や映画のエキストラ採用審査など、地域新聞にある女性が一人で行きそうなイベント

リストとペンを忘れずに持って行くこと。リストに五つ、自分で映画のタイトルを入れる。だが、一位と二位は、彼女の貴重な意見のために空欄にしておくこと。

念のため会話例を挙げておこう。「こんにちは。映画に詳しそうだね。これから週一回の映画パーティーを企画していて、映画のトップテンを決めようとしてるんだけど、なんだか分からなくなって。今これだけ決まってるんだ」

それからリストを見せ、空欄を埋めるのを手伝ってもらう。資格没収として、ありきたりでつまらない映画を選んだことをからかい、愛情を作り出し、一番好きな映画では意見を合わせること。話が落ちついてきたら、意見を聞くオープナーや指輪のルーティーン、自分のストーリーなど、今月学んだテクニックで新しい会話の糸を繰り出そう。

ゴールはもちろん、パーティーのタネをまいて、彼女を招待し、電話番号を交換することだ。「ザ・チャレンジ」最終日の前日なので、時間は気にせず、落ちついて確実に番号を手に入れよう。

君のデート三昧の人生は、今日が第一日目になるのだ。

DAY 29
解説

君は何者なのか

ラ・ス・ベ・ガ・ス・システム（L.A.S.V.E.G.A.S）

下のそれぞれの観点から、十点満点で自分を採点しよう。まったく当てはまらない場合は一、まあまあなら五、完璧に当てはまる場合は十をつける。自分の考える自分ではなく、他人の視点で判断しよう。できるだけ正直に、現実的に採点してほしい。

容姿（Looks）

「ザ・チャレンジ」の最初で、容姿については顔よりも自分をどう見せるかが大事だということを学んだ。身だしなみ、姿勢、アイコンタクト、ポジティブな意味で目立つ存在か、という観点から自己採点しよう。プラス、君のスタイルが好きなタイプの女性にとって魅力的に映っているかということも。

●改善案

ＤＡＹ５のミッションを研究、再挑戦する。理想となるモデルを探す、女性と店に行って服、靴、その他の装身具を買う。

順応性（Adaptability）

堅苦しい男が女にモテないことに気づいているだろうか？　彼らに順応性のないことが原因だ。冒険心、自発性、独立心、リスクを厭わない姿勢、生活上の知恵、柔軟性、新しい状況や環境への適応能力などを基準に採点しよう。

●改善案

生きている間にやりたいことを書き出してみよう。仕事や人間関係ではなく、趣味や冒険といったことだ。例えば、スキューバダイビングを習う、サファリツアーに参加する、車のプラモデルを作る、トライアスロンに参加するなどでもいい。その中の一つにマルをつけ、六カ月以内にやり遂げること。それを六カ月後のカレンダーに書き込み、締め切りを厳しく守る。

強さ（Strength）

強さは女性を守り、安心させる能力だ。財産や鍛えた肉体でこれを示す男もいるが、そんなものは必要ない。しかもそれでは不十分な場合が多いのだ。採点では、コミュニケーション能力、強固なフレーム、自分で人生をコントロールしているか、他人の世話をする能力、自己主張、リーダーシップ、勇気、忠誠心、決断力、自信などをポイントにして判断しよう。

●改善案

上に挙げたものから、強さの点で付け加える必要のあるものを一つ選ぶ。そして、直ちにその強さのデモンストレーションを始める。レストランで友人の分まで注文して決断力を見せる。閉店まぎわの店と交渉して中に入れてもらい、コミュニケーション能力の高さを見せるなど。

価値（Value）

ＤＡＹ14で学んだように、人が誰と連携するかを決定するとき、相手の人間的な価値が重要な鍵となる。これには三つの要素がある。何を自分の価値と考えるか、彼女にとっての価値は何か、他人にとってはどうか。採点は次の観点から行う。グループのリーダー格、周囲に尊敬されている、人にものを教えられる、高い社会的地位を気負うことなく見せられる。その他の項目としては、知性、面白さ、才能、人を楽しませる能力、成功者、自分で自分のことができる、創造性が挙げられる。

●改善案

女性が君と十五分話した後、もう一度君に会いたいと思う理由を五つ考えてリストにする。会話中に君が見せる、あるいは自然と相手に伝わることを書くこと。それから、新しいテクニック、ゲーム、性質などを一つ身につけてリストに加える。

感情のつながり（Emotional Connection）

これは恋愛関係の基礎であり、化学反応のようにつかみどころのない概念だ。ここで言いたいのは、誰かを興奮させ、連帯感を持たせ、くつろいだ気分にし、自分のことを理解させ、親友やソウルメイトを得たような気分にさせる、そういった素質を持っているかということだ。ここでの採点基準は、初対面の相手に共通点を見つけられるか、人と深く親密な関係になれるか、自分の気持ちに正直になれるか、他人の言うことに耳を傾けられるかなどだ。思いやり、前向きな姿勢、無私、共感などもポイントになる。

●**改善案**

恐怖や不安、自己認識の欠如は、他者との感情的なつながりにとっての障害になる。たとえ苦しくても、毎日少しでも感受性を働かせ、心のオープンな状態で、自分の一番深い感情で人とコミュニケーションしてみよう。外向きのポーズや仮面、自分と他人を隔てる壁はすべて取り去る。人と意見が分かれても、自分を通そうとするのではなく、相手の考えに共感してみる。一人で熟考するタイプでなければ、自分の安全地帯から出て、セミナーや診療所に行って試してみよう。

ゴール（Goals）

ＤＡＹ１で話したように、ゴールとは今やっていることではなく、君がやりたいと望んでいること、やろうと思えばできることだ。ゴールの明確さ、思い描く夢、満たしたい欲求を採点しよう。ゴールにたどりつける可能性は、君の安定性、効率の良さ、粘り強さ、学習能力などで計ることができる。

●**改善案**

ＤＡＹ２で考えた自分の人生のゴールを見直そう。紙にゴールまでの実際の時間設定と、そこに至る通過点を書いてみる。必要なお金の総額、可能性のある障害なども記入する。これをもとに、考え方、情報、達成度などを毎年更新して、これを基準に生きることだ。

誠実（Authenticity）

誠実な人物とは、不完全な部分も含めて、自分に満足している人のことをいう。自分の心の調和を採点しよう。自分が外に見せている顔と、内面での本当の自分がどの程度一致しているだろうか。人格に正反対の性質があっても、それは心の調和とは関係ないことも覚えておこう。二面性、相反性、複雑な心の要素は、人間としての豊かさ、面白さにつながる。しかし、嘘、はったり、腹黒さなどはまったく別だ。

●改善案

人からこう見られたいと思う自分のイメージを紙に書く。それぞれの後に、それが心の奥の自分とどの程度一致しているか、一点から十点で採点する。点数が七点以下の項目には、それが一致しないのは何が問題なのか書き加える。例えば、堂々とした人物に思われたいが、本当の自分は五点くらいだと考えている。それなら問題は不安感だ。経済的な成功の点で評価が低いのなら、問題は財産が少ないことだ。これを克服するためには、自己啓発本やセミナー、セラピー、または転職、新しい趣味、サークルへの参加などを通じた生活の刷新をしよう。簡単に変えられるものではないが、一歩踏み出して後悔することは絶対にない。

自己評価（Self-Worth）

これが一番重要な項目かもしれない。ほかの項目も、基礎はすべてここにあるといえる。自分にどの程度の価値を認めていて、信頼しているのか。また、自分に対して恐怖感や不安感を持っていないかという点も考えて採点しよう。この世界に居場所を確立する意思を自分に問いかけよう。人からの批判をどのくらい受け入れられるか、他人から注目されたときにどれだけ堂々としていられるか、自分には絶世の美女に言い寄られる資格があるのか。最高のものしか似合わないと言われて、本当に信じられるだろうか？

●改善案

「ザ・スタイルライフチャレンジ」で最後に（あと一日を残すのみだが）言いたいことは、自分に自信を持ってほしいということに尽きる。ＤＡＹ30を終えても、自分を磨くことをやめないように。自分を厳しく監督し、足らない部分は伸ばし、抜けている部分は埋め、自分のハードルを上げていきながら、魅力的な人々との交流の輪を広げていこう。さらに経験を積んで、成功する喜びを味わったとき、君は今よりもっと自分の価値を理解するだろう。それが本当に自分のものになったとき、自然と人にも伝わるのだ。

総合得点（八つのカテゴリーの合計）は何点だっただろうか？

ラ・ス・ベ・ガ・ス・スコア（8で割った平均点）は何点だっただろうか？

この先の数カ月、ラ・ス・ベ・ガ・ス・スコアを上げることが君に与えられた長期ミッションだ。

真のベストな男になったとき、ベストな女を手に入れることはそれほど難しくない。

DAY 30

ミッション1　パーティータイム

まとまったミッションをやるには、今日の君は忙しすぎる。パーティーの主催という大仕事が待っているのだ。準備や手配にミスがないかを最終確認したければ、DAY24解説（☞262ページ）を読むといい。

一人も女性を招待できなかった（または何人来るか分からない）のなら、パーティーの前の二～三時間を使って、もう一度アプローチしてこよう。

ショッピングモールやカフェ、近くで女の子が集まっていそうなところへ行ってみよう。気に入った女の子やグループをフックポイントまで持ってきたら、自分に時間設定をして、彼らをパーティーに招待しよう。最終的に誰も家に連れて帰ることができなくても、パーティーをキャンセルしないように。それはまだ君の友人の輪とリーダーシップを強化できる素晴らしいチャンスなのだ。

パーティーが始まる時間になったら、ゲストがなかなか来なくても焦ってはいけない。すべて問題なく進むはずだ。ただ楽しめばいい。気になる女がリラックスしているかどうかを、いつも気にしておくように。しかし、彼女にかまいすぎて、気前のいい、魅力的なホストの役がおろそかにならないように。いつも全員が飲み物を持っているかを確認しよう。食後、彼女がパーティーを楽しんだようなら、残って後片づけを手伝うよう頼んでみるといい。家以外の場所でのパーティーなら、その後に行く場所を考えておくこと――居心地の良さそうなバー、ラウンジ、カレンダーのイベントなど。二人とも車で来たのなら、どちらかの車で一緒に行くことを提案する。もちろん二人きりになるためだ。

このようなパーティーを毎週、または月に一度くらいやるといい。そんな暮らしに、君にふさわしい女が必ず興味を示すはずだ。

ミッション2　自分を祝福する

おめでとう。君は「ザ・チャレンジ」の最終日にたどりついた。

ミッションをすべてこなし、自分が一カ月間でいろいろな意味で進歩したと感じることができれば、君は成功者だ。一生を暗い気持ちで生きる人々もいるのだから。

女とのデートにこぎつけた君は「ザ・チャレンジ」の難関をクリアした自分を誇りに思ってほしい。

ミッション3　真の男への道

ＤＡＹ31には何をするか。そしてその後の日々は？

この一カ月で自分がどれほど進歩したかを考えてみよう。そして次の一カ月、二カ月、三カ月間、このまま進歩を続けたときの結果も。

学ぶべきことはまだたくさん残っている。デートの進め方、誘惑のメカニズム、性的に興奮させるテクニック、身体の触り方、さまざまなロケーションでの対応、友人から恋人への転換法、もっと面白い男になる方法、男女の化学反応について、口説くテクニック、リーダーシップ、グループの力学、孤立、キス、男友達のサポートをするケース、ボディランゲージ速読法、グループ内での性的なテクニック……。また、何百という完成されたルーティーンや進んだコンセプトもある。君はまだほんの初歩を学んだにすぎない。

社会力学は筋力トレーニングとよく似ている。ジムに行くのをやめると、筋肉は消えて、元のサイズに戻ってしまう。だから最後から二番目のミッションとして、www.stylelife.com/Day31で、今後のプランを手に入れてほしい。

「ザ・チャレンジ」の道はこれで終わりだが、同時に新しい旅のスタートでもあるのだ。

では、次回の旅でまた会おう。

ミッション4　鏡の中へ

最後のミッションは、「鏡に映った自分を見る」。

誰だと思う？

俺はもう何年も厳しい訓練で自分を磨いているが、今でも鏡を見ると、まるで女にモテない、高校で一度のデートもしたことがない男が、鏡の中から俺を見つめていることに気づくことがある。外見や行動は違っていても、いまだに彼の目を通して世の中を見てしまうことがある。

俺がこれまでに出会ったチャレンジャーの中には、百八十度、変身してしまった者もいる。非の打ちどころのないイケメンで、誰もが憧れる仕事をし、いつも美女を引き連れ、一緒にいて最高に楽しい男だ。しかし、俺と同様、彼らもまた、鏡の中にかつての自分の姿を見ることがあるのだ。

鏡の中で君を見つめている男を愛せず、評価したり、感謝もできないのなら、視点を変えてみることだ。鏡の中に本当の自分を見つけろと言うつもりはない。そんな視点を持っているものは俺たちの中にもほとんどいない。しかし、鏡に昔の自分を見るのではなく、将来こうありたいと思う自分を見る努力をしよう。その男のことがもっと好きになるはずだ。

自分の思ったことが現実になるということを忘れないように。自分は社会的に不器用だと思うと、実際に不器用に振る舞ってしまい、他人も君のことをそのように扱うだろう。外見や実力に関係なくだ。

しかし、鏡の中に自分の将来像、つまり、明るく前向きで、自信にあふれた洗練された大人を見つけて、結果として彼の目を通して世界を見るようになれば、周囲の態度も変わるだろう。なぜなら、それは最大の敵に勝ったことを意味するからだ。つまり自分の中の古いプログラムを解いたということだ。

新しい気持ちで、鏡に映った自分をよく観察しよう。ＤＡＹ４で鏡を見たときのことを思い出し、その後に君が学んで達成した事柄を振り返ってみる。

鏡を見ながら、自分の姿勢、笑顔、雰囲気を意識して、一番うまくいったアプローチ、君との時間を心から楽しんでいた女がどんな様子だったかを思い出そう。最高の自分――どんな女からも一緒にいたいと思われる男――がこちらに向かって微笑んでいるのを見たら、心のカメラでその男を写す。そしてどこに行くときも、頭にその写真を持っておこう。その男は君だ。

新しい現実の世界へようこそ。

謝辞

「ザ・チャレンジ」は、何千回というアプローチのレッスン、『ザ・ゲーム』に登場したナンパ師たちとの交友、世界中の生徒からのレポート、数百の関連書籍や論文、ザ・スタイルライフ・アカデミーのコーチ陣の協力を集大成したものである。

特に二人の協力者の多大な貢献に重ねて感謝したい。読者もすでに解説ページでお馴染みの人物だ。

ドン・ディエゴ・ガルシアは、サンフランシスコを中心に、スタイルライフの上級コーチとして活動する心優しい人物である。数多くの重要ミッションは彼が企画した。また自身の最近の出来事などを電子書籍として数多く発表し、何千人という生徒の生活にポジティブな影響を与え続けている。本書では構成でも協力してくれた。

アメリカ中西部を拠点に活動するスタイルライフの上級コーチ、トーマス・スコット・マッケンジーは、文筆家としても著名である。文学的な雑誌（『Tin House（ティン・ハウス）』）から、一般の情報誌（『Stuff（スタッフ）』）まで、数多くの出版物や雑誌で執筆を行っている。解説に加え、もともとはマルチメディア用のコンテンツだった「ザ・スタイルライフチャレンジ」を書籍化するときの編集にも参加してもらった。

デッシ、ヘイズ、オーガナイザー、マスターの面々、ジュリア・コールダー、マダッシュ、ＤＪにも感謝の意を伝えたい。特にフェニックスとロークは、「ザ・チャレンジ」を肉づけする初期段階で、裏方として大きな力になってくれた。エボルブ、トミー・Ｄ、ジプシー、ブラボーなど、コーチ陣の協力も本書の完成には欠かせなかった。また、エクセプションの名で知られるチャレンジャーは、ＤＡＹ18のヴィレッジ・ピープルのオープナーの作者としてクレジットしておくべきだろう。また、ロークとマイケル・グレガスからも資料の提供を受けた。

さまざまな教えや交流を通して、俺の人生と本書に影響を与えてくれたナンパアーティストたちにもスペシャルサンクスを送りたい。今では舞台や映画で活躍するスターとなったミステリー、ビジネスの世界へ飛び込んだデイヴィッド・デアンジェロ、このバカげた活動の生みの親であるロス・ジェフリーズ、カーテンの奥の魔術師スイングキャット、そして偉大な作家であり、今は妻帯者となったジャグラー。

ほかにも、ここで名前を出せない人物が二人いる。これから出版を予定している本に登場する人物だ。しかし「ザ・チャレンジ」のアイデアは彼らに帰するところが大きい。この二人については次回作で語るつもりだが、何も言及しないわけにはいかない。ありがとう、二人とも。

編集チームのメンバーには、先に名を挙げた人々のほかに、アナ・G、エルシン・パータン、M・ザ・G、トッド・ストラウス、ドクター・M・J、ニコール・レネ、エイミー・モス、ケリー・ガーウィッツ、ローレン、エヴリン・ング、サラ・ダウリングがいる。

ソア・チョーとクリスティン・ハーランは事実考証と調査にあたってくれた。時間設定、ラ・ス・ベ・ガ・ス・システム、笑顔でアプローチするといった事柄すべてについて、心理学的、科学的な根拠になる論文は二人が見つけてくれた。また核になる実地調査チーム（訳注　実際に路上でナンパ実験をするチーム）を編成してくれたドリュー・ハスキーとニール・ヴォーラにも感謝を述べたい。

そして、言語に尽くせない最大級の謝辞を、ハーパーコリンズの編集部（カリー・カニア、マイケル・モリソン、デイヴィッド・ロス・エイ、リサ・ギャラガー、レイチェル・ロマーノ、チェイス・ボダイン、カシー・ジョーンズ、ブリタニー・ハンブリン、マイケル・シグノレリ、そして東部で最速の編集者、カル・モーガン）に送る。そして「ザ・チャレンジ」を本にするよう最初に提案してくれたジュディス・レーガンにも。

最後に、「ザ・チャレンジ」を完了し、自分で人生を動かし始めた読者にも感謝の意を述べる。成功談を聞くよりもいいことがあるとすれば、それは以前の君の写真と今の君を見比べることだ。君は『Body For Life（ボディフォーライフ）』誌の上をいっているのだ。

敬意を表する。

ルーティーンコレクション

「すべてこの世は舞台。俺たちはただの登場人物なのさ」

――ラッシュ（シェイクスピアより）

ここからのパートは、すべての読者を対象にはしていません

ここからの内容をこの概論に追加することに大きな疑念を抱いていることをここに記しておく。内容は不快な言葉、うさんくさい表現、嘘など、男女ともに嫌な顔をされそうな言語を含む。それは誤訳、誤使用の結果、常々非難されている言語であり、発言者をトラブルに巻き込むことになる。

しかしこの言語のおかげで俺は多くの友人や恋人を得て、人と楽しい時間を過ごすことができた。

自分で判断してほしい。暗記した台本をきっかけにして本当の恋人を作れると思うか？

経験からいうと答えはイエスだが、あえてそう主張するつもりはない。人々はこの言語をツールとして使えば「世界で最も重いもの」――つまり、初対面の人を信じることへの抵抗感を持ち上げることができることを理解しない。

自分の力で自然にそれができるのなら、ルーティーンは必要ない。「ザ・スタイルライフチャレンジ」のミッションをすでにこなし、まだ学習中なら、君の実力をさらに上げる素材になるはずだ。

ここにあるのは純粋に訓練のための教材であることを忘れないでほしい。

上達すればするほど、テクニックは不要になる。それがナンパなのだ。

ルーティーンコレクション 目次

イントロダクション

魔法の口説き文句など存在しない。しかし、ナンパの**台本**は存在する。

台本とは何だろう？　台本とは、状況説明とともに、女との会話を文章化したものだ。正しく使えば、どんなときでも確実にいい結果を得ることができる。

台本どおりにやるという考えに賛成できない人も大勢いるだろう。それは本当の恋ではないと言う者もいる。つまり彼らは、作られたテクニックではなく、自然に女を口説きたいわけだ。また、そんなことはあり得ないと言う女もいる。経験を積んだ女たちは、将来自分と結婚する可能性のある男たちを選別し、一瞬でそれぞれにイエス、ノーを判断することができる。自分を飾って女にイエスと言わせることは、この選別システムをショートさせることなのだ。

この台本を使えとけしかけるつもりはない。その代わり、自分で納得のいく本物のオープナー、ストーリー、作戦を考えるといい。

それでも、自分で素材を作り始める前に一度どんなものか見てみたくはないだろうか。ここにあるのはすべて実際に役に立つものばかりだ。かつて臆病すぎて女と話せなかった俺に、想像をはるかに超えた夢のような経験をさせてくれたのがこの台本なのだ。

いわゆるナンパコミュニティの興味深い点の一つは、それが国際的な研究所のようになっていることだ。この後で紹介するルーティーンは俺自身が何度となく使って成功しているもので、そうやって自分で効果を確認した後にコミュニティに情報を提供する。すると、世界中の何万という男たちが数日の間にそのルーティーンを実際のナンパに使用する。そして彼らの報告から、世界共通で使用できるルーティーンがどれかということがすぐに分かるのだ。ナンパの成功率が上がり、アプローチもナチュラル――その場で思いついたことを話すだけ――に落ちついた今の俺でも、女との会話が一段落したところで次のステップへと進むときなどにルーティーンを活用している。

また、ナンパが成功して彼女ができた後も、退屈なディナーパーティーをちょっと盛り上げるとき、契約のかかった大事なミーティングなど、応用できる場面は多い。

ここでは選び抜いた最高のルーティーン（アップデート済みの最新版）を紹介する。『ザ・ゲーム』に一言一句記述のあるものは除く（嫉妬深い彼女のオープナー、親友テスト、キューブ、発展段階シフト、二重誘導マッサージなど）。

これらのルーティーンは俺がもう何年もさまざまなバージョンを広めており、この本が出る前にすでに知れ渡っているものはなるべく避けた。それから、世界中で学生を集めてストリートチームを編成して実際にテストも行った。それぞれのルーティーンの前に、学生が行ったアプローチの結果と、

難易度（使いやすさ。レベルが高いほど高難度）、**認知度**（女がそのルーティーンをすでに知っている確率）、**成功率**（ルーティーンが狙いどおりの効果を生む確率）をリストにした。

面白いのは、ルーティーンを相手に見破られたとしても、普通の態度でいれば問題はないということだ。予想外の展開に腹を立てたり、ごまかしたりすることなく、落ちついて話を続けよう。

ここに書いてあるのは魔法の言葉ではない。成功するか否かは伝え方にかかっている。暗記した買い物リストを読み上げるような話し方では、豊かで深みのある人間関係は楽しめない。実際にルーティーンを使う前に、なぜ効果があるのかを理解しよう。そして、何か尋ねるときは本当に興味を持っているような態度で、相手を乗せるだけではなく、自分自身が楽しむつもりで使うこと。

コメディアンや役者のように観客との一体感を大切にして、あなたのためだけに話していますという空気を出そう。しかし、劇場と違い、屋外でのナンパの成功の鍵は、どれだけ即興で演じられるかだ。邪魔が入ったり、思わぬ反応が返ってきたときは、是が非でもルーティーンを最後まで終わらせようとするのではなく、相手の反応に乗ってしまおう。台本を君の個性や興味のある話題に修正することももちろん自由だ。

最後に、ルーティーンに初挑戦する前に、「ザ・チャレンジ」の関連ページに目を通せば、そのルーティーンの使い方の細かい注意やタイミングを知ることができる。オープナーは時間設定と意味づけをきちんと行うことが大切といったことだ。そして自分で考案した効果的なルーティーンは、友人や仲間のチャレンジャー、尊敬する作家にも必ず教えること。

最後の警告

ルーティーンはパンドラの箱だ。
無軌道なセックスを招き、十代の妊娠を増やす原因となりかねない。
決して使わないように……
……絶対に必要な場合を除いては。

「二段階のキス」オープナー

ルーティーン・タイプ：オープナー
難易度：レベル3（10段階）
成功率：91%
認知度：1.6%（統計は千回のテスト結果に基づく）
コメント：「いつでも反応のいい、定番のオープナー。面白い話題につながることが多いし、よくできていると思う」――グランドマスター・フレックス
発祥：『ザ・ゲーム』の執筆中、コートニー・ラブ（訳注　アメリカのミュージシャン。ニルヴァーナのカート・コバーンの元妻）に付き添って、ある表彰式に出席した。その後の祝賀パーティーで、彼女のボーイフレンドは、コートニーが女友達としょっちゅう浮気をするといって怒り始めた。彼女はそれは浮気ではないと言ったが、彼は理解しない。そこでほかの参加客の意見も聞くことにした。

あなた：みなさん、ここで今ちょっとした痴話ゲンカをしているんですが、意見を聞かせてもらえませんか？

参加者：何の話？

あなた：ある男に彼女がいたとします。彼女はある晩友達とバーに行き、そこで会った男と遊びで一晩過ごしてしまいました。これは浮気でしょうか？

参加者：浮気だ。

あなた：分かりました。ここからが本当の質問です。何をもめてるのか分かると思います。では、彼女が酔っぱらって、**女性**と遊びで一晩過ごしてしまいました。これも浮気でしょうか？

参加者：［**意見が分かれるだろうが、誰かが「違う」と言ったら、彼らの矛盾を指摘する（笑顔は絶やさずに）。**］

あなた：なるほど。面白いですね。実は、そこにいる僕の友人には彼女がいるんですが、その彼女には酔っぱらって女性と遊ぶ悪いクセがあるんです。どの男性にも同じことが起こる可能性がありますが、彼は浮気だと怒り、彼女は違うと言う。それでみなさんがどう思うか聞いてみようと思ったんです。

参加者：まいったな。状況によるっていうか……。

「愛と恋」オープナー

ルーティーン・タイプ：オープナー
難易度：レベル3
成功率：88・8％
認知度：1・5％
コメント：「グループを相手に六回試したけど、すべてうまくいった。だいたいの女の子は、同じように思うということだった」――ロス・ドッグ
発祥：ネットで知り合ったある女は、すぐに自分のトップレス写真を送ってきて、俺と寝るためにプロジェクト・ハリウッド（『ザ・ゲーム』執筆時に住んでいた家）にやって来た。俺はそれまでの経験から、電話や食事、夜一緒に遊ぶなどの手続きに時間をかけず、すぐに寝たがる女には、多くの場合、夫か彼氏がいることを知っていた。それで二人でベッドにいるとき、付き合っている相手はいるのかと聞いてみた。彼女は人妻であることを告白し、「彼のことを愛している。でも恋してない

の」と言った。小さなことかもしれないが、彼女にとってこの一文字の違いは貞節と不義を分けるのに十分だった。

あなた：どうも。女性の意見を聞かせてもらえませんか？「愛している」と「恋している」の違いなんだけど。女友達が彼氏にフラれたとき、彼氏は「愛しているけど恋してない」って言ったらしいんだ。その子は別の男友達も同じセリフでフラれたと聞いたらしいんだけど。実際、何が違うのかが分からなくて。

グループ：それは……

あなた：なるほど。確かに。親友を抱きしめて、「愛してるぜ」とは言えるけど、「恋してるんだ」と言ったら、気味悪がられて、下手したら殴られるかもしれないな。

「白いゲーリー・コールマン」オープナー

ルーティーン・タイプ：オープナー
難易度：レベル5
成功率：85・5%
認知度：1・8%
コメント：「正しく使えばすごく成功率の高いルーティーンだ。男女が混ざったグループに使うのはやや難しいかもしれない。その場合、最初に男の意見を聞いて、次に女の意見を聞いて比較するやり方がいいと思う」――メジャー
発祥：ある日、スイングキャットというナンパ仲間と一緒に、バーで彼の友人が来るのを待っていた。その友人はやんちゃな感じで自信たっぷりな男なのだが、最近彼女と別れたらしい。そこで俺たちは暇つぶしに彼と付き合いたい女を探すことにした。このオープナーはその夜大活躍しただけでなく、おかげで女が男の何に惹かれるのか（そして重要度のランキング）を知ることができた。

あなた：どうも。友達を待ってるんだけど、そいつが来る前に、アドバイスをもらえないかな。

彼女：どういうこと？

あなた：そいつは最近彼女と別れて、ずっと落ち込んでたんだけど、今日やっと飲みに連れ出すことができたんだ。早く次の彼女を欲しがっていて、君はそういうことをよく知ってそうだったから声をかけたんだけど。女は男の何を一番重要視する？

彼女：ユーモアのセンス［**答えは何でもいい**］。

あなた：なるほど、でも残念ながらユーモアのセンス［**彼女の答え**］はゼロだ。ほかに何かある？

彼女：たぶん、お金持ちかどうか［**答えは何でもいい**］。

あなた：金持ち［**彼女の答え**］ではないな。最近タコベル（注　アメリカのファーストフードチェーン）をクビになったばかりだし。

彼女：ふーん。面白くなくて、仕事もない人は付き合えないと思う。

あなた：もし、見たこともないイケメンだったら？　それか、ケタ外れに頭がいいとか。セックスがハンパじゃなくうまいとか。何かあると思うけど。

彼女：そうね。もし知的［**答えは何でもいい**］で、いろいろ教えてくれる人なら。

あなた：うーん、そんなに知的［**彼女の答え**］でもない。『アーノルド坊やは人気者』ってドラマ知ってる？　［**彼女がそのドラマを知ってそうになければ、映画『オースティン・パワーズ』のミニミーなど、背の小さな俳優の誰を例にしてもいい**］。そいつは身長150センチで、まったく面白くないゲーリー・コールマンの白い版みたいな奴なんだ。

彼女：［**笑って**］絶対に付き合わない。

あなた：かまわないよ。君はそいつの好みのタイプってわけでもないし。［**冗談っぽく言わないと、これで腹を立てる人もいる。その場合はこう言う**］冗談だよ。いいアドバイスをありがとう。ラジオの恋愛相談に出られるよ。

「魔術」オープナー

ルーティーン・タイプ：オープナー
難易度：レベル5
成功率：88・6％
認知度：4・4％
コメント：「このオープナーはポイントの部分を覚えるのが大変で、最初の六回くらいは苦労した。でも使い方が安定しない間も常にうまくいってたから、オープナーとしては役に立つ。どんな方向にも話を持っていけるから、後の自己アピールにスムーズにつなげられる」──ウィングディング
発祥：ナンパを学び始めた最初のころ、ミステリーと呼ばれるナンパ師が主催する勉強会に参加したことがある。彼は、「魔術ってあると思う？」という質問で女にアプローチするように参加者に指示した。彼はマジシャンなので、まずは飲み物を宙に浮かせたりして、その後に容易に言葉をつないでいけるのかもしれない。しかし俺は何の手品も知らない。だが幸運にも、デイヴ・ナヴァロ（訳

注　ロック・ギタリスト）の本を書いていたときに、彼の部屋を訪れたある女優がクッションの下にまじないを残して帰り、二週間後には彼の恋人になっていたという話を聞いたのを覚えていて、これをミステリーの適当な質問から会話をつなぐのに使ったのだった。

あなた：質問です。魔術ってあると思う？　例えば魔法の呪文とか。……変な質問でごめん。理由はあとでちゃんと説明する。

彼女：知らない。［**彼女が答えなければ、一瞬待ってからストーリーを話し始める**］

あなた：オーケー。向こうに俺の友達がいるけど分かる？　あいつはこっちに引っ越してきたばかりなんだ。それで、ある日クラブである女の子と出会ったらしいんだけど、タイプではないし、あまり興味もない。

彼女：そう。

あなた：その子が二～三日して彼の家に来て、二人は一緒に映画を見たんだけど何も起こらなかった。

彼女：［**驚いて目を丸くする**］

あなた：本当に何もなかったんだ。で、彼女が帰った後、部屋の掃除をした彼は、ソファのクッションの下に鳥の羽根みたいなものでくるまれた錆びた指輪を見つけた。指輪には巻いた紙きれが挟まっていて、広げると不思議な文字が書かれていたが、まったく判読不能で、それで俺に電話をしてきたんだ。話を聞いた俺が魔法の呪文みたいだと言うと、彼は竜の血とか書いた瓶を売っているようなオカルトっぽい店にそれを持って行った。で、店の女によるとそれはどうやら惚れるまじないらしいんだ。

彼女：うそー？

あなた：本当。それから不思議なことに、彼は急にその子のことが好きだと言いだしたんだ。一瞬も頭から離れないみたいな。外を歩いていると、花に包まれた彼女がいきなり頭に浮かぶらしいよ。どう思う？　魔術のせいか、何か心理的なものなのか。

彼女：そうね……。

「猫好き」コールドリーディング

ルーティーン・タイプ：オープナー／自己アピール
難易度：レベル3
成功率：87・5％
認知度：2・1％
コメント：「反応はさまざまだが、食いつきはいい。特に犬と赤ん坊のところが。その女と一緒にほかのグループに話しかける部分では、距離感が重要な気がする。でも単純にあまり遠くへ行かなければ問題ない」――メルツ
発祥：ある晩、俺はスタイルライフのコーチたちと晩飯を食いながら、女は何の話で一番盛り上がるのかを話し合った。あるコーチは恋愛だと言い、また、スピリチュアル、動物などの意見も出た。そこで俺たちは、恋愛についてのオープナー（「愛と恋」オープナーなど）やスピリチュアルなオープナー（「魔術」オープナーなど）はあるが、動物がテーマのオープナーがないことに気がついた。

そこで、その夜出会った女が家でどんなペットを飼っているか当てるゲームをやろうと思いつき、このときのゲームがオープナーへと進化した。このルーティーンでは、自分の経験で自由に飼い主理論を作ればいい。「ザ・チャレンジ」のDAY15で学んだコールドリーディングを組み合わせて使うことを忘れないように。

あなた：こんばんは。犬と猫、どっちが好き？　**［何度かこのルーティーンをやれば、グループのメンバーがそれぞれ猫タイプか犬タイプかをだいたい正確に当てられるようになり、会話のきっかけに使えるようになるはずだ］**

彼女：私は猫［**または犬**］。家で二匹飼ってるの。

あなた：へえ。俺の友達で、その人の性格から飼っているのが猫か犬か分かる奴がいるんだよ。そいつが言うには、猫タイプは自己主張がはっきりしていて、個性的で、強い信念を持っている人間が多いらしい。だからこそ女性的な猫を飼うんだって。陰と陽みたいなもので、犬タイプは逆にシャイで控え目なタイプが多いから、男性的な犬を飼ってバランスを取りたがるらしい。最初は信じてなかったけど、一応筋は通ってるから、本当かどうか確かめようと思って。

オープナーが終わっても、近くに話してみたい人がいたり、そのまま彼女と話を続けたければ、次のように続ける。

あなた：もう行くけど、その前にちょっと確かめてみないか？　［**一呼吸置く**］。あそこの人たちはどっちだと思う？

彼女：そうね。向こうの女性は猫で、隣の男性は犬かな。

あなた：よし、じゃあ確かめに行こう。

［**新しいグループに近づき（君一人でも彼女と一緒でも）**］、同じオープナーを最初から繰り返す。最初に声をかけたグループのところへ戻ってからも、同じ要領でさらに別のグループに声をかけてもいい。また、次のパターンに移ることもできる。

あなた：まだほかにも面白いことを聞いたんだ。二十代か三十代の女性が犬を飼い始めると、それは子供を産む準備ができたという意味らしい。何かの世話をしたくなるということだろうけど。

彼女：それは正しいかも。

あなた：男がペットをどう扱うか見れば、子供をどう扱うか分かるともいうな。

「フェイスブックストーカー」オープナー

ルーティーン・タイプ：オープナー
難易度：レベル3
成功率：84・5％
認知度：0％
コメント：「このオープナーとまったく同じことをしたという女を知ってる。俺は彼女に電話番号は教えず、フェイスブックでストーカーしな、と言ってやった、翌日、彼女からきっちり友達リクエストがきたよ」――クローバーシーフ
発祥：このオープナーはスタイルライフのコーチ、スティーヴン・グロッシュが提供してくれたものだ。彼がウェイトレスやバーテンをナンパするときに使用するオープナーということで、本書に収録することにした。ウェイトレスに好感度の高い、仲間に気前のいい男を演じるのが特徴だ。そして、ほかのすべてのオープナーと同様、事実に基づいている。オープナーに登場するウェイトレ

スには彼氏がいたが、最終的にスティーヴンはまんまと彼女を家に連れて帰ることに成功した。彼氏を愛してはいるが、恋は冷めてしまっているパターンである。

あなた：ちょっとプロの意見を聞かせてくれないか？　この間、数人の仲間と最高のレストランに行ったんだ。ウェイトレスも本当にいい子で、俺たちとすっかり意気投合した。最後には電話番号が聞けるかなと思ったんだが、それはやめておいた。彼女がチップ目当てに愛想良くしているのかもしれないと思ったから。ウェイトレスがよくやるだろ？　男性客と話すときに肩に触ったり。そうするとたいがいチップの額が上がるんだ。

彼女：冗談じゃない。

あなた：まったくだ。結局、その日は俺がおごる番だったので、支払いはクレジットカードでまとめて済ませた。店を出た後で、電話番号はまた今度、様子を見て聞いてみようなんて俺は思ってたんだ。ところが二日後、彼女から俺のフェイスブックに、みんないい男だった、また会いたいとメッセージが送られてきた［**好きなソーシャルネットワークサイトにアカウントを持っておくといい**］。どうやら俺のクレジットカードの名前を見て探したらしい。

彼女：すごいわね。

あなた：まだ返事はしていない。どうしようか迷っててね。君はこのウェイトレスのしてることはいいと思う？　それとも気味悪いと思う？

彼女：そうね。いいと思うし、頑張ってるって思う。
あなた：では、君が外で食事をして、ウェイターが後からフェイスブックにメッセージを送ってきたらどう？
彼女：それはすごく気持ち悪い。
あなた：男がやると気持ち悪くて、女ならいいってこと？ 納得いかないな。［**相手がウェイトレスかバーテンならこう付け加える**］ところで、別に変な意味じゃないけど、現金で払うから。

オープナーいろいろ

ルーティーン・タイプ：オープナー
難易度：レベル2（平均）
成功率：88％（平均）
認知度：1・5％（平均）
コメント：「髪の色に関するオープナーは使いやすいタイプの一つだ。テンションが中からやや低めのグループと会話を始めるときに手っ取り早くて効果的。ポイントは意味づけをしっかりすること。俺の定番の意味づけは、友達に、ブロンド、ブルネット、赤毛のどれが好きかと言ったら、そいつはカラスが好きだと言ったんだ」――ジェイドベリー
発祥：オープナーの多くは伝統的な質問を含んでいる。しかし、ナンパと悟られずに、場を盛り上げる話題はほかにもいくらでもある。これらの方法は、クラブなど騒がしくて、長い話を落ちついてするのが難しい場面で特に力を発揮する。ここでは追加的な短いオープナーをいくつか紹介する。

■ほら、あの男。さっき俺に、自分はカンフーをやるんだって言ってきた。なぜ俺にいきなりそんなことを言ったか分かる？

■ほら、あの女。自分は白い魔女なんだって、さっき俺に言ってきた。どういう意味だ？

■年上の女性と、年下の女性と、どっちが信じられる？

■茶色い髪はブルネット、赤は赤毛、黄色はブロンド。では黒髪は何て言うんだろう？

■シルク・ドゥ・ソレイユのダンサーがやってる、赤いひもにぶら下がって踊ることを何ていうの？興味あるからグーグルで調べようと思ってるんだけど。

■これちょっと持っててくれる？（彼女にグラス、カメラ、携帯電話などを渡す）……何かを持ってもらうのが、誰かと会話を始める一番簡単な方法だと聞いたから試してみたんだ。

名前記憶術

ルーティーン・タイプ：自己アピール
難易度：レベル3
成功率：96・9％
認知度：0％
コメント：「話のネタとしてすごくいい。みんな興味を持つし、思い浮かべるイメージが面白ければみんな大爆笑だね」――ジェイドベリー
発祥：ミステリーと俺がよくワークショップで教えたルーティーンに「ペグ・システム」というのがある。これは記憶術を使って、まるで何でも完璧に記憶できるように見せるテクニックだ。あるときホームパーティーで、俺があるスーパーモデルにこのペグ・システムをやってみせると、彼女は、前の彼氏がマジシャンで、同じようなことをやっていたと言った。記憶術に関するホームページも教えてくれて次に紹介する方法はそこで覚えたものだ。彼女の前の彼氏とやらもナンパアーテ

ィストなのか調べてみると、なんとそれはデビッド・ブレイン（訳注　「現代のフーディーニ」の異名を持つ、アメリカのマジックの第一人者）だった。

彼女：名前は？
あなた：［**名前を言う**］
彼女：私はヒラリー。こっちはドナ、そしてトニーよ。
あなた：オッケー……ヒラリー……ドナ……トニーね［**それぞれの名前の後で、止まって相手の顔を見る**］。前は本当に人の名前を覚えられなくて苦労したよ。
彼女：私も！　今も全然覚えられないの。
あなた：実は、それを克服する方法がある。今のやり方が間違っているんだ。例えば、俺は昔、頭の中でその名前を繰り返して、十秒後にはもう忘れてた。俺はもう行かなきゃいけないんだけど、せっかくだから超簡単な名前の覚え方だけ教えてあげる。
彼女：ええ。
あなた：人と会ったりするときにすごく便利なんだよ。誰かに紹介されたとき、ただ頭にイメージを浮かべればいいんだ。君はヒラリーなので、俺はヒラリー・クリントンの顔を思い浮かべる。悪い意味じゃなくて。ドナの場合は、日の出《ドーン》のイメージ。頭の上に太陽が昇るような。トニーは、コーンフレークの箱に印刷された君の顔を思い浮かべる。キャラクターのトニー・ザ・タイガーみたいにね。

試してみるといいよ。

以前はこの後に俺の名前でテストしたりしていたが、自分を印象づけているようで、ちょっとわざとらしい感じがする。自分の代わりに、友人、またはそこにいる誰か知らない人（別に気になっている女を巻き込めるとベスト）を使って、人の名前、名字、ミドルネームの覚え方をコーチしよう。例えば、トーマス・スコット・マッケンジー。話を次のように進めること。

あなた：ただイメージを浮かべるだけでは駄目で、はっきりした映像を頭に焼きつけること。では最初に、トーマス・ジェファーソン（訳注　アメリカ合衆国の第三代大統領）のかつらをつけた彼を想像する［**相手が頭に映像化するのを待つ**］。その下の顔はスコット・バイオ（訳注　アメリカの俳優）。［**少し間を置く**］マッケンジーは、例えば、片手にマクドナルドの巨大な黄色いエムの字を持って、もう片方の手には笑顔のケン人形（訳注　バービーの恋人「ケン」という設定でマテル社より発売されている人形）を持ってるとか。これでトーマス・スコット・マッケンジーの出来上がりだ。

例えはそのグループに関係していると思うものに自由に変えてかまわない。よく分からなければ、同じ名前の人がいないか聞き、その人物の顔を頭に描くようにさせればいい。

このルーティーンの面白いところは、その後で（特にトーマス・スコット・マッケンジーをやった後)、あるいは翌日電話したときでも、まだ名前を覚えているかどうかを確認するときだ。もし正しくやり方を教えていれば、少し考えたとしても、必ず思い出す。グループがまだこの話題で盛り上がっていれば、話のどこかでこれがどういう仕組みかを次のように説明してもいい。

あなた：人の名前を覚えるときに頭の中で繰り返す人が多いけど、これはあまり効果がない。なぜなら、誰でも赤ん坊のときは言葉を知らない代わりにイメージを使って世界を解釈し、理解する。だから、何かを記憶をするには、はっきりとした映像にして頭に保管しておくのが一番いいんだ。これは誰でも生まれてからずっとやっていることだからね。

血液型占い

ルーティーン・タイプ：自己アピール
難易度：レベル6
成功率：88・5％
認知度：0％
コメント：「グループとかなり親しくなったときに一番効果を発揮し、次のステップにもスムーズに進める。二人の嫌味な女連れにもよく効いた。君はたぶんO型だねと一方に言ってその意味を説明すると、彼女は賛成して自分でも調べに行くと言ってたよ」――シューレ
発祥：『Emergency（エマージェンシー――現代のサバイバル術）』の執筆のために医療関係の勉強をしていたとき、輸血のときにどのタイプとどのタイプの血液が適合するかを学んだ。これを聞いて俺は驚いた。というのも、星座占いに夢中な人がこれほど多くいて、天空の神々の動きが行動や人間性に影響を与えるというのなら、自分の血管を流れる血液と、当然あるはずの影響にも、少

なくとも同じだけの注意を向けるべきではないだろうか？　そこでその晩、スタイルライフのコーチ、ジョージ・ロックウェルと話をして、血液型に基づいた性格診断と相性の適正に科学的根拠があるのかを調べてみようということになった。その翌日、彼はさっそく日本の血液型占いを見つけてきた。それを少し修正したものがこれだ。

あなた：この間、日本から来た友人が言ってたんだが、人間の性格（と相性）は血液型で決まるらしい。星占いと同じようなものだけど、何百光年も離れた空の彼方のものよりも、人間に与える影響は体の中を流れている血液のほうが強く、診断も正確にできるんだって。俺も今のところ、その正確さに驚いているよ。ところで君は自分の血液型を知ってる？

■自分の血液型を彼女が知らない場合

あなた：知っておいたほうがいい。全体としてどの程度正確なのか、興味あるんだ。そうだな、どの性格タイプが自分に一番合うか試してみようか。それで、血液型が分かったときにそれが正しいかどうか確認すればいい。

■血液型を知っていた場合

次の分析結果に進もう。コールドリーディングの技術で多少の尾ひれをつけるのは自由だ。携帯電話やメモにコピーしておけばいつでも参照できる。もし聞かれたら、友人の言ったことを思い出せるように書き写したと言えばいい。

次に挙げる適性は、男女関係においてだけのことで、輸血とは関係のないことを理解してほしい。実際の医療にルーティーンは役に立たない。

タイプ別分析結果

A型：農民タイプ。A型の人には多少の重圧でも落ちついていられる安定感がある。働き者で、自分のペースで物事を進めるのが好き。これは自分に合った相手と堅実な関係を作ることにもつながる。ときどき孤独を感じることがあるが、こういうときに驚くほどの芸術的才能を見せることがある。また、シャイで感傷的になったりもする。あまり表には出さないが実は野心家で完璧主義。頑固で人一倍警戒心が強いという一面もある。A型は、同じA型、AB型と相性がいい。

B型：狩人タイプ。すべての血液型で最も頼りになるのがB型。始めたことは必ずやり通す。指示されたとおりに物事を進めることができるが、与えられた仕事に自分なりのやり方を見つけてこなすのが好き。一本気な性格で、今やっていることに集中するあまり周りが見えなくなることも。人と関わるときに感情よりも理屈を優先するため、冷たく見られることもある。個人主義、あるいはわがままだと思われることが多い。Ｂ型、ＡＢ型と相性がいい。

ＡＢ型：僧侶タイプ。恋愛に対して情熱的だが、予測できない二面性を持っている。熱心で冷淡、臆病で自信家、パーティー人間であり、また誰よりも恥ずかしがり。責任を負わされるのが非常に苦手。正直で信用できるが、習慣やぬるま湯的な空気を嫌う。ＡＢ型はどの血液型とも相性がいい。

Ｏ型：戦士タイプ。Ｏ型の人は活発で社交的。常に高い目標を持っている。感情的で流行を追う傾向があるが、何か気に入らないことがあるとすぐに冷めてしまう。これは恋愛にも言えるので注意が必要。人に注目されるのが好きで、人の話もよく聞く。思ったことはすぐ口に出し（考える前に言ってしまうことも）、だいたい自分に自信を持っているが、嫉妬深い一面も。相性がいいのはＯ型とＡＢ型。

ちょっと休憩

あなた：ちょっとニールさん、ルーティーンを使ってみても全然駄目なんですけど？
ニール：そんなはずはない。俺は何百回も使っているし、世界中に愛用者が何千人もいるんだから。
あなた：僕の場合は駄目みたいですね。
ニール：なるほど。何か理由があるな。「ザ・チャレンジ」を終了したか？
あなた：（弱々しく）いいえ……。
ニール：おそらくそれが理由だろうな。まず「ザ・チャレンジ」を終わらせてから、あらためて挑戦すればいい。
あなた：どうしてもやらないといけませんか？　ＤＡＹ８で急に難しくなって挫折したんです。
ニール：もちろん。相手への伝え方、メカニズム、そして一番肝心な、どのポイントで使うかを理解していなければ、ルーティーンは使いこなせない。
あなた：では、タイミングがすべてだと？

ニール：タイミング、声のトーン、ボディランゲージ、一体感、状況判断、好奇心、自発的な気持ち、態度、感性、経験。全部が全部大切。どれ一つ欠けても駄目だ。女だけの問題じゃない。これは君自身の問題で、自分を今よりもいい男にできるかという話なんだ。自分が輝けば、ルーティーンも輝き始める。

ファイブクエスチョンベット

ルーティーン・タイプ：自己アピール／ゲーム
難易度：レベル2
成功率：95・7%
認知度：0%
コメント：「これはバーで雰囲気を盛り上げたいときに簡単にできるゲーム。それぞれ違う相手で、電話番号、酒、プライベートな質問、キスなんかを賭けたけど、それが全部手に入ったわけだ」
――20スポット
発祥：修行時代に俺は、あるギャンブラーと一緒に週末を過ごし、彼がバーの客を引っかけて酒をおごらせる数々の賭けゲームを教えてもらった。そのときに一つ印象に残ったのは、たとえ賭けに負けても、みんなそれだけの価値のある時間だったと考え、喜んで彼に一杯おごっていたことだ。ここで紹介するのは、今でも俺が一番好きなゲームだ。

あなた：いいか、最初に誰が飲み物［**あるいは、小額のお金、コーヒー、マッサージ、何かほかの小さいもの**］をおごるか、面白いから賭けにして決めようか。ファイブクエスチョンベットっていうゲームだ。

彼女：どんなの？

あなた：これから五つの質問をする。君はそれに嘘の答えをする。絶対に嘘のつけないような、ひっかけ問題はなし。五つの質問に全部嘘の答えができれば君の勝ち。

彼女：分かった。

あなた：それとできるだけ非現実的な答えをすること。そうすれば嘘だとはっきり分かる。いい？

彼女：オーケー。

あなた：一度練習する？　それともすぐ始める？

彼女：すぐ始めましょう。

あなた：いきます。君の名前は？

彼女：ビル。［**いきなり本名を言って、負けになってしまう人もたまにいる。こういう人とは長い付き合いをしたいとはあまり思わないだろう**］。

あなた：いいね。今いるのは何ていう街？

彼女：バチカン。

あなた：最高。このバー［**カフェ、ショッピングモールなど何でも**］の名前は？

彼女：ウォルマート。

あなた：よし。では……［**少し間をおいて、声のトーンを変える。手を顔に当ててうつむき、少し戸惑った様子で**］、今いくつ質問したっけ？

彼女：［**ここで「三」と答えれば君の勝ち。君のトリックを見破った彼女がほかの数字を言ったら、そのまま五問目へ進む。**］

あなた：［**びっくりして驚いたように**］やられた。このゲーム知ってるだろ？

彼女：いいえ、知らないけど。

あなた：よし！　勝った。ごちそうさま。

彼女：あ、やっちゃった。

あなた：じゃ、君が落ち込まないように、タネ明かしをしてあげる。次からは友達におごらせればいいよ。四番目には必ず、「今、いくつ質問したっけ？」と聞く。この質問はもともと親切な相手を引っかける効果がある。そして五番目の「このゲーム知ってるだろ？」は、エゴイスティックな人を引っかけるための質問だ。つまり、この二つの質問でほとんどの人をカバーできる。君の場合はどうも親切な人ではなかったようだね。［**または、「君は親切な人みたいだね」**］。知っておいて損はない。

驚愕のテーブルマジック

ルーティーン・タイプ：自己アピール／マジック
難易度：レベル5
成功率：81・3％
認知度：0％
コメント：「オープナーとしても使える。その場合はこう言えばいい。「ちょっといい？　友達が信じないから見せてやろうと思ってるんだけど」。たいてい女たちは後からどうやるのか知りたがるので、楽しい雰囲気になる」――シンフォニー
発祥：ロスのジェリーズ・ダイナーで友人に自己アピールのやり方などを教えていたとき、支配人のマイクがテーブルにやって来て、パーティーゲームの話になった。俺が基本的なものをいくつか紹介すると、マイクは高校時代に覚えたものを見せたいといい、俺の友人に何かささやいた後でやったのがこれだ。

効果

あなた：面白い話があるんだ。人間は行った場所にエネルギーを残すんだって。君が何かに触ったら、それには君の精神的な痕跡が残っているらしい。

彼女：本当？

あなた：例えば、テーブルにこうやってモノを集める。［**こう言いながら、携帯電話、キーホルダー、丸めたナプキンなどを六個集める。それらを二個ずつ、三列に、サイコロの六の目のように並べる**］。俺がいない間に、どれでもいいから触ってみて。後で君のエネルギーを感じてどれに触ったか当てて見せるから。別に触らなくても、少し手をかざすだけでもいい。

その場を離れる。君にはテーブルが見えないということが女に分かるように。戻ったら、一つ一つに手をかざして、残ったエネルギーを探す。ドキドキ感がじゅうぶん高まったと思ったら、答えを言う。

あなた：これだろ？

彼女：当たり！　どうして分かったの？

あなた：［**一瞬黙ってから、しぶしぶ**］誰にも言うなよ。

彼女：分かった。

あなた：［**笑顔で**］俺も誰にも言わない。

種明かし

このルーティーンを始める前に、君の助手になる人物の前に飲み物のグラスとナプキンを置いておく。君がいない間、助手は女が何を選ぶかを観察しておく。君がテーブルに戻る前に、助手は飲み物に口をつけ、ナプキンの端か角の、彼女の選んだものの場所と一致する位置にグラスを置く。

モノは二個ずつ三列に並べられている。もし彼女が上段の左にあるものを選んだのなら、助手はナプキンの上段左にグラスを置く。二段目の右側を選べば、ナプキンの中央の右端にグラスを置けばいい。

俺はこれを見破られた経験は一度もない。だが、もし彼女がこの手品を知っていたり、鋭く見破ったり、君がヘマをしたとしても、何も気にすることはない。自分が超能力者だと言いたいわけではなく、ありきたりな会話をやめて、何か面白いことをしようというのが目的なのだ。みんなが笑顔になっていればルーティーンは成功だ。

嘘つきゲーム

ルーティーン・タイプ：自己アピール
難易度：レベル5
成功率：75%
認知度：3・4%
コメント：「活字で読んだときは難しそうに思えたが、やってみるとうまくいった。このルーティーンの理解を深め、表現力をいっそう高めるには、YouTubeでダレン・ブラウン（訳注 超常現象は存在しないと公言し、心理学や催眠術、暗示を使ったパフォーマンスをする英国のネタばらし系イリュージョニスト）の動画を見たり、グーグルでNLPや人間の無意識の目の動きについて調べるといい。『ライ・トゥ・ミー――嘘は真実を語る』など、テレビの人気番組で見たことがあると言われるかもしれないが、そんなときはもっと本格的なのを見せると言えばいい」――ダイヤモンド
発祥：社会行動学を知るために百数十冊の本を読んだが、その中の一冊、デヴィッド・リーバーマ

ン著『相手の本心が怖いほど読める！――社交辞令、ごまかし、嘘から深層心理まで』（三笠書房）を『ニューヨーク・タイムズ』誌の記事でインタビューしたカーリー・サイモンに勧めたことがある。一週間後、彼女から電話があり、その本を十冊買ったという。「気に入ったみたいだね」と言うと、彼女は「私は読んでないけど、何冊も買って友達に送ったの。こうすればみんな私に嘘をつくのが怖くなるでしょう？」。彼女のコメントは嘘を見破る方法の非常に巧妙な洞察の一つであり、このルーティーンにも通じるものだ。

あなた：誰かの言ったことが本当かどうか、いつでも見破れる方法があるのを知ってる？　これを知ってると便利で、例えば夜遅く帰った彼氏が「仲間とボウリングしてた」と言っても、その場で嘘を見破ってひっぱたくことができる。

グループ：知りたい。教えて。

あなた：オーケー。では誰か嘘つきの役を決めよう。君でいいや。ほかの人たちは……。

［小声で、嘘つき役に聞こえないように］

あなた：彼女が質問に答えるときの目の動きの変化を観察するんだ。

嘘つき役に質問

あなた：ではいきます。兄弟か姉妹はいる？
嘘つき役：［**答える**］
あなた：分かりました。ではその中から一人選んでください［**誰もいなければ、自分の車か寝室のどちらかを選んでもらう**］。では、兄弟について真実を五つ思い浮かべてください。口に出さず、頭に思い浮かべるだけ。それと、俺が言うまでは始めないように。俺が「二」と言ったら、本当のことを一つ思い浮かべる。「三」と言ったら次を考える。大丈夫？
嘘つき役：分かった。
あなた：そしてその五つの中に嘘を一つ混ぜること［**彼女に事前に考える時間を与えないよう、これは最後に言う**］。では始めます。一［**間を置いて、彼女が思い浮かべるのを待つ**］。二［**間を置く**］。三［**間を置く**］。四［**間を置く**］。五［**間を置く**］。

ほかのメンバーに

あなた：どれが嘘だと思う？
グループ：絶対に三。

あなた：俺は一か三だな［正解の確率を上げるため、答えを二つ言っておくのも手だ］。

彼女：そのとおり、答えは一よ。どうして分かったの？

あなた：人間は何かを思い出そうとするとき、脳のある部分にアクセスして情報を引き出す。でも嘘をつくときは脳の別の部分を使うんだ。そして相手のさまざまな目の動きを追うことで、脳が何かを考え出そうとしているのか、それとも記憶をたどっているのかが見分けられるんだ。

正解者が誰もいなかった場合はこのように続ける。

あなた：嘘がうまいな。付き合ったら大変だ。でも、ほかにもまだ二つ、嘘を見破る方法がある。一つは相手が目をそらしたとき。嘘を言った後、目をそらしてはいけないと分かっていても、たいていは視線をよそへ向けてしまうものだ。では、もう一つの方法を今から手早くやって見せよう。今度は別の人に嘘をついてもらう。［**グループから一人をピックアップする**］。では、昨日したことを三つ言ってください。（全員に聞こえるように）そのうち一つは嘘で。

彼女が三つ言い終わったら、**最も嘘らしいものから一つずつ選んで、立て続けに細かい質問をする。**スイミングプールに行ったということなら、「どこのプール？　何時間泳いだ？　どんな水着を着た？　誰が隣で泳いでいた？」といった具合だ。彼女の答えは気にしなくていい。**君が探すのは、口**

ごもる、答えに詰まる、笑い出す、罪悪感で笑い出すなどの反応だ。そこで嘘がばれるのだ。

あなた：これが三番目の方法。空港の税関員のように相手を質問攻めにするんだ。答えは気にせずに質問を浴びせる。するとやがて彼女のようにボロを出すんだ。

「ファット・バスタード」チャレンジ

ルーティーン・タイプ：ゲーム
難易度：レベル3
成功率：87・5%
認知度：0%
コメント：「最初に予想したようなネガティブな反応はなかった。食いつきは良くて、みんな何かしら言いたがる。最後に出てくる銃についても、批判的な雰囲気にはならなかった。驚かされたのは、多くの女が百万ドルの賞金になびいたこと。ある男は食事がタダになるのなら太った男とでも寝ると言っていた」　――ペンドラゴン
発祥：あるとき友人のケンドラとの夕食の席で、彼女にいつも退屈なとき（失礼！）にする質問をしてみた。（あくまで妄想の範囲で）大金を持っていたら何をするかという質問だ。その後、質問はなぜか、いくらもらえば映画『オースティン・パワーズ』に登場するファット・バスタードと寝る

かという内容に変わったのだが、俺は彼女の答えに驚いた。彼女は百万ドルもらっても寝ない、さらには死んだほうがましとまで言い切ったのだ。

あなた：『オースティン・パワーズ』に出てくるファット・バスタードを知ってる？
彼女：ええ。知ってる。
あなた：ファット・バスタードくらい太っていて、十倍くらい性格の悪い男と寝たら一億あげると誰かに言われたらどうする？
彼女：寝ない。
あなた：十億なら？　それも一回だけ。
彼女：冗談じゃない。
あなた：三十分だけなら？　心を閉ざして別のことを考えていればいいんだ。それで十億が手に入る。もちろん税金もなし。
彼女：彼を徹底的に酔わせて私と寝たと思わせるとか、何か方法を考えるかも。
あなた：それは駄目。きちんとセックスすることが条件。
彼女：じゃあ駄目ね。
あなた：オーケー。では百億では？　口座の残高が百億だぜ？
彼女：嫌。

あなた：まじで？　百億なら俺でもファット・バスタードとやるぜ？
彼女：私はしない。
あなた：絶対？　絶対に誰にもばれず、俺すら気がつかないとしても？
彼女：うーん。分からない。しないと思う。たぶん……。

ここまで「ノー」と言っていた女の半分は、最後の部分で意見を変える。

あなた：では最後の質問。これが終わったらまた退屈な話をしよう、天気とか。銃を突きつけられて、「ファット・バスタードと寝ないと殺す」と言われたら？
彼女：逃げる。
あなた：おいおい、例えばの話だぜ？　ほかの可能性はない。ファット・バスタードと寝るか死ぬか。どうする？
彼女：［**答える**］
あなた：なるほど。男なら必ず、死ぬくらいならファット・バスタードと寝ると答えるんだが、女性の半分はそれでも嫌だと言うんだ。どういうことかな？

スタイル流ＥＶ

ルーティーン・タイプ：愛情の構築／自己アピール
難易度：レベル5
成功率：89・7％
認知度：0％
コメント：「ほかのルーティーンよりも少し難しいと思ったが、やるだけの効果はある。初めての使用で番号交換までたどり着いた。女はこのテストに大喜びで、本当にいいことを聞いたと言っていたよ」——エレホン
発祥：神経言語プログラミング（ＮＬＰ）の勉強を始めたころ、女に何かをさせたいとき、相手の根本的な価値観を表現する言葉を見つけ、同じ表現で頼めば断られないことを教わった。しかし、俺はすぐにＮＬＰは人に隠れて学ぶものではなく、公然とやったほうが倫理的に正しく、また効果的だということに気がついた。そこで俺は、よくセラピストが相手の価値観を探るときに使う方法

（価値観把握、ＥＶ）を、会話の中で女に自分のことを理解させる（もちろんこちらにも相手のことが分かる）プロセスに修正した。俺はこのプロセスをナンパのときだけでなく、雑誌のインタビューを行うときにも毎回使っている。短時間で相手を理解するには最高の方法だ。

あなた：面白いことを教えようか。最近知り合ったやつに相手をよく知るための方法を教わったんだ。自分のことさえ知らない人がたくさんいるからね。

彼女：どんなの？

あなた：三つ簡単な質問をする。それで君の人生の目的と、何が生きる原動力なのかが分かる。

彼女：へー。やってみて。最初の質問は？

あなた：第一問。自分の人生に意味があると感じるために必要なものを一つ選ぶとしたら？　**「質問が漠然としすぎていると思えば、「一番幸せなのは何をしているとき？」と聞いてもいい」**。

彼女：「**やっていて幸せなことを答える**」。

あなた：よし。「**幸せなこと**」にはどんないいことがある？　何を経験する？　**「この質問も漠然としすぎだと思えば、「（幸せなこと）をやっていて最高なのはどんなとき？　ベストなシナリオを答えてください」」**。

彼女：「**いいことをいろいろ答える**」

あなた：オーケー。では今でも将来でも、「**幸せなこと**」をやっていると想像して。それは君に「**い**

ろいろといいこと」をもたらします。「**彼女のベストなシナリオを描写する。彼女が使った言葉をそのまま使うこと。なぜならその言葉の一つ一つには、彼女にとって辞書の定義以上の特別な意味があるから**」。どんな気持ちがする?

彼女：さあ……?　いい気分かな。

あなた：もう少し深く気持ちを探ってみよう。一分前に君は笑顔だっただろ?　そのときの気分はどうだった?

彼女：「**気持ちを答える**」

ここで彼女の口から出る言葉は、「**満足**」「**安心**」「**自由**」「**喜び**」といったものだろう。「いい」「幸せ」などのあいまいな言葉であれば、もっと**具体的な表現へ彼女を導こう**。どうしても思いつかないようならこう言う。「**言葉で表現するのは難しいかも。でも君の心の中にある気持ちを口に出すことができれば、それが君の根本的な価値観ということになる**」

あなた：これで終わり。「**気持ち**」が君の価値観の核だ。言い換えれば、君はこのために生きてるともいえる。有名になりたいからと俳優になる人がいる。でもこれは正しくない。その人が本当に欲しいものは、そうなったときの気分「**気持ち**」なんだ。不思議だと思わないか?　さっき想像してと言ったとき、君は実際にその気持ちを数秒間味わったんだ。どう?

彼女：本当ね。

あなた：俺たちは今、君の人生のゴールを五分間で満足させたんだ。もう死んでもいいだろ？「**一呼吸おく**」。真面目な話――そして本当に言いたいことは――これから君が、仕事でも男でも友人関係でも、何か大事な決定をするとき、それが君をこの気分「**気持ち**」にさせるかどうかを自分に問いかけるんだ。もしそうなら迷わず選べばいい。そうでなければやめておいたほうがいい。

彼女：すごい。面白いわね。

あなた：じゃあ五十ドルね。タダでこんなこと教えないよ。

「秘密の私」ルーティーン

ルーティーン・タイプ：愛情の構築
難易度：レベル5
成功率：100%
認知度：0%
コメント：「女のコンプレックスを驚くほど簡単に知ることができる。それに面白い。考えることが少ない分、スタイル流EVよりも使いやすい。女たちのキャラクターがバラバラに現れて大笑いできる」——サンドバル
発祥：ある晩、俺は、当時付き合っていた彼女と、スマッシング・パンプキンズのビリー・コーガンの三人で食事をした。そのときコーガンは俺と彼女に、人が心に持っている負の側面、問題、不安などに効く心のエクササイズを教えてくれた。その後俺は何百回もこのエクササイズを人にやってみたが、人の価値観を変える力のある、実に強力なものだ。しかし、自分の弱い部分を見せたが

らない女性もいる。事前にお互いの信頼関係を築き、安心感や愛情をある程度感じられるようになっておくことが大切だ。彼女がこのルーティーンをあまり好きでないようなら、さっさとやめて別の話題に移ろう。

あなた：多くの人は自分の嫌いな部分を隠そうとするが、完全に隠し通すことは不可能だ。隠そうとしても、それはバネの上に押しつけているようなもので、やがて大きな力で跳ね返ってきて君の性格を支配してしまう。最近、このことに関係した面白い心理テストを友人に教わったんだ。嫌いな自分を扱うときの、隠すよりももっといい方法。

彼女：どうするの？

あなた：君にもやってみよう。四つ質問します。全部本当のことを答えないと効果がないからね。

彼女：分かった。

あなた：最初の問題。たぶんここが一番つらい。自分の性格で一番嫌いなところは？　人に見せたくない、いわば秘密の自分。ときどき消してしまいたいと思うような。［**もし相手が自分のことをよく知らなかったり、質問の意味を理解していなければ、ネガティブな性格をいくつか挙げてみて選ばせたり、君が思うものを当てはめてもいい**］。

彼女：［**ネガティブな部分**］

あなた：次に、その嫌いなところを名前で呼ぶとしたら、何と呼ぶ？　例えば、友人は自分の悪いところは相手を束縛したがるところで、それをデクスターと名づけた。

彼女：オーケー。じゃあ私は［**名前**］と呼ぶことにする。

あなた：よし。［**名前**］はどんな外見をしてる？　どんな服を着てどんな特徴がある？　友人によると、デクスターは真っ赤な色をした赤ん坊で、悪魔みたいに先の割れた尻尾がついていて、手に音叉をもって空中に浮いているらしい。

彼女：［**描写する**］

あなた：では重要な質問。自分が嫌いだと思う部分は、今は不要だが、以前は君の役に立っていたのかもしれない。だから、それに新しい役目を与えてやれば抑えつけて隠す必要はなくなる。例えば、友人はこのテストをやったとき、自分の束縛癖に新しい仕事を見つけようと思った。彼は俳優だったので、デクスターを自分のマネジャーにしたんだ。その後デクスターは彼自身を束縛して、きっちりとリハーサルをさせ、遅刻せずにスタジオに到着させ、演技の反省をさせ、経歴に沿った仕事を選ばせ、彼を几帳面に働かせた。また、別の短気な友人はそのエネルギーをジムでトレーニングするときに使って自分を駆り立てている。君が［**名前**］を生活の邪魔者としてでなく、建設的に使いこなすにはどんな仕事をさせればいいだろうか？

彼女：［**仕事**］

彼女が秘密の自分に適当な仕事を見つけられない場合、君が代わりに何か考えてあげるか、その性質をリフレームしてポジティブにすればいい。その後はギアを変えて、「セラピスト」という役割から は逃げ出してしまおう。

あなた：完璧。これで［**名前**］は［**仕事**］として働く。今後は君の足を引っ張る代わりにポジティブに助けてくれるはずだ。これは本当にすごい心のエクササイズなんだ。次は何か軽い話をしようか。テレビ番組は何が好き？

ナンシー・フライデー式欲望喚起法

ルーティーン・タイプ：口説き
難易度：レベル4
成功率：100％
認知度：0％
コメント：「俺のお気に入りのルーティーン。出会って数分の女が性的な夢を語っているのはシュールな光景だ。五週間後に結婚式を控えた女にこのルーティーンを試したことがあるが、さあどうぞといって自分を差し出してきた！」──ティグズ
発祥：女とセックスするには上手に騙して連れ出すしかない──ジャック・ダニエルやグレイグースなど酒の力を借りて──と考えて人生の大半を過ごした。そしてナンパの修行を始めてからも、数カ月はなかなか最終ラインを越えることができなかった。電話番号の交換までこぎつけても、その後に肉体関係へと踏み出す度胸がなかったのだ。これを乗り越える最初のステップが、読書を通

じて真実を知ったことだった。その真実とは、女も男と同じくらいセックスが好きで、しかも男よりも数倍それを楽しんでいるということだ。最初のころ読んだ本にナンシー・フライデーの『My Secret Garden（秘密の花園）』がある。ムラムラしてどうしようもない気持ちになることとは別に、安全に会話をセックスへと向けるタイミングというものがある。そんなときこの本は最高の話のきっかけを提供してくれる（注　本書のストーリーが事実に基づくものかどうかは明らかにされていない）。

あなた：世間というのは、男性よりも女性への関心のほうが断然高いみたいだな。例えば六〇年代には、ある大学教授が女性はセックスを夢想したりしないなんて著書に書いてる。

彼女：でもそれは……

あなた：分かってる。この教授の説は正しくない。だから女性作家のナンシー・フライデーが返答として『秘密の花園』という本を書いた。教授の誤りを証明するため、彼女は女性数百人に性行為について何を夢想するかインタビューしたんだ。男の夢がどれも同じような紋切り型なのに対して、女性がセックスに見る夢はもっと過激でバリエーションに富んでいたんだ。これは女性が若いころに性的に想像力を抑圧されるせいじゃないかと思う。犬や父親がおしっこをしているのを見て、「それ何？」と聞くと必ず、「悪い子だ。女の子がそんなことを聞くもんじゃない」と叱られる。結果として彼女たちの性に対する知識は抑えられ、大人になってから劇的にいろいろな形で開くんじゃないかな」

彼女：面白い考えね。

あなた：まあね。ナンシー・フライデーがインタビューした女性は基本的に全員男性との性行為の経験があったが、フェラチオも正常位以外のセックスもしたことがなかった。しかし奔放な夢を持っていたんだね。フライデーによると女性の心は家のようなものなんだそうだ。それぞれの部屋に別々の夢が入っている。匿名のセックス、ほかの女のセックス、大勢に見られてのセックス、奴隷のようなセックス、娼婦、セックスの最中に他人や別のものに変身する部屋なんていうものまである。もちろん女性全員が心にすべての部屋を持っているわけではないけど。例えば君の場合、一人でどきどきするようなことを考えるとき――経験や可能性の有無は別として――、今言ったようなことを考える？ それともまったく別のこととか。

彼女：そうね……。

あなた：面白いことに、多くの人は自分が興奮することを考えても、それを夢のままにしておきたいと思うんだ。俺が前に付き合っていた女性の夢は、舞台上の機械の上に馬乗りに縛りつけられてロボットに犯されるのを、客席を埋める白衣の科学者たちが見物しているというものだったよ。［**少し間を置いて**］いや、実際にはやらなかったけど。

彼女：［**自分の夢を話す**］

あなた：それ面白い。すごいな。女性にはたくさんのオーガズムがあって――膣、クリトリス、複合、体全体――、そして、たいていはそれらをいくつかまとめて感じることができる。でも男は一度射精したら終わり。女性のと比べると楽しくも何ともない。そう考えると、セックスがしたくて相手を追いかけるのは男ではなくて女の役だと思わない？

ここまで話したら、この話題はいったん止めて、セックスと関係のないことをしゃべろう。君がまったく関係のないことを楽しそうに話す間、彼女は今の話を心の中で反芻している。

七分間のデート

ルーティーン・タイプ：口説き
難易度：レベル6
成功率：65％
認知度：0％
コメント：「このルーティーンをやり抜くには強力なフレームを持っていることが必要だ。どれだけ自然に行えるかが勝負で、そのためには気軽で楽しい雰囲気作りが必要。最大の難関は女を友人のグループから引き離す部分で、自分の場合はグループを楽しませておける有能なサポーターか、彼らを黙らせる強力な女性の援護が必要だった」――ドクダン
発祥：『ザ・ゲーム』を書いていたころの俺がよく遊んでいた仲間の一人にマダッシュというナンパアーティストがいる。知らない人ばかりの場所へ毎晩出かけては、全員と親友になって帰るといった毎日だった。当時、俺たちが道すがら考えたルーティーンの一つが「ホールルーム・デストロイ

ヤー」（ボーナスルーティーン！）だ。笑って会話に興じている女に、「ちょっといい？　気になる男がいたら教えて。俺が紹介してあげる。でも、君たちを一番楽しませるのは絶対に俺たちだ。補償する」と話しかけ、進行中の男女の駆け引きをすべてぶち壊しにしてしまう。女が誰も選ばないときは、俺たちが一番だと認めたのだとマダッシュは解釈した。同じ夜に考えた愉快なルーティーンを教えよう。これは『影響力の武器』にある原則がベースになっている。つまり、販売におけるベストな方法とは、手間をかけないこと。だから俺たちもデートの約束を取りつけるのになるべく手間を省くことにした。このルーティーンの成功率の低さが示すように、ポイントは校正の精度だ。最初に女が自分に興味を持っているかどうか確認すること。そして彼女が一人で君についてくることに消極的なら、お目付役として友人たちも誘えばいい。

あなた：君は素敵だよ。たぶんまた会いたくなるだろうな。もし向こうにいる男たちの誰かが俺の立場だったら、デートに誘ってると思う。でも、デートなんて面倒くさいだろ？　好きになるかどうか分からない他人とテーブルをはさんで四時間も向かい合っていたい？

彼女：同感。そんな話ならいくらでもあるもの。

あなた：そうだ。そんな手間はかけずに、今ここでデートしてしまうってのはどう？　七分間のデートだ。［**時計を見る**］。今、九時五十分。九時五十二分にそこのテーブルで待ち合わせない？

彼女：いいわよ。じゃあ後で。遅れないでよ。

そこで彼女と会う。ここでデート用の自己アピールをしてもいい。

あなた：おっと。もう九時五九分だ。あっという間に時間がたつな。おかげで楽しい夜になったよ。ごめんね。俺、最初のデートではキスしないんだ。

きちんと握手を交わす。これで終了する場合。

あなた：本当に短い付き合いだったけど、君が悪いんじゃなく俺の責任だ。正直まだ誰かと真剣に付き合う気になれなくて。悪く思わないでくれ。

その後に二回目のデートをしてもいい。二度目なので、今度はおやすみのキスをしていい。

あなた：今夜は本当に楽しかった。またデートしないといけないな。今、二分くらい時間ある？

四段階の手テスト

ルーティーン・タイプ：スキンシップ
難易度：レベル3
成功率：91・7％
認知度：0％
コメント：「これをやるといつも会話が弾み、いい感じで先へ進める。女が言うことを聞かなければ振り返って彼女の手を軽くひっぱたくんだ。罰としてね。ある女は怒って口を尖らせたけど、その唇はその後すぐ俺のものになったよ」――ドリューダー
発祥：いい雰囲気になったときにすぐキスしようとするのは、俺が以前によくやったミスだ。キスに向かって段階的にスキンシップを広げていくことを学んでから『ザ・ゲーム』で説明したフェイズシフト・ルーティーンを思いついた。しかしその後、性的な緊張感に慣れてくると、ボディラン

ゲージを磨くことで少ない言葉でも同じゴールに到達できることが分かった。

彼女がリラックスしているだけでなく、もっと親密な関係になりたがっていると感じたら、彼女を違うフロアへ連れて行き、君の友人に紹介したり、何か飲んだり、遊んで楽しもう。一度「雰囲気を壊す」のだ。覚えていてほしいのは、初めて体をくっつけるときは決して君から引き寄せてはいけない。

テスト1

■席から立ち上がったら彼女の前に出て、右手を後ろに伸ばして彼女のほうへ手を差し出す。手のひらを真上に向けて、彼女が君の手を取りやすいようにする。もし何らかの理由で、彼女が君の手を取らなかったり、君の手の上に自分の手を重ねただけで握ってこなければ、だいたいの場合、彼女の気持ちを読み違えたか、まだ体を触れ合う準備ができていないということだ。彼女が君の手を握れば次へ進もう。

テスト2

■手を握ったままバーを横切って反対側へ移動するときに、握った彼女の手をゆっくりと緩める。それ以外に手のポジションを変えてはいけない。彼女の手がまた君の手に繋がれたままならば、次のステップへ進む。

テスト3

■目指す場所に着いたら彼女の手を離し、その後数分は彼女に触れてはいけない。そのまま友人、DJ、バーテンなど、第三者に話しかける。周りに誰もいなければ、後のパーティーのことでメッセージを確認するなどと言い電話をかける。

■君が彼女と反対のほうを向いて第三者（または電話）と話している間、何気なく彼女の手を取る。君のことを忘れたわけじゃない、早く用事を終わらせて君と話を続けたいということを伝える態度を見せる。彼女のほうはなるべく見ず、なるべく体だけを向けるようにする。そうすればするほど彼女は安心して君の手を握っていられる。そのまま彼女が君の手を楽に握って、手を離す素振りも見せなければ、最終の第四ステップへと進む。

テスト4

■誰かと話している間、親指で彼女の手の甲をなだめるようになでる。彼女もそれに応えて君の手をなでてきたら、キスをする準備はできたと思っていい。

■しかし、その場でキスする必要はない。二〜三分そのままで、そして手を離す。体を離すのはいつも君が先だ。彼女が身体的な接触の扉を開いた今、さらに十五分待ち、そして初めてのキスをしよう。

スタイル式キスクローズ

ルーティーン・タイプ：スキンシップ
難易度：レベル5
成功率：81・5%
認知度：3・6%
コメント：「このルーティーンを、四段階の手テストと組み合わせて五回、単独で三回試した。単独でやったときは一度失敗し、また、このルーティーンを知っているという女も一人いた。その女は前の彼氏もファーストキスのときに同じセリフを言ったらしい。それでもキスしたけどね」――プロディジー・アルファ
発祥：君とキスしたいと思っていない女にキスさせるルーティーンはない。キスを狙ったルーティーンのポイントは、二人の間の溝に橋をかけ、相手にネガティブな自動反応を起こさせることなく、自然な流れで愛情へと気持ちを誘導することだ。俺が初めてこのルーティーンを使ったのは出会っ

たダンサーと「キューブ」という心理テストをやっていたときだ。そのとき俺は、ルーティーンが完結していないにも関わらず、早く行動に出ないとキスへの扉が閉じてしまうことに気づくという経験をした。忘れてはならないのは、一般に考えられているのとは逆で、ファーストキスは夜の終わりにするのではなく、デートの途中、二人きりになったときにするということだ。

話やルーティーンの最中に、彼女の目を見つめたまま、口ごもって間を置いてみよう。まるで何かに気を取られたように。

あなた：……それでこう言ったんだ……どの……持ち上げて……外に……ちょっと待って。
彼女：どうしたの？
あなた：そんな目で見ないでくれ。困る。
彼女：そんなってどんな？

彼女の頭に手を乗せ、優しく横に向ける。

あなた：これでいい。どこまでしゃべったっけ？　そうそう、それで言ったんだよ……くそっ。こっちへ来い。

このときに、**彼女が君のほうを見て笑顔なら、かがみこんでキスしていい**（彼女の口まで一直線にかがみこむ必要はない。少しは協力させよう）。まだ君に確信がなければ、代わりに**「くそっ。こっち来い」と言った後にこう続ける。**

あなた：俺は君にキスしたいのを必死に耐えてるんだぜ。そんな目で見つめないでくれよ。

こう言って彼女の反応を見る。**彼女が目をそらさない、**あるいは**恥ずかしそうにうつむけば、そのまゆっくりとキスする。**

明らかに「ノー」の空気が流れたり、急に言い訳を始めたり、「またまた、可愛いこと言って」と君を子供扱いし始めたら、話題が代わる前に笑顔でこう言おう。

あなた：ちょっと落ちつけよ。俺にはまず信頼と安心と心の触れ合いが必要なんだ。ちょっとふざけたけど、まだ我を忘れるまではいってない。［**少し間をとる**］。ここにいる誰が君に何を言おうとね。

最後の詰め

ルーティーン・タイプ：スキンシップ
難易度：レベル6
成功率：82%
認知度：0%
コメント：「このルーティーンのことは正直あまり本気にしていなかった。彼女のブラを外す段階になって彼女が「ノー」と言ったので、俺は了解してインコと遊び始めた。それから五分以内に俺たちは再びベッドの上にいて、それから十分後には二人とも裸になっていたよ」――ボーンズ
発祥：男が緊張するのは女に声をかける前だが、女が一番緊張するのは後戻りできない性的な壁を越えるときだ。男の多くが大慌てでそのラインを越えようとして失敗するが、皮肉にも彼女たちに一線を越えさせる一番早い方法は、そこでペースを落としてどっちでもいいという態度をとることなのだ。このルーティーンは、俺がこのテーマについてコミュニティや心理学のテキスト、経験か

ら学んだことを簡単にまとめたものだ。

ステージ1　信頼関係の構築

■彼女とすっかり親しくなってしまう前に、どこかのポイントで次のことを伝えておこう。

あなた：女性の多くは、男と寝るまでにどのくらい待てばいいのか悩む。好きな男と寝るまでに何回くらいデートすればいいのと女性に聞かれると、俺はいつも「男を全然分かってないな」と思う。

彼女：どうして？

あなた：つまり、その子と寝られるまでいつまでも待つ男もいる。こういう男たちは「何かを手に入れる」まで何カ月も辛抱する。女性の多くが理解していないのは、初めてのデートが終わる前に、男はもうその女性が自分の彼女としてふさわしいかどうかを判断してしまっているということだ。その男に君の本当の価値が分かるまでやらせてはいけない。これが真実だ。別の言い方をすれば、彼が君のことをただのセックスの対象として以上の……本当の君を考えていると分かるまでは寝てはいけない。でも会った瞬間に通じ合える人と出会うこともある。これも正しい。君がその男とその夜に寝ようが一週間後に寝ようが、彼が君を見る目は変わらない。俺の経験では、本当に情熱的な恋愛は出会いから情熱的に始まるものだ。普通の男はだいたい、女性がすぐにやらせるかどうかで彼女を判断したりしない。逆にややこしいことが終わったと安心して、二人の関係はもっと発展するだろう。

彼女：そういうものなの？　よく分からないけど。

俺：本当だ。俺の友人になかなかの遊び人がいて、そいつはある晩、出会った女と十五分後には風呂場でセックスしていたが、なんと二人は結婚してしまったよ。化学反応は実際に起きるんだ。そのほかに大事なことは、控え目で裏切らない男を選ぶこと。君は起こったことを友達に全部話してしまったり、洗いざらいツイッターに載せてしまうような子ではないだろ？

彼女：ええ。

あなた：よかった。こういうのが本当の私生活なんだと思う。これは人には見せないものなんだ。

ステージ2　自分からストップする

■誰でも女に「やめて」とか「もっとゆっくり」などと言われたくない。そのためには言われる前に提案をすることだ。彼女から反抗的な気持ちや不安を感じたら、キスをやめ、何かに触っていればすぐ手を離し、次のセリフを言う。

あなた：いったん中止だ。少しペースが速すぎる。

彼女：そうね。

あなた：少し話そうか。そうだな、君は馬に乗ったことがある？

■彼女が何か話したら黙って聞き、君も少し話してから再開する。彼女が質問や会話に退屈してキスの続きがしたそうならこう言う。

あなた：やめた。おいで。

■必要なら次のステップに進む前にこれを二～三回繰り返す。

ステージ3　女の理性を揺さぶる

■自分で言う前に彼女に急ぎすぎと言われてしまったときは素直に従おう。その瞬間の雰囲気に浸っているとき、論理的な議論は状況を悪くするだけだ。彼女は自分の気持ちに反応しているだけなのだ。だから、情熱はそのままで少しペースダウンする。そうして自分を「悪い」と認めながらも愛撫を続け、お互いの気持ちを高めていくのだ。

彼女：ちょっと止めて。

あなた：そうだな。こんなことするべきじゃないな。
彼女：分かるでしょ？
あなた：ああ。後戻りできなくなるのが怖い。

ステージ４　突き放す

■さまざまなテクニックを駆使したあとで、それでも彼女が君を止めたり、手を払いのけたりするなら、最後の手段として彼女の言うとおりにしよう――しかし彼女が思う以上に。腹を立てたり、がっかりしたと思われないように気軽にすること。

■ただ距離を取るだけで彼女が再び求めてくることもある。しかし、かなり極端にやらないと効かないケースもある。こういう場合は、電気をつけ、音楽を止め、パソコンでメールをチェックし、退屈なテレビ番組をつけ、携帯で誰かと意味のない会話を交わしたりする。

彼女：怒ったの？
あなた：いいや。ただ人の気持ちは尊重したいんだ。何事も無理はしたくない。少し極端かもしれないけど、育ちのせいかな。誰かがノーと言ったら本気で嫌なんだろうと思うから、もう二度としない。これが俺の生き方で、正しいと思ってる。誰かとセックスするときは本当に気分良く、翌朝目が覚めたときに幸福で、やるたびに良くなっていくようなものにしたい。もしそれが相手の本当に欲しいものとは違って、その人がどうしても納得できないというのなら、それはやっぱりやめたほうがいいんだろう。そう思ってる。

■こう言うと、ほとんどの場合、女は君に寄り添い、再び親密さを求めてくる。そうならなければ、少しの間仕事をしたりテレビを見てから、「来いよ」と言って再び愛撫する。また、「手をどけろ」「シャツを脱げ」と言うだけで、さっきよりも彼女は気軽にそうするはずだ。

ステージ5　最高の男になる

■彼女に自分が軽い女だと感じさせたり、君にもてあそばれていると思わせないことはもちろん、これまでのことを全部ひっくるめて君にとって一番大事なことは、ベッドで最高であることだ。AV男優のようにではなく（AVは男性の夢を満足させるために作られている）、女の心と体を本能的に理解するロマンスの主人公のように。彼女に自分の体の知らないことを教えてあげたり、未経験のことを楽しませれば、彼女は君と一緒にいたがる。『The Guide to Getting it On（セックスの手引）』やマンタク・チャの『タオが教える性奥義』（講談社）のような本を読んでみよう。物欲しげだったり、女に飢えた男に見えないように君のすごさを体で分からせれば、彼女は自分から君を誘惑してくるだろう。

ダブルデート3P

ルーティーン・タイプ：スキンシップ
難易度：レベル6
成功率：100%
認知度：0%
コメント：「このルーティーンのおかげで初めて3Pできた。二人目の女とは一緒にいるのも初めてだった。彼女たちが来たとき、俺は机の上にナンシー・フライデーの本を置いて別の夢を語った。そして一度部屋を出て、また戻ってくると女たちは二人でいちゃついていた。俺はベッドに乗って、『ずるいぞ。こっちへ来い』と言ったんだ。一人にキスし、もう一人にもキスして、十分後には女たちは俺をベッドに押し倒していた。俺は『ベッドが壊れないだろうか』とぼんやり考えていた。最高だった」――ハイプ
発祥：『ザ・ゲーム』で、3Pに持ち込むための二重誘導マッサージについて書いた。しかし、リラ

ックスしているときに自然に始まる3Pには多くの女が驚くほど抵抗感を持たないことに気づいてから、俺はもう少し大胆に振る舞うようになった。それ以降、俺はこれから紹介するテクニックで挑むようになったのだ。これは君のセックスフレンド二人を、みんな仲間というスタンスで合流させるルーティーンだ。

1. （女1）が君と二人きりのときに、「女同士でキスしたことある？」と聞く。
2. 別のときに（女2）に同じ質問をする。
3. もしどちらもほかの女性と経験があって後悔もしていない、または興味があるということなら、ルーティーンを先に進めよう。
4. 3Pがしたいと自分では決して言わないこと。先ほどの質問は、一度したらもう二度と話題にしてはいけない。
5. 両方の女と同じ日に会う約束をする。それぞれに、「俺の家で会って、その後で友人と合流して飲みに行こうか」と言う。もしどちらか一方が、もう片方に比べて君との関係が強く、一人占めしたがる傾向があるのなら、その女を三十分早く家に呼んでおこう。家に君以外の誰かがいるとはどちらにも言ってはいけない。
6. 両方の女が君の家に来るところを見計らって電話をする。「面白い奴を一人招待しようと思うんだ。君も好きになると思う」

7．女はいいよとは言わないかもしれない。だが嫌だとも言わないだろう。女がイエスと言うのを待たず、そのプランが彼女に伝わり、明確ではないが（可愛らしい、どちらともとれるような答え方をすることが多い）、一応賛成したと感じられたら直ちに話題を変え、別のことを話す。次の会話例はもっと疑い深い女をモデルにしたものだ。

あなた：今夜、面白い奴を一人招待しようと思うんだ。
彼女：どういうこと？　おもちゃ？　それとも人間？
あなた：人間。名前は［**名前**］。
彼女：［**長い沈黙**］
あなた：俺たちはお互い何か新しいチャレンジをしようっていつも言ってるだろ？　でも実際にはなかなか実現しない。だから今日やってみようと思うんだ。
彼女：第三者が入ると関係が壊れるって、友達に言われたの。
あなた：その人に対しては何の義務もない。ちょっと試して、違うなと思えばそれで終わりだ。俺たち二人がいい気分で、やってみようと思えるかどうかさ。そうでなければ追い出すだけだ。
彼女：私たちのベッドにほかの女が入って来て落ちつけるとは思えない。
俺：そりゃそうだ。最終的には男の態度次第だと思う。自分のことだけ考えていたらほかの人が楽しいわけがない。これでは説得力がないし、当然うまくいかない。でも彼女を楽しませ、新しい経験をさせるためということなら、全員がリラックスできる素晴らしい経験になると思うよ。

彼女：［**沈黙**］

あなた：［**話題を変える**］ああ、今、外で座ってるけど、本当にいい天気だ。暑くも寒くもない。今どのあたり？

彼女：あと十五分で着きそう。

あなた：了解。待ってるよ。

8. 二人の女が到着したら、女性でも遊べるテレビゲームや、ストーリーを話して聞かせたり、洋服だんすをチェックして不要な服を捨てる作業を手伝ってもらうなど、エッチな要素のないことで楽しませる。

9. 飲み物を勧める――酔わせて判断力を失わせるためではない。ほんの少しロマンチックで、ハメを外してみようかなという雰囲気さえ作ればいい。

10. 最初の十五分の間に、トイレに立ったり、電話をかけると言って部屋を出る。数分間女を二人きりにして馴染ませることが大切。

11. 部屋に戻って間もなく、今度はベッドに移動して、やはりエッチ以外のことをして三人で遊ぶ（コンピュータに保存した写真や動画を見せるなど）。君が二人の間にいるよりも、気持ちが君に近いほうの（女1）を真ん中に置く。

12．ここに至って二人の女はこれから何が起こるのかを理解する。そしてふざけたり、目くばせしたりして行動を開始するだろう。君は何気なく（女1）といちゃつき始める。その間、（女2）の手を握っておく。

13．そして（女2）とも愛撫を始める。このときに二人の顔が（女1）の真上に来るようにする。

14．そして（女2）から顔を離す。必要なら（女2）の顔を（女1）のほうへそっと寄せる。おそらく二人は激しくペッティングを始め、3Pが始まる。

プレイの間、どちらの女にもまんべんなく注意を払い、嫉妬を起こさせないように気をつける。たとえ自分の楽しみを犠牲にしてもだ。

二十回に一回は女同士でキスしたがらないことがある。それでも彼女たちはどちらも君とは一緒にいたいと思っているので、この場合は単純に二人と代わる代わる愛し合えばいい。たとえ目を合わせるだけでも、二人に対して公平に注意を向けるように。

エピローグ
女性読者へ

あなたはこの本を読んで、こう思うかもしれない。「えー？　あの男が私にしたのって全部ルーティーンじゃん！」

そしてこう考える。「騙された！」

俺がこの文章を書いているのは、皮肉でも出まかせでもなく、男は女性の前でうろたえて嫌われないためにルーティーンを使うのだということを、君に再認識してもらうためだ。

君は騙されて嫌いな男と寝たりしないだろう。一方で、君にとって好きな男と寝ないことは非常に容易だ。本書のルーティーンの目的は、好きで仕方のない、欲して止まない相手を気持ち悪がらせたり、退屈のあまりあくびをかみ殺したりさせないことなのだ。

もしこの本に書かれている何かが君を嫌な気分にさせたとしたら、男女のゲームは男が考えたものではないことを思い出してほしい。俺たちはいつでも君に歩み寄って声をかけたいと思っている。「こんにちは、連絡先交換しない？」「お茶しようよ」「結婚しよう」「そこの路地でエッチしない？」。

これで多少でもうまくいくことがあれば、君は毎日何百人という男たちに同じ言葉で言い寄られるだろう。それで結果的に女性は優良物件と不良物件とを分ける審査システムを発達させたのだ。

ルーティーンはこのシステム――君が意識していなくても必ず持っている――に従ってデザインされているが、最終的に判断するのは君だ。イエス／ノー、いい／駄目を決めるのは、あなた自身なのだ。ある男がルーティーンを使うかどうかは、その男が真面目なのか、それともただやりたいだけなのか、いい男なのか、それとも悪い男なのかという事実とはまったく関係がない。

もし男が本書に収録したテクニックを使っているとして、それが意味するのは彼がこの本を読んだということと、彼が緊張、経験不足、不安感などで君を失いたくないと思っているということだけだ。

これでもまだ騙されたと思うだろうか？　もちろんそうだろう。有名な恋愛コメディーはすべて騙し騙されるところから始まる。目の前の素敵な男性や、成功者を装った男の嘘を知りながら恋に落ちた場合でも同じだ。

何かを操ろうとするのは人間の本能だ。赤ん坊が泣くのは、両親を操作して愛情や食べ物を手に入れるためではないだろうか？　君が男と出会ったときに考えるべきは、「この人は私を騙そうとしてる？」ではなく、「私を騙そうとするのはいい理由から？　それとも悪い理由から？」なのだ。

そして、もしそれがいい理由なら、どうすればいいかは知っているはずだ。

スタイルダイアリー

ここで寛大なる読者諸君にお聞かせするのは、私が過ごした、人生の特異な一時期についてである。ここで語る記録は、興味深いのみならず、示唆に富み、人類に大きな利益をもたらすものであると確信している。こう信じるからこそ発表するのであり、同時に、多くの場合、われわれに失敗や欠陥を公にすることを躊躇させる、繊細で高潔な精神を裏切ることへの弁明ともなろう。実際、英国民気質にとって、自分の道徳的堕落や欠陥を見せびらかす人間ほど、わずらわしいものはないのである。

——トマス・ド・クインシー『阿片服用者の告白』（1821年）

ルールはわれわれの生活、希望、幸福に強い影響力を持つ。

ルールは論理ではなく、感情に支配されている。

ルールは人類の歴史を通して常に一定であり、人種、文化、国籍とは無関係である。

ルールは不変である。

ルールを知る者は異性の愛を勝ち取り、結婚し、子孫を得て不滅の存在となる。

ルールを知ったために、裏切られ、捨てられ、押しつぶされ、苛まれ、殴られ、刺され、射殺された者もいる。


取り扱いには細心の注意が必要となる。

本書の意図は、世の中にルールを広めることではなく、むしろ警告し、触れさせないようにすることなのである。

スタイルダイアリー 目次

イントロダクション

「君のゴールは？」彼は質問した。

「ゴール？」

「そうだ。自分が何を目指すのか知らなければ、その方法も分からないだろう」

「たぶん、質と量、バリエーションかな。出会ったばかりの女とやる、クラブのトイレでフェラチオさせる、一日おきに別の女と寝る、いろんな女といろんなセックスをする。これが俺のゴールだ」

彼が黙って聞いているので、俺は話し続けた。他人はもちろん、自分にもこんなことを言うのは初めてだ。数年前、ナンパアーティストの地下組織という形をした、女にモテる秘密を記したロゼッタストーンを発見したすぐ後のことだ。「処女をメロメロにして、主婦を燃え上がらせ、女優、学生、グラビアアイドル、会社員、セックス教の女神、ありとあらゆる女性と恋愛ゲームをする。その中から、本当に愛する人を見つける」

「どうやって見つける？」と彼は聞いた。

「さあ？　それは自然と分かると思う。ほかの女に興味がなくなるわけだから」

「なるほど。悪くない。それに核心を突いている」。彼が頭で俺の論理を整理しているのが分かったので、俺は待った。「だが一年か二年して、セックスにも興奮しなくなったらどうする？　子供ができて、彼女が性的にも感情的にも君から遠ざかってしまったら？　ささいなことで毎日ケンカばかりになったら？」

「そうなったら、ほかの女を探すだろうな」俺は彼が両足をソファの上に上げて教祖のように蓮華座に組むのを見ていた。「でも自分をコントロールできると思う。女を煙草みたいに扱う。欲しくなっても溺れないように気をつける。健全な関係になるとは思えないから」

そう言ってから俺はその後の質問を待った。彼は音楽プロデューサーらしいが、仕事をしている様子は見たことがない。俺たちはいつもマリブにある彼の自宅で会い、手伝いのインド人少年に水の入ったボトルやベジタリアン用の食事を運ばせて、何時間も二人で人生の意味について語り合った。

「つまり」彼は言った。「これからの五十年間、たった一人の女としか寝なくてもいいということか」

おそらくほとんどの男が持っているロマンチックな夢の弱点を彼は突いてきた。俺は女の笑い声が好きだ。唇、ヒップ、肌、柔らかく触れる指先、エクスタシーに達するときの表情もみんな好きだ。俺は、彼女たちの愛情、感情、思いやり、直感といったものを無条件に愛している。恋人たちを絶頂へと導き、宇宙と同化させる情熱のはかないうたかたを常に求めている。そして何よりも、それらすべてを感じられた初体験の後の瞬間を、俺はいつも懐かしく思い出す。

「それは難しい」。俺は認めた。「ケーキは食べたいときに手元にあるのが理想だ」

「当然だ」と彼は言った。「結局、ケーキは食べられるためにある。自分で注文したケーキに手も触れない奴がいるか?」

「つまり、誰かと真剣な交際をしながら、ほかの女とも寝る方法があるということか?」

「そうは言ってない。ただ、食べたいケーキを食べる方法はあるって言っているだけさ」

「でもどうやって? 一夫一婦制でさえ大変なんだぜ? 犯罪の二十パーセントがDV(ドメスティックバイオレンス)、離婚率五十パーセント、半数以上の男女が浮気経験のある世の中だ。社会の仕組みが不自然なんだ」。彼は何か言いたそうに俺を見たが、かまわず続けた。「たとえこの先五十年間、一人の女に対して誠実だったとしても、男なら、すれ違う女をチェックしたり、『マキシム』誌をパラパラやったり、夜中にインターネットでエッチなページを見るはずだ。すると女は自分に不満があるからだと感じる」

「それは正しい。相手が安心できなければ、健全な関係は保てない」

「そのとおり。そういう男の性質を踏まえたうえで、どうすれば女性を安心させておけるだろう?」

「まあ、ケーキを食べようとしないことだな」

「それはおかしい。たった今、ケーキは食べるためにあるって言ったじゃないか」

「そうとも。つまり、相手を傷つけずにケーキを食べる方法を考えないといけないわけだ」

俺はときどき無性にこの男に腹が立つ。何かにつけ正論で押してくるのだ。

それから数日間、俺はこのときの会話を頭の中であれこれといじり回して答えを考えていた。行く先々で出会った男女にも同じ質問をぶつけてみた。「子供を持つ必要も、年取ってから人の世話になる必要もないとしたら、結婚する？」

男の答えはほとんどが「しない」で、女はほとんど「する」だった。このとき俺はふと、伝統的な男女関係は、男性でなく女性の都合でできていることに気づいた。

その後は違う質問をしてみた。「百パーセント好みのタイプの人と出会い、付き合いたいと思う。でもその彼／彼女によると、二年後には君の前から姿を消し、それを止める方法はないのだという。それでもこの人と付き合う？」

女性のほとんどはノーだが、男性のほとんどはイエスと回答――理想的だと答えた男もいた。

さて、この結果から、「その後二人はずっと幸せに暮らしました」という伝統的なハッピーエンドは、どうやら危機的状況にあると言わざるを得ない。なぜなら、男性の本能は、安定した愛情を求める時期と、独身の快楽主義との間を行ったり来たりしており、そこへ進化論的にやむを得ず放り込まれた子供が心に傷を負うというのが、今の世の中の仕組みになっているからだ。

俺は次にこの友人と会ったとき、この結論を話した。「それはちょっと悲しい人生だな」と彼は言った。

「そうさ。問題は、俺がまさにそのままの人生を生きているということなんだ。子供の部分を除いて。子供をつらい目には会わせたくない。だからこのジレンマに男女ともに満足できる回答が得られるのを待っているのさ」

「君は有能な政治家になれるよ」と彼は大真面目に言った。「自分ではハエもハチもゴキブリすら気の毒で殺せないが、丸ごとせん滅する駆除係を雇うことには何の抵抗も感じないタイプの男だな」

「どういう意味だよ」

「つまり」と彼は水の入ったボトルをテーブルに置いて言った。

「君の倫理観は崩壊しているということだ」

この社会は善悪をはっきりと分けることを好む――善悪、正誤、成功と失敗。だが世界はそのようにはできていない。世界は善悪を判断しない。この世の始まりから、世界はたった二つの法則で動いている。つまり創造と破壊だ。人間は創造とは折り合いをつけている（人間はこれによって生まれてくるわけだ）。しかし同時にわれわれは破壊を恐れながら生きている。それはやがて訪れる死を意味しているからだ。

俺はただ君に自己啓発の本を勧めて、三十日間取り組めば素晴らしい人生が待っているなんてことは言いたくない。男と女のゲームには別の側面がある。いわば破壊性ってやつだ。ゲームに熟達すればするほど、君はこの破壊性に触れる機会が増える。なぜなら、性衝動はほかの本能と比べて特に二面性が強いからだ。

本書は、男女の性と感情の間の決して埋まらない溝（誰も積極的に認めたがらないが）が明らかになった前述の会話にヒントを得て書いた。

この会話ではまた、性差を越えた共通性も明らかになっている。つまり孤独への恐怖である。そこからはさまざまなドラマが生まれる。ドイツの映画監督ライナー・ヴェルナー・ファスビンダーはその理由をこう説明する。「われわれは互いを必要とするために生まれるが、ともに生きる方法を学ぶ機会を持たない」

これから述べる十一のストーリーはすべて実話であり、そのうちの二つを除いては、俺が〝スタイル〟という通称でナンパにのめり込んでいた『ザ・ゲーム』で描いた時代に起こった出来事だ。しかし『ザ・ゲーム』とは違い、ここでストーリーの中心となるのは女を口説くことではなく、欲望が持つ性質である。読み進むうちに読者は、俺が修行中に出会ったナンパのグルたちが誰も答えることのできなかった観念的な問いへと行き当たるだろう。――イッたあとはどうすればいいのか？

フィクション作家は楽だ。どんなミスも登場人物のせいにして、自分は後ろに隠れていればいい。しかし、本書でただ一人ミスをするキャラクターは俺自身だ。かつてナンパと自分自身を極めるために何千人もの人々にアプローチを仕掛けていたころ、自分の振る舞いを決定する三つの要素――性格、育った環境、社会的な圧力――が互いに衝突し始めた。その結果俺は人々を傷つけ、間違った選択をし、意味のないリスクを冒し、重要な機会を逃し、取り返しのつかないミスを犯した。最高のセックスをしたこともある。衝突はまさにそこでも起こっていた。

俺はこういった経験のすべてから何かを学ぼうとしたが、それは簡単なことではなかった。なぜなら、犯してはいけない間違いもあったからだ。

ルール1
「惚れる」ことと「選ぶ」ことは別物だ

女の部屋のソファに座る俺の横で、彼女が俺の返事を待っていた。

俺にフランス語のレッスンをしてくれるというのだ。

二人の距離はかなり近い。彼女はゆっくりとしゃべり、偶然を装ってわざと手の甲を俺のひざ小僧にこすりつける。

女は俺と寝たがっている。

少なくとも六十歳にはなっているはずだ。

そして、なぜか俺も彼女に惹かれていた。

自分の変化には気づいている。目まいがして思考が鈍り、目の焦点が合わず部屋が溶けていくような感じがして、下半身の筋肉が収縮する。

俺は女を見た。おばあさんだ。きれいなおばあさんではない、ただのおばあさんだ。よれよれといっていい。白髪交じりの冷たい黒髪をぞんざいに頭の上に束ね、顔にはマメくらいの大きさのシミが浮き出ている。体はまるで工事現場に転がっている砂利袋のようだ。心拍数が上がり、血管が拡大する。彼女の老眼鏡と、口の周りの産毛が目の前にある。

ここを出なければ。手遅れになる前に。

「仕事があるから帰らなきゃ……僕もです……じゃあ、さよなら……フランス語のレッスン？　もちろん……いつ始めるかはまだ……仕事とかいろいろで……もちろん……ジョシュによろしくと……ありがとう……また」

やれやれ。危ないところだった。

俺と彼女は半年前からパサデナ（訳注　ロサンゼルス北東にある高級住宅街）の同じアパートに住んでいる。玄関ホールで何度もすれ違った。彼女はいつも自閉症の息子ジョシュと一緒だ。

俺はいつも彼女を気の毒に思っていた。シングルマザーで、自分の人生のすべてを息子の世話と、自閉症に特有の彼の音楽の才能を伸ばすことに捧げている。ジョシュはザ・ビートルズのすべての曲のタイトル、歌詞、コード、レコーディング日、カタログナンバーを覚えており、誰にでもそれを披露する。一度見た人や情報は決して忘れないのだ。母親が早々と老けこんでしまったのは彼のせいだ。

しかし、アパートのホールやエレベーターでこの母親と顔を合わせるたび、いつも何かのエネルギーを感じて心が騒いだ。どこかへ落ちていくような、うっとりするような気持ちだ。その気持ちをほかにどう表現すればいいのか分からない。だが、俺が彼女に惹かれていることは明らかだった。

彼女にキスしたいと思う自分がさっぱり理解できなかった。これまで俺が年上の女と寝たのは、盛りのついた男子が行く、ナイスバディをスプレーで小麦色にして、シャンプーのCMみたいに美髪のお姉さんのところに行ったときだけだ。こんなおばあさんに恋したことなど一度もない。だが、夜寝る支度をしているとき、ときどき俺の手は気だるくパンツの中をまさぐって、ふと気がつくと彼女のことを考えていた。

ここロサンゼルスで、俺は毎日、世界一ゴージャスな女を見ながら暮らしている。そんな女はそこら中にごろごろいるのだ。おもちゃのように小さな犬を散歩させる女、美しすぎるせいで普通の仕事には就けず火曜の昼間からスターバックスに座っている女、テレビの『アメリカズ・ネクスト・トップモデル』のオーディションのようにビーチをジョギングしている女……。

そんな街で同じアパートの六十歳の老婆をオカズにマスターベーションしている俺はいったい何なのだろう。誰を想像してオナニーしたっていいはずだ。さらにこのころの俺はもう、実際どんな女でも自由に手に入れることができた。それが一体どうして彼女なのか？

二日後、俺は前の晩を一緒に過ごしたダーシーという女と駐車場に下りるエレベーターに乗った。セクシーだが少し影のある女だ。ラスベガスの男たちにパーティーをセッティングするのが仕事だと言うので、俺も一度参加してみようかと思っていた。

エレベーターを降りたところで、鼻にかかった大声で「ハイ、ニール」と挨拶された。

ジョシュだ。彼は三週間ほど前に一度アパートでダーシーと会っていた。彼は十五歳になったばかりで、顔にはニキビができ始め、女の子に対して説明のつかない気持ちを持ち始めるころだ。彼はいつも俺にマスターベーションのことや母親の悪口を喜んで話すのだった。

「こんにちは、ダーシー。君は二十六歳、マサチューセッツのニュートンから来たんだよね」。彼はそれが正しいことを知っていて、知識をひけらかしているのだ。「可愛いね」

母親のナンシーは俺たちに向かって弱々しく笑っている。「ごめんなさいね。ジョシュ、いらっしゃい」

俺はダーシーを見た。スプレーで小麦色に染めた肌。ビバリーヒルズで豊胸手術を施した胸。覚せい剤のせいで階段の手すりのように細い体。まるで磁器でできているような、若さとセックスと破壊の象徴だ。

今度はエレベーターの明かりで青白く浮かんだナンシーの顔を見た。彼女は若さやセックスはもちろん、自分自身さえ捨て去っていた。長年背負った自閉症の息子という名の十字架のせいで、彼女はすり減って、諦め、ぼろきれのようになっていた。

俺はどうかしていた。

「ねえ、ニール。『ザ・ロング・アンド・ワインディング・ロード』はいい曲だね。そう思わない？」

「最高だよ」と俺はジョシュに言った。

「この曲は『レット・イット・ビー』と同じ日に書かれたんだ」とジョシュは教えてくれる。「アルバムの中で唯一、ビリー・プレストンでなく、ポール・マッカートニーが一人でピアノを弾いている曲なんだ。ポールが『あの日を思い出して泣く』と歌ってるけど、それはどの日なんだろう？」

これがジョシュの不幸だ。彼はデータを記憶することはできる。しかし漠然とした比喩表現は理解できないのだった。

「幸せだった日のことだよ」

「前の日のことじゃないの？」

彼は文字どおりにしか認識できないのだ。辞書どおりの意味にしか使われないのなら文字は表現の役に立たない。それが彼には理解できない。もしそうなら、ザ・ビートルズも文学も詩も何も生まれることはなかっただろう。それぞれの言葉の下には、表現や解釈を決める何かが隠れている。それは感情だ。人の感情がうまく理解できないというのは、ジョシュとダーシーに共通していることだ。

「ジョシュ。もういいでしょう。行くわよ」。ナンシーはエレベーターのボタンに指を押しつけて、ジョシュに優しく声をかける。それから「今晩ピアノの先生のところに泊まりに行くから興奮しているんですよ」と俺に言った。

エレベーターのドアが閉まり、俺は彼女の言葉の意味を考えた。

ジョシュのことを謝っていただけか？

それとも今夜自分が一人だということを俺に伝えようとしたのか？

そもそも彼女が俺のことをそんな目で一度でも見たことがあるのかさえ、俺にははっきりとは分からなかった。そしてもちろん、ダーシーに会った後で、俺が自分に関心を持つとは到底思えないだろう。

だいたいが滅茶苦茶な話なのだ。だが俺はジョシュの能力は認めている。彼の音楽の才能をもっと伸ばしてやりたいと思う。年齢の近い相談相手を持つことは彼にとっても良いことのはずだ。

その夜、俺はナンシーの部屋のドアの前に立った。手にはゾンビーズのCD。ジョシュのためにCDを持ってきただけだ、このCDはきっとジョシュの音楽を広げる役に立つはずだ、と自分に言い聞かせて。だが俺は、なぜ自分がここにいるのかちゃんと分かっていた――「何が起こるか試してみたい」。

もしチャンスがあっても、俺は絶対に手を出さないと思う。考えただけでぞっとする。

俺はただ好奇心を満たしたいだけだ。彼女は興味深い人間じゃないか。文化人そのものだ。ジョシュが生まれる前は何をしていたのか、どうやって生計を立てているのか、フランス語はどこで覚えたのか、そんなことをいろいろと聞いてみたい。

戸口に出たナンシーは別に驚いていないようだった。彼女は黒のゆったりした服に厚手のストッキングをはき、不自然に顔を上気させていた。服の袖はひじの上でぴっちりと腕に食い込み、丸く膨れた腕の肉はポーランドのソーセージを想像させた。

彼女は開けたドアを抑えながら片側に寄った。これで中へ入らないのは失礼だろう。

こうして俺は彼女の巣へと足を踏み入れた。エネルギーが自分を取り巻くのを感じる。

「これをジョシュに」と俺は言った。

彼女はＣＤを受け取った。二人の指は触れなかった。

「お茶でもいかが？　今入れたところなの」と彼女。

クモの巣が張られていく。

「いただきます」

俺はソファに座った。ソファはビャクダンと灰の匂いがして、黄麻布のカバーの上に黄と白のニット毛布がかかっていた。呼吸が荒くなるのが分かった。胸が苦しい。ドアのほうを見たが、あまりにも遠かった。俺は深みにはまってしまっていた。

勃起したペニスがジーンズの生地を押し上げる。いったいどうしたんだ？

俺はナンシーを見た。女性として見れば俺のおばあちゃんのほうが可愛かった。どう考えてもおかしい。

ナンシーがお茶を持ってソファのほうへ来た。礼を言って受け取る。

「ジュヴゾンプリ（どういたしまして）」と彼女が答える。

俺は彼女のフランス語が好きだ。完璧な発音だった。

二人でジョシュの話をした。彼女との唯一の話題だ。彼は今、ピアノコンサートに向けて練習している。彼はどんな曲でも一度聴いたら覚えてしまうのだという……、……話に集中できない。集中できない。集中できない。

彼女は俺に写真を見せたいと言った。クリーム色のアルバムだ。隣に座った彼女はひざにアルバムを乗せ、優雅にページをめくった。表紙は俺の左の太ももに落ちた。

「これはジョシュと先生。シェーンベルク音楽堂（訳注　UCLAキャンパス内の施設）の外で撮ったの」

俺には見えない。そんなことは知らないし、どうでもよかった。鼻の中は彼女の香りでいっぱいで、心臓は早鐘を打ち、部屋の景色がぐるぐる回っている。なんとかしなければ。

俺はぎこちなく手を上げ、彼女の顔に落ちかかっている髪の毛をかき上げた。パイプの掃除をしているようだった。

彼女は話をやめ、顔を上げて俺のほうを見た。ビャクダンの香りが押し寄せてくる。

彼女を手に入れよう。

俺は唇を激しく合わせた。頭の中で鳴り響く交響曲の最後の音階が高らかにフィナーレを奏でるように。

彼女の唇は荒れてごつごつしていたが、舌は柔らかくボリュームがあった。それはただ入っているという感じで俺の口の中に置かれ、ゆっくりとした性的なエネルギーを放出して俺の体の中に送り込んだ。

このやり方ではうまくいかないということは分かっていたし、先へ続く道が閉ざされてしまったことにも気づいていた。

彼女も俺が戸惑っていることに気づいてくれた。

「ベッドルームに行くべきかしら？」とナンシーは俺に聞いた。

俺はこの問いに驚かなかった。それどころか最高のアイデアだと思った。

彼女が先に立った。俺は後ろを歩きながら、揺れる彼女の体があちこち出っ張り、女性の美しいとされる体のラインがどこにもないのを見て、ほんの一瞬、魔法から解放された。ここで立ち去ることもできた。だがそうはしなかった。

俺は始めたことは最後までやり遂げる男だ。そうでなくとも、立ち去るという選択肢など最初からあり得ない。

彼女は病院にあるようなベッドの端に腰を下ろした。それからよっこらせと、両足をゆっくりとマットの上へ乗せた。

俺も靴を脱いでベッドに上がった。二人とも口を聞かない。一言でも何か言ったら終わりだ。

彼女の両手が俺の背中に回り、再び舌を絡ませる。老女の体臭が立ち上る。長時間は無理だ。

彼女の上でバランスを取りながら服を脱がせる。それから俺が降り、残りは彼女が自分で脱いだ。

彼女の肌は酸化した新聞のような色をしていた。垂れ下がったブラジャーとパンツの縁はほとんど同じ高さにあり、どちらも異常に大きく、デザインも揃っていない。パンツは白で、ブラはいわゆるベージュというやつだ。機能性のみ。形はまったく考慮されていない。

ここに注目するのはよそう。というよりも、どこにも注目しないほうがいい。

手を彼女の背後に回し、ブラのホックを一つずつ外す。そして乳房を口に含んだ。それが正しいことのように思われた。

彼女の乳首に舌を這わせる間、俺は理想の女をイメージすることで行為に没頭できた。これに勇気を得た俺は、目で見ることをやめ、感覚の世界にとどまることに決めた。

だが、パンツを脱がそうと手を伸ばしたとき、肌ではなくプラスチックのようなものが手に触れた。まさぐってみると何やらナイロン製の袋らしく、それが腰に取りつけられていたのだった。

その後のことはあまり覚えていない。ひどい吐き気に襲われたのを覚えている。そして自分の信念に従って続行したこと。五分ももたなかったこと。終わった後、彼女を安心させる最低限の言葉を交わしてから自分の部屋に帰ったこと……。

それからはナンシーのことはあまり考えなくなった。少なくとも以前と同じ感覚では。彼女と会いたくなかったが、避けていると思われないために二～三度電話で話した。なぜ彼女に対して以前のような気持ちになれないのか、はっきりとは分からない。実在しない性的な魅力を彼女に見ていたのかもしれない。あるいはあのナイロン袋のせいか。

その一カ月後に俺はアパートを引っ越した。ナンシーのせいではない。パサデナでの孤独で気だるい生活に嫌気がさしたのだ。人々がビッグになろうと懸命になっている場所で暮らしたい。何かが起こるのはそういう場所だ。人生の目的も、彼氏が欲しくて仕方ないイイ女も、ここなら見つかる。

俺はナンシーに電話でさよならを言い、連絡を取り合うことと、間近に迫ったジョシュのコンサートを見に行く約束をした。

たいていのストーリーはここで終わるが、この話はまだ続く。そもそもこんな話は最初からすべきではなかったのだ。いずれにしても、七カ月後、俺はアパートに立ち寄って管理人から郵便物を受け取っていたときに彼女と再会した。

彼女はすっかり痩せていた。十五キロは減っただろう。髪はきれいに手入れされ、黒く染めて頭の上でだんごにまとめられていた。口紅、マスカラ、アイシャドーが彼女を輝かせていた。

彼女は男と腕を組んでいた。同じくらいの年齢で、背は低く禿げているが、まあまあいい男だった。日に焼けて、快活で自信にあふれている。

「見違えたよ」と俺は彼女に言った。

「メルシー（ありがとう）」と彼女は幸せそうに答えた。

「ジョシュは？」

「別の階に移したの」と彼女はかつて俺が惹かれたゆっくりとした話し方で答えた。「今、五〇二号室で教師と一緒に暮らしてるわ」

彼女は一瞬言葉を切って、微かに笑った。唇の上の産毛もきちんとブリーチされている。「メルシー」と彼女はもう一度言った。

ナンシーからは新しいエネルギーが出ていた。それは誘惑ではなく感謝だ。俺は彼女にいいことをしたのかもしれないと思った。彼女が忘れてしまっていた何かを呼びさまし、解放した。

俺がずっと感じていたエネルギーはこれだったのかもしれない。ジョシュが生まれて以来、ずっと閉じ込められていた牢獄から抜け出そうと必死でもがいていた女。

エッチの神様の思し召しかもしれない、俺はそう思った。性の喜びを諦めてしまった女はそこら中にいる。空港で、浮気は当然と考えている夫をなかなか行かせたがらない妻。ビーチで、あまり楽しそうでない子供たちの世話に一生懸命で、自分が楽しむことを忘れている母親。二十四時間営業のレストランに座って何十年も前の失恋をいまだに引きずっている女。彼女は二十歳のウェイトレスを憎々しげににらみつけ、「あなたもいつか私と同じ目に遭う」と考えている。

十八歳だったころは、誰もが若さとエネルギーと性欲と将来の可能性にあふれ、言い寄ってくる相手も数限りなくいた。一人、二人、十人、二十人。やがてこの男たちが少女から輝きを奪ってしまう。

俺はそんな女たちを誘惑するのも悪くないと思った。優しくゆっくりと、最後の一人まで順番にベッドに連れ込む。そして十八だったころを思い出させてやるのだ。自分のためでなく、彼女たちのために。彼女たちは性欲や情熱とともに自分自身を取り戻し、まだ自分の人生が終わっていないこと、十八歳といってもそれほど特別な一年ではなかったことに気づいて、気持ちを切り替える。

悪くない。

アパートを出て、買ったばかりの中古のSUVに乗り込み、ハリウッドの新しい家に帰る途中でふと、この計画に別の視点が加わった――ナンシーを誘惑して助けたのは俺ではない。彼女が俺を誘惑したのだ。それから俺は引っ越しして、生き方を変え、成長した。

さっき感じた感謝は、俺自身の気持ちだったのかもしれない。

ルール2
一つのミスですべてを失う

そろそろケヴィンが来るころだ。奴は外でナンパしたくてうずうずしているのだ。しかし俺はまだパンツ一枚でうろうろしている。もう何日もシャワーを浴びていない。髭も伸び放題だ。鏡に映る俺はまるでヤセル・アラファトの亡霊だ。

本の締め切りが二週間後に迫っていて、遊んでいる場合ではない。分かっている。だが、これ以上パソコンの画面を見ていたら眼窩《がんか》にはまった俺の両目は溶けてしまいそうだ。もう三週間も毎日休まずに書き続けて、俺の社会性は失われかけている。

ここらで手早く取り戻しておかなければ。俺のラッキーアイテム、壊れたビンテージのボストークミリタリーウォッチはいつの間にか台所へとタイムトラベルし、ピーナッツバターの上に文字盤を下にして埋まっている。台所も掃除しなければ、恥ずかしくて人を呼べない。

やることリストに加えないといけないが、その前にリストそのものを見つけなければ。たぶん、リーバイスのプレミアムブーツカットジーンズのポケットに入っているだろう。ジーンズなら汚れものの山の中だ。これは、まだ洗濯しなければならないほどには匂っていない使用済みの服の山だ。この山から日々の自分を構成する、ある意味祭壇のようなものだ。

昨晩、執筆中の本に使えるアイデアを思いついたが、これもリストに加えなければ。どんなアイデアだったかな？　確か文明の利器を使わずに一年間暮らすとかそんなことだ。

あっ、玄関のベルが鳴った。ケヴィンが来た。あいつが来ることを忘れていた。しっかりしろ、ニール。ケヴィンはお前を必要としている。奴のために生贄となって南カリフォルニア美女に話しかけなければ。

リーバイスのプレミアムブーツカットをつかんで匂いを嗅ぐ。マカダミアナッツと、セックスした後の部屋の匂いの中間だ。問題ない。

「よう」。俺が玄関に出るとケヴィンは苦笑いした。「その格好で行くのか？」

ジーンズに二本目の足を通しながら、次はシャツだと思った。格好いいシャツを。やはり山の中にあるはずだ。格好いいシャツなら先月着たはずで、先月着たのなら洗濯したはずはない。

黒のシャツを探して次々に山から服を引っ張り出す。何を着ればいいのか分からないときは黒を選ぶ。これは男のファッションの定石だ。ロンドンで買ったグレーのニットタイの尻尾をつかんで、優しく山から引き抜く。そのネクタイは先月間違って洗ってしまったらしく、やや形が変わってしまっている。

あとはベルトだ。ベルトを見つけるには服の山を片づけなければ。

どのアイテムにも物語がある。例えばこの黄色がかったTシャツはボストンウェアハウス（訳注　アメリカの家庭用雑貨ブランド）で七年前に一ドル／五百グラムで売っていた服だ。

「早く行かないと混雑するぜ」とケヴィン。こいつは自分が遅れてきたくせに怒っている。俺が毎日ブラブラしているとでも思っているのだろうか。

変形したグレーのネクタイをベルト代わりに巻く。首回りはどうしようか。ペンダントのついたネックレス？　いや、今日はディスコじゃない。靴ひも？　細すぎる。クリスマスプレゼントについていた赤いリボン？　いいね。ナチュラルなシルクみたいだ。

「できた？」

「できた」

「……それでか？」

「大丈夫。あとは魅力でカバーする」

ケヴィンは友人だが親友というほどではない。車が故障したときに電話して助けを求めるのは他の人間だ。女遊びが好きという点で共通しているだけだ。

「この間の晩に電話で話した女のことを覚えているか？」とケヴィンは車のドアを開けている俺に聞いた。運転席がおびただしいほどのコーラのボトルとレッドブルの缶で埋まっている。「その女を連れて家に戻ってジャグジーに入ろうと思ったら、母親が水を抜いていやがってさ」。なんと命のレッドブルが一缶残っていた。今の俺にはタウリンが必要だ。「まあ、なんだかんだで結局ジャグジーに入ったんだ。女にフェラチオさせながら俺は星を眺めていたよ」。ケヴィンは俺の原稿の下書きの上に座っている。

　頭に霧が立ち込めているようだ。これを晴らして現実に戻らなければ。手を叩く、頭を振る、声を出す。

「テス、テス」。オーケー、効いてきた。

「何やってるんだ?」とケヴィンが尋ねる。

「ウォーミングアップさ」


　ジェームス・ビーチ・バーまでの約四キロをドライブし、駐車場係にキーを渡し、笑顔で店に入り、普通の客のフリをする。店内のあっちでもこっちでも女が酒を飲んで笑っている。どの女も個性的で、不意に漂うマカダミアナッツの香りでさらにテンションが上がっている。

　二十代とおぼしき女二人がバーを離れた。さっさとアプローチを始めなければ、一晩中ぼんやりしていそうだ。その二人の女のほうへケヴィンが俺の背中を押してきた。まったく、こいつの手を箱詰めにして、女にアプローチできない臆病者に売ってやりたいくらいだ。

「ケヴィンを知ってる?」と俺は女たちに声をかけた。「世界で唯一の、メンバー全員ユダヤ人で、しかも全員キリスト教徒っていうロックバンドのメンバーなんだけど」

「え、何?」と女の一人が聞き返す。モデル並みの長身と流れるようなブロンドの髪、磁器のように透き通った白い肌、白いジャケットに虹色のボタン。お香なんかのしゃれた雑貨も扱うような本屋で見かけるタイプの女の子だ。

「バンドのメンバーなんだ」と俺は繰り返した。

「私も」と彼女。親しみやすく、可愛らしい。まさか真面目に答えるとは思わなかった。虹色のボタンは寛容の象徴かもしれない。友人のほうは引き締まったコンパクトな体に白のチューブトップ、四角い顔に黒髪を長く伸ばしている。トレーニングジムの事務所によくいるタイプだ。

またジムにも行かなければ。体にいいものを食べて、毎晩歯間ブラシもしないと。俺はいろんなものを失いつつある。

「時計にピーナッツバターがついてる」と本屋が俺の手に触って言った。

「乱暴に扱うなよ。ビンテージ物のソ連製軍用ピーナッツバターだぜ。売ったら一財産できる代物だ」

ケヴィン、俺、本屋女、ジム女は、話している間に勝手にペアに別れた。もう原稿なんてどうでもいい。こっちのほうがよっぽど楽しい。

「人生は一度きりだ」。俺は本屋に向かって話した。これは俺の言葉ではない。今はなき神話学者ジョーゼフ・キャンベルの受け売りだ。「マルクスは人間の弱さを根拠に社会を非難せよと説いた。フロイトは両親を非難せよと説いた。星占いは宇宙を非難せよと説いている」。霧は完全に晴れ、俺は絶好調で女を口説いている。不思議なものだ。自分が利用されていると感じないかぎり（だいたいの場合はそうなのだが）、人は丁寧に対応するものだ。それを俺はいつも忘れる。「だが、まずは自分に問いかけるんだ。全身全霊で自分自身を表現するガッツがあるか？　欲望を押し殺していないか？　今あるものを最大限に生かして、本来あるべき姿に自分がなっているか？」

彼女の眼に涙が浮かんだ。ジョーゼフ、ありがとう。俺は彼女の手を握り、彼女も握り返した。爪を切ってくるのを忘れた。これもリストに加えよう。頭には、ポケットに入っているリストに加えるべき事柄のリストが入っている。

「誰かがそう言ってくれるのを待っていたの」と彼女は言って、ビールを一口飲んだ。「私、妊娠三カ月なの。それでなんだかいろんなことを考えちゃって」

この言葉に、なぜか俺は動じなかった。ジム女を見た。ケヴィンは彼女の肩をマッサージし、耳元に何かささやいている。「アナルセックス」という言葉だけ聞こえた。

本屋は俺に、ボーイフレンドと一緒に暮らしていること、彼を愛していることを話した。友人は結婚して子供が二人生まれ、とても可愛がっているとも言った。

今夜はいつにも増して闇夜だ。

あるバーでプリンス（訳注　ミュージシャン、音楽プロデューサー、俳優。マイケル・ジャクソンやマドンナと並び、米国で最も影響力のあるアーティストの一人）に紹介されたことがある。プリンスは俺に何の仕事をしているのかと聞いた。俺が物書きだと答えると、何を書くのかと聞く。なぜネガティブな部分だよと答えると、なぜネガティブを書くのかと聞いた。

「面白いからさ」と俺。

「ポジティブな部分だって面白いはずだ」と彼は俺を叱った。

今ここにプリンスがいたらと思う。自分が間違っていたことに気づくだろう。このバーで体験することはすべてネガティブの領域に属している。ポジティブな人々はみな、今ごろ眠っているだろう。彼らはネガティブな夢を見るのだ。ネガティブは押し殺そうとすればするほど圧力を増し、いつか表面に姿を現す。俺はよく眠る。俺の見る夢は天使やスポンジケーキやパンダだ。目覚めるまでネガティブなことは出てこない。そして今夜、俺の見ているネガティブはこの彼氏と同棲中のおしゃれな本屋にいそうな若い娘だ。

バーの閉店後、ジムの女が車まで一緒に来てくれと頼んできた。「女二人だけじゃ怖いから」

「それは追加料金だな」とケヴィン。女二人は笑わなかった。「ちょっと待っててくれるかな。友達を探してくるよ」

もちろんここに俺たちの友達などいない。これは俺と作戦の打ち合わせをしたいときにいつもケヴィンが使う手だ。もちろん俺も作戦が大好きだ。

「そうだな……。『友達が俺たちを置いて帰ってしまったので、家まで送ってほしい』というのはどうだ?」と俺もプランを考える。

「それでいこう。乗ってきたお前の車はどうする?」

「置いとくさ。明日取りに来る」

女たちは俺たちを家まで送ることに快く賛成してくれた。簡単な作戦を立てるだけで、一人で帰るか、みんなで帰るかほどの大きな違いが生まれるのだ。

そして今、俺たちは手に手を取って通りを車まで歩いている。俺たちは彼女たちを強盗から守り、彼女たちは俺たちをタクシーの運転手から守っている。フェアな取引だ。

「きれいにカップルに別れたみたいね」と本屋。俺の頭は彼女の肩の高さくらいだが、彼女が気にしていなければ、俺も気にしない。

車はＢＭＷのオープンカーだった。この車の持ち主なら、少々高くてもバーの駐車場にとめる余裕はあるはずだが、彼女たちにも何か別のプランがあったのだろう。

本屋は俺に自分の曲を聞かせたいと言った。俺はちょっと心配になったが、次のステージに進むためにはちょうどいい。

「いい曲じゃないか」と俺は言った。それは、まるで目の前をチョウチョウが飛んで行くようなバカっぽいサウンドで、思わず叩き落としたくなった。「でも風が強すぎて詞がよく聞きとれない。静かなところでもう一度かけよう」

彼女もそれに賛成した。

女はバカではない。彼女は自分が何に賛成したかをちゃんと分かっている。車を止め、二人で手をつなぎ、俺の家の玄関まで歩いた。「浮気」の文字が頭に浮かぶ。周囲は真っ暗で、マカダミアナッツの香りが漂っている。

家の鍵を取り出そうとポケットに手を入れる。ない。

平静を装い、ポケットをもう一度探る。服を上から下までパタパタと触ってみる。すべてが消え去りそうな気配を感じる。

女たちが少し疑うように俺を見ている。酒とトークで追い払った男への疑念が、一秒ごとに彼女たちの心に浮かびあがってくる。何かがおかしい。

オーケー。パニックになる必要はない。鍵を持って出たのは間違いない。車で行ったんだから……。

分かった！　車は駐車係に任せた。鍵の束はまだあいつが持っている。それで愚かな俺は締め出されたわけか。

瞬きする間に俺は次のプランを考えた。頭は使うためにある。

「鍵は二階に置きっぱなしだ」と女に言う。「でも問題ない。ベランダから入るから。いつものことだ」

実際一度もやったことはないが。

「何階に住んでるの？」ジム女が聞いた。いい質問だ。

「三階。ちょっとそこで待ってて。すぐ戻る」

俺は走って建物の脇へ行き、上を見上げた。どうやら上がれそうだ。パズルと同じだ。どんなパズルにも必ず答えがある。

素早く考えるんだ。彼女たちが帰ってしまう前に。

たぶん大丈夫だろう。……もし落ちたら、死ぬけどな。

女たちも後からやって来て疑わしそうに建物の側面を見上げる。「なんだか疲れちゃった」と本屋が言う。「もう帰ったほうがいいかも」

おそらく彼女の言うとおりだ。いずれにしても彼女は妊娠している。そもそもセックスするべきではないのだ。

「一秒で終わるから」と彼女に言う。「正面で待っててくれ。すぐ中に入れてあげる。心配ない」

今日の夜がかかっている。

俺は一階の手すりによじ登った。手すりはヤワな構造で、俺の足元でぐらぐらしている。これは想定外だ。素早く動かなければ。

二階のベランダにつかまり、体を引っ張り上げる。腕が震え、ジム通いを止めたことを後悔しながら足をバタつかせる。息が切れたのでベランダにぶら下がった状態で一息入れる。リーバイスプレミアムブーツカットの裾が風にはためいている。

勝負はここからだ。次は静かに上半身を引き上げる。誰かが目を覚ましたら警察を呼ばれるか、下手したら銃で撃たれる。

二階へ到着した。ここまではすべて完璧。もう一度同じ手順を繰り返して、自分のベランダから部屋に入り、あの女と女の胎児とセックスするんだ。

俺は手を伸ばしてベランダの根元をつかむ。そして体を持ち上げ、足をベランダの縁へ掛けた。頑張れ、もうすぐだ。あとは体を持ち上げれば、もうジーンズを風に揺らす必要はない。

しかし問題が発生した。体が動かないのだ。俺のグレーのネクタイベルトが何かに引っかかったらしい。この状態からは見えない。おそらく釘か何かだろう。

俺は最後の力を振り絞って、ベランダの手すりのほうへ思い切り体を引っ張った。腕がもう限界だ。すると今度は手すりが俺のほうへ倒れかかってきた。まずい。まったく、ロンドンの職人は丈夫なネクタイを作る。

考えろ。お前は釘に負けるほどバカじゃないはずだ。

通りの反対側にはホテルがある。窓に向かって合図してみようか？　だが彼らに何ができる？　消防署に電話するか、ただ大騒ぎになるだけだ。

いったん元に戻るしかない。降りよう。

俺は再び二階へと戻った。ネクタイは錆びた釘から外れた。以前プランターでもぶら下げていたのだろう。

二階のベランダに立ち、俺はネクタイベルトを外してポケットに入れた。するとジーンズはケツの半分までずり落ちた。ズボンがずれては上れない。脱ぐしかない。

俺はブーツを脱ぎ、リーバイスプレミアムブーツカットを脱ぎ捨てた。手すりから身を乗りだし、それを三階のベランダへ放り投げる。

しかしジーンズは下の歩道に落ちていった。

ジーンズの無事を確認しようと下を見ると、表の通りに車のヘッドライトが見えた。オープンカーだ。女たちが帰っていく。夜は終わった。最初から家で原稿を書いていればよかったのだ。なぜケヴィンなどの誘いに乗ってしまったのだろう。

俺がブーツをはいていると、ケヴィンが下から叫んだ。「大丈夫！　あの結婚してる女の子は戻ってくる！」

それにしても声がデカい。近所中が目を覚ますではないか。

「二人がかりでやってやろうぜ！」と彼は叫び続ける。

「シーッ、静かに！」

俺がベランダに立っている部屋の明かりがパッとついた。片方だけブーツをはいて、パンツ姿で立っている俺。

この状況でできることは一つしかない。俺はベランダの手すりに飛び乗り、その上の自分の部屋のベランダにジャンプした。あっという間の出来事で、我を忘れていたので、どうやって部屋に戻ったのか覚えていない。しかしこれは進化論の一つの証明と言えるかもしれない。もし自分が木の上で暮らしていた先祖のサルの遺伝子を使いこなせるなら、現代のテクノロジーがなくても生きていけるだろう。これは本に使えるな。

それにしてもひどい夜だった。洋服があちこちに散らばった家の中も散々な状態だ。突如、心臓が早鐘を打ち出した。後で下のベランダから忘れずにブーツを回収してこなければ。ジーンズもまだ下に落ちたままだ。

家の鍵と車は四キロ離れたところにある。

このすべてがリストに加わるわけだ。しかし何よりも今はメールのチェックをしなければ。何か重要なことが起きていれば知っておかなくては。パソコンのモニターの明かりと、ハードの機械音が俺の神経を癒してくれる。ここが俺の居場所だ。外はジャングルと同じだ。

クリステンが泊まりに来たいといっている。マグナスは俺をあるノルウェー人ラッパーに会わせたいらしい。スティーブン・リンチは俺が書いた彼についての記事を送ってくれといっている。

だがどれもできそうにない。締め切りは二週間後なのだ。だから俺はクリステンに、本の仕事があるので相手はできないが、それでよければ泊まりに来てもかまわないと返信した。マグナスには、締め切りの迫った原稿があるが、どのみち食事はするので、簡単な夕食程度なら一緒にしてもいいと書いた。スティーブン・リンチには、忙しすぎて今すぐは無理だと書いた。

爪を切ること。これは忘れる前にリストに書いておかねば。

玄関のベルが鳴る。こんな時間に誰だ？

ケヴィンがアパートの玄関前に座っている。どうも俺に腹を立てているようだ。彼は車が壊れても俺に電話をしないだろう。

「いい加減、そのリボンを首から外せよ」と彼はぶっきらぼうに言った。「ひどい格好だな」

俺たちは長い時間待ち続けた。ジムの女が戻ってきたが、彼女は疲れたから帰りたいという。俺は別にかまわない。彼女は人妻だ。俺たちとグループセックスなどとんでもない話だ。

何らかの理由で間違いが起こることがある。いずれにしても俺は本を書かなければならないのだ。締め切りは十四日後。いや、十三日後だ。

本一冊書くのは大変な仕事だ。膨大な手配と計画が要求される。これが得意な俺は運がいい。

ルール3
男女のゲームに国境はない

万が一のためにこの文章を残す。

今後もし俺との連絡が途絶えたら、ここに来て探してもらいたい。

アリ・ラジという名を覚えていてほしい。この男はマジシャンで通っているが、裏では犯罪に関わり、総理大臣の息子の友人ともいわれている。俺はここでタブーを犯してしまったかもしれないのだ。これまでのいきさつを話しておく。


俺はナンパが大好きだ。中毒といってもいい。ナンパを覚えてから、驚くほど人生が様変わりした。高校でも大学でも、冬と春の休暇から戻った友人たちは、休みの間に遊んだ女たちのことを自慢していたが、俺の休暇の思い出といえばせいぜい日に焼けた肌と冷蔵庫のマグネットくらいだった。リラックスして何かを心底楽しんだことなど一度もない。周囲の目ばかり気にして暮らしていた。

ところがナンパを覚えてすべてが変わった。どこへ行っても刺激的な出来事が俺を待っていた。クロアチアでは、まったく英語が話せない十九歳の女の子と海の中でセックスした。『ニューヨーク・タイムズ』紙の取材でアメリカ中西部の小さな町を訪れたときには、金持ちの人妻と遊び、彼女の姪と寝た。スウェーデンでの最初の晩に出会った女は、ホテルの部屋で前戯にＡＢＢＡの曲に合わせてストリップを披露してくれた。

そして今はバングラデシュにいる。ここではクラブも酒もデートもない。やろうと思えばできないこともないが、ここでのルールを知らない。下手をすると殺される可能性があるのだ。

俺はダッカ・シェラトンに泊まっていて、ここで俺のことを知っているのは同行のマジシャンのフランツ・ハラーレイ（訳注　実在の現代マジシャン）だけだ。ブロンドのロングヘアに、いつも胸にボンボンのついた黄色いシャツを着た、紳士的な男だ。ヤニー（訳注　アメリカのシンセサイザー奏者）に手品をさせたらちょうどこんな感じになるだろう。

彼は、俺は具合が悪くて休んでいると思っている。

そして俺は部屋で、アリ・ラジとその手下よりも先にトリプティが来てくれないかと待っているのだ。

ここに至るまでの状況をかいつまんで説明する。

ハラーレイはアリ・ラジからの依頼で、第一回国際マジックフェスティバルに出演するために来ていた。俺の目的は、まだ内容を誰にも話していない本の取材だ。世界中を回って、科学で証明できない能力を持った人々を探し、未知の存在を確信させてくれる真の魔術を発見したいと思っている。そしてここ、バングラデシュの首都ダッカの郊外の村に、魔術を意のままに操る盲目の老人が部族と暮らしているという情報があるのだ。

このマジックショーと村は、どちらも行政から目をつけられていた。大半のバングラデシュ人はイスラム教徒だ。彼らは魔術や奇跡といったものを罪だと考えていて、厳密にイスラム法に照らせば死罪にあたる。世界中のマジシャンを呼び寄せるというのは、アリ・ラジのように莫大な財産と、有力な政治家とのパイプがあって初めて可能になるぜいたくなのだ。

初めてアリ・ラジを見たのは空港の税関を出るときだ。引き締まった体を黒い羽根で覆われたカジュアルスーツに包んだ彼は、蝋細工のマタドールのようだった。言葉は発しなかったと思う。マジシャン、チンピラふうの男、香水の匂いを漂わせたビジネスマンふうの人々、自分の家族など、雑多な取り巻きを引き連れて、彼は記者会見が予定されている空港の待合室へと向かっていった。

大勢の記者がハラーレイを取り囲み、彼はコーラの瓶（つまり、アメリカの象徴だ）をカメラの前で消して見せた。記者たちは驚いたが、アリ・ラジは反応しなかった。手下の一人にうなずいて合図すると、ウエストバッグをつけた丸顔のバングラデシュ人が会見の終了を告げた。

アリ・ラジの手下はハラーレイと俺をほかのマジシャンと同じワゴン車に乗せた。賑やかなダッカ市内を車で走っていると、信号で止まるたびに、歯が抜け落ち、歯茎から血を流した女や、顔にこぶし大の腫瘍のある男、ぼろぼろのスカートをはいた内反足の子供などが車に群がって小銭を求めた。だが、その異常な貧しさにかかわらず、路上の人々は平均的な中流アメリカ人よりも幸福そうに見えた。何も持たなければ、失うものもないということかもしれない――生きているだけで儲けものということだ。それに比べて俺たちは、生活は豊かになって当然と思って生きている。

翌朝、朝食のレストランから部屋へ戻る途中でトリプティを見た。彼女は飛びぬけて目を引く存在だった。彼女がそこにいた唯一の女性だったからだけではなく、身につけた純白のサリーと、首に巻いたスパンコールをあしらった揃いのショールのせいだ。長い黒髪とモデルのように肉感的な唇、衣服を跳ね返しそうに大きく膨らんだ胸。

彼女はアリ・ラジと一緒に立っていたので、夫婦なのだと思いトリプティの胸から目をそらした。ラジはいつものように一言もしゃべらない。「ハラーレイはどこ？」と彼女がその完璧な形の唇で聞いた。

「部屋でヘリコプターを消す手品の打ち合わせをしてるよ」と俺は教えてやった。それをアリ・ラジが通訳し、三人でエレベーターに乗った。

「私、これ好き」と言って彼女は俺のイヤリングに触った。

この銀のスパイクのついたイヤリングは、ピーコックセオリーというコンセプトを学んだときに買ったものだ。クジャク《ピーコック》がカラフルな羽を広げて異性を惹きつけるのと同じく、異性を振り向かせるためには男も目立たなければならないという理屈だ。最初は信用していなかったが、この一見悪趣味なイヤリングやほかのアイテムで実験してみると、すぐに結果が出た――ここバングラデシュでも。そして次は俺のスキンヘッドを指さして「触っていい?」と聞き、答える前に優しくなでまわしはじめた。普通、バングラデシュの女性が戸外でここまで男の体に触ることはない。俺の耳や頭に触ることは、アメリカの女がエレベーターで男のキンタマをいきなりつかむのと同じインパクトだ。

俺は二人をハラーレイの部屋へ案内し、彼がアリ・ラジにショーに必要なもの(ヘリコプター、操縦士、平地、ヘリコプターを覆うシート)を指示している間にそこを離れた。

その日、トリプティはずっとロビーのテーブルに座って、アリ・ラジの手下と一緒にマジックショーのチケットを売っていた。そして俺が前を通るたびに、彼女は誘うような眼差しで俺を見つめ、それが頭から離れなかった。

そして俺はその誘いを受けることに決めた。

「ちょっと休憩して昼飯でも食べないか?」と俺は声をかけた。

彼女は可愛い笑顔でぽかんとしていた。訳すなら、「簡単な英語で話してくれる?」といったところか。

「ランチ?」ともう一度聞く。

彼女がカタコトの英語で俺に何かを一生懸命伝えようとしていると、黒髪に赤いシャツを着たガタイのいいバングラデシュ人の男が、発砲スチロールの皿に盛った焼き飯のようなものを外で二つ買って戻ってきた。

俺が自己紹介すると、男も「ラシードだ、マイフレンド。トリプティのいとこだ」と言った。

「お前もアリ・ラジのところで働いているのか？」と聞くと、そうだというようにうなずいた。みんなアリ・ラジの下で働いている。

俺は部屋に上がって三人で食べようと提案した。二人きりにはなれなくても、いとこと仲良くなることができる。ここはバングラデシュだ。どのみち多くは期待できない。

俺は二人をハラーレイの部屋に連れて行き、一緒にソファに座った。ラシードは親切に一方の焼き飯を俺に差し出した。スプーンで少しすくって食べると、悪意すら感じる辛さが俺の内臓を焦がした。

「どうだ、マイフレンド？」とラシードが尋ねる。それほど親しくない相手に友達と呼ばれると不思議に嫌味に聞こえる。

「うまいよ」と俺は喉を詰まらせながら答えた。

燃え盛る愛情の炎の中で、コンドームをつけずにセックスしたいという衝動に駆られることがある。それと同じことを食べ物でやってしまった気がした――どのガイドブックにも、通りで売られている食べ物には注意と書いてあったのに。

トリプティから発散される性的なエネルギー、焼き飯の猛烈な辛さ、この不思議なシチュエーションの三つが合わさって、俺は額に汗をかき始めた。この女と寝るなんてとんでもない考えだ。デートやセックスに関する二人の文化は違いすぎる。俺たちは婚前交渉が大好きだが、彼らにとっては見合い結婚が普通なのだ。

俺は被害がこれ以上大きくならないうちに退散し、部屋で寝ることに決めた。数日間下痢に苦しむリスクには見合わないゲームだ。

しかし、俺が立ち上がると、トリプティは振り返ってラシードの耳に何かささやいた。彼がうなずくと、彼女も立ち上がった。

廊下に出ると、彼女もついてきた。結局、彼女を自分の部屋まで連れてくることになったが、まだ彼女が何を期待していて、何を欲しがっているのか分からなかった。

二人で部屋に入ったが、彼女が安心できるように、気をきかせてドアは開けておいた。自分がこの国と社会のモラルをちゃんと理解していることを彼女に伝えたかったのだ。

俺がベッドに座ると、彼女も隣にぴったりとくっついて座った。話をするには近すぎる。下痢に苦しむリスクが突然意味あることに思えてきた。

ボリウッド映画（注　インド映画）はたくさん見たが、いつも不思議なのはヒーローとヒロインが決してキスしないことだ。その代わり、もう少しでキス、というシーンがずっと続く。俺はトリプティの髪をなでた。彼女は嫌がらなかった。次に目を見て唇を寄せてみた。罪と欲望の象徴のようなマスカットの匂いがした。

彼女はハッとして立ち上がり、ドアのほうへさっさと歩きだした。強引すぎたか、気持ちを読み違えたのかもしれない。しかし、彼女は部屋を出るのではなく、開けっぱなしのドアを閉めて、「私、あなた好き」と言いながら戻ってきた。

彼女はどうやらボリウッドよりもハリウッドのほうが好きなようだ——まあ、インド人はだいたいそうだが。だから俺はアメリカ式に彼女をベッドに押し倒し、体をまさぐり始めた。

この辺から何かがおかしくなり始めた。最初から少し変だとは思っていたが、その感じがいっそう増した。

トリプティは俺の手を自分の胸に押しつけ、ベンガル語なまりの英語でぼそぼそと何かつぶやいた。吐息混じりに漏れる言葉は俺の耳では何を言っているのか分からず、なんとか聞きとれたのは、「ビル・クリントン」と「モニカ・ルインスキー」という名前だけだった。

何のことだかさっぱり分からずに俺は混乱した。彼女が英語での同義だと思われる言葉でフェラチオしようかと言ってくれているのか、ただ単にアメリカの政治の話をしているのか。

俺はいつものように自分に一番都合のいい解釈をし、彼女のサリーを脱がし始めたが、もちろんサリーなど脱がしたことはなく、どうすればいいのか迷った。首の周りで手間取っていると、喜びに体を震わせた彼女は俺の手を引き離し、「私、いい女の子《グッド・ガール》。大丈夫。私、あなた好き」と言った。

通訳すれば、「いつもはこんなことしないと言いたいけど、本当はしてる。ただ、私がいつもこんなことをしてるってあなたに思われたくないの」とか？

彼女は俺のシャツのボタンを外し、胸に沿って指を走らせた。もう一方の手はズボンの上から俺の勃起したものを握っている。それから彼女は何やら俺の耳元で何度も色っぽくささやき始めた。最初、俺は彼女が「チョロ」と言っていると思ったのだが、十回目にそれが「**チャラタイ**」だと分かった。

体中の細胞が彼女を求めていた。それと同時に脳細胞では、いったい何がどうなって、今二人がこうしているのかを懸命に考えていた。

それから三度目の**チャラタイ**の後、彼女は体を離してサリーを直すと、何事もなかったように立ち上がって、「誰にも言わない」と言って人指し指を唇に当てた。通訳すると、「誰にも言わないでね」、あるいは、「私たち婚約したのね。もう誰にもキスしないわ」か?

それから彼女は「アリ・ラジ」と言って手で首を切るジェスチャーをした。俺はそれを見て震えあがった。

「いい女の子」と彼女は繰り返した。

やってしまった、と俺は思った。しかし俺の中の何かは、まだ前へ進めと言っている。おそらくこの気持ちと最も近いのは、子供が、「これを越えたら承知しないぞ」と草の上に足で引かれた見えない線の反対側へ、おそるおそる足を踏み入れるときの気持ちだろう。この行動は、反抗心だけでなく、抗いがたい好奇心もまた大きな原動力になっている。

その夜、ショーの開始を待つ間に、**チャラタイ**の意味を探ることをミッションとして自分に課した。その結果、次の二つのうちのどちらかだろうというところまで絞り込んだ。「しばり首」か「お腹すいた」。後者であればいいのだが。

マジックショーの会場周辺は警官と取材の人間であふれかえっていた。劇場は大学の隣にあった。そこはイスラム過激派の活動拠点となっている場所で、すでに威嚇の爆破が何度か起こっていた。荷物の入ったかごを下げた自転車がそばを通り過ぎるたび、俺は翌日の新聞の見出しを想像した――「テロリスト集団、華麗にマジシャンを消し去る」。それでも、俺の心の声は消えなかった。「マジックのない世の中なんて面白くも何ともない」

俺は会場の休憩室でトリプティを見つけ、観客席の後ろのほうへ連れていった。

スペイン人マジシャン、ユアン・マヨラルの、ワイヤー仕掛けのマネキンに向かって愛を語るパフォーマンスの間、トリプティは俺の太ももの内側をつかんでいた。彼女はその手に力を込め、湿った息とともに俺の耳元で「バブーはどう？」とささやき、ズボンの上から俺のバブーをさすった。

俺は劇場を見渡した。観客はバングラデシュ人の男がほとんどで、あとは家族連れがちらほら見える程度だ。みな落ちついてマナーが良く、きちんとパフォーマンスを楽しんでいた。そして俺の横には何かぶつぶつ言っているこの女がいた。どの男にも秘密のファンタジーがあるが、自分がずっと夢見ていたのはこれだと気づいた。

しかし、ファンタジーは簡単に現実にとって代わられるものだ。記者会見にいたアリ・ラジの手下でウエストバッグをつけた男が現れて隣に座った。トリプティは素早く手を引っ込める。

「結婚しているのか？」と彼は俺に聞いた。どうやらすべてお見通しのようだ。

「独身だ」と俺は答えた。

「この女と結婚するつもりか？」

「まだ会ったばかりだ。結婚など分からない」。俺とトリプティの仲を邪魔しているのか、彼女をアメリカに嫁がせる計画なのか、はっきりとは分からなかった。

ショーの合間に、彼女を誰もいないところへ連れて行こうと決めた。階段の吹き抜けや控え室などいくらでもある。しかし、俺たちが立ち上がると、ウエストバッグも一緒に立ち上がり、二人の間に割って入った。

三人になった俺たちが休憩室に入ると誰かが「マイフレンド！」と声を掛けてきた。トリプティのいとこだ。こいつも敵だ。ここの男は全員敵なのだ。

彼は右手を俺の肩に回し、「こいつはアメリカの作家なんだ」と近くにいる三人組の男たちに言った。彼らもまたアリ・ラジの家族か仲間か、あるいはその両方なのだった。彼らは集まってくると俺を囲んで友達扱いし、俺がトリプティのほうに顔を向けると、すぐに自分たちとの会話に引き戻そうとした。「バングラデシュは初めてか？」「バングラデシュが好きか？」「バングラデシュの伝統料理を食わせるから家に来い」

そんななか、やっとの思いでトリプティを見ると、彼女は俺を取り囲むバリアに気づかないのか、あるいは自分のプライドを守るためか、こちらには無関心な様子だった。俺は素早く彼女を連れて劇場内へ戻ったが、バングラデシュ軍団も、俺たちの前に出たり、間に割り込んだりしながら一緒についてきた。

そして席に着いても俺たちの周囲にそれぞれ座った。ウエストバッグは身振りでトリプティをどかせ、俺の隣に座ると大きく足を広げて自分のひざを俺のひざに当てた。それは悪意を感じさせ、この国ではケンカする代わりに異常に親しくするのだろうかと思った。

「トリプティのことが好きか？　両親に会うつもりか？」

彼がこう言うのと同時に、俺は腹部に鋭い痛みを感じて思わず前のめりになった。

あの激辛の焼き飯のせいだ。

その夜、俺はすっかり憔悴してホテルに戻った。そしてトイレで一時間、バングラデシュの洗礼を受けたのだった。翌朝、ハラーレイと奇跡の村を訪問する予定があったので、イモジウム（訳注　下痢止め薬）を一錠飲んだ。

ロビーのチケットデスクには、大量のビーズで飾った全身黒のサリーを着たトリプティが座っており、いつものように燦然と輝いていた。

「アリ・ラジがカウンターを離れては駄目だって」と彼女はアリ・ラジを恐れるように言った。

奴らが本気で俺とトリプティを引き離そうとしていることを知って俺は愕然とした。まるで映画のロマンスではないか。別々の文化を持つ恋人が家族（または悪い魔術師）に引き離される。

この妨害で彼女への思いはいっそう強くなった。空腹に駆り立てられた魚が一直線に可哀想なミミズに向かって突っ込んでいくように、俺は一か八かの勝負に出ることにした。人類の長い求愛の歴史の中でこれ以上ないくらい定番中の定番といえるテクニックを使ったのだ——彼女に部屋の鍵を渡した。

「いいかい？　今夜だ」と彼女に言った。「来てくれ。待ってるから」

「でも、アリ・ラジが」と彼女は反対した。その名前にはもううんざりだ。

「アリ・ラジは関係ない。君と俺。今夜。最後のチャンスだ」

女を口説いているというよりも、店じまいセールの店員のような口調だった。

しばらく考えた後、彼女はゆっくりと、「分かった。行く」と荘厳に言った。

部屋に来る言い訳として、俺はチケットデスクにわざとサングラスを忘れてきた。安っぽいドラマのようだった。

それから俺は、ホテルを出てハラーレイと合流し、奇跡の村へと向かうバンに乗り込んだ。一つ気がかりなのは、この訪問はアリ・ラジがアレンジしているということだ。すべてのことがアリ・ラジの采配で動いている。案の定、このバンもまた、俺の新しい友人《マイフレンド》たちを満載していた。一人だけ信用できそうだったのは、本人には二サイズほど大きいポリエステルのスーツを着たイクバルという優しそうな年上のマジシャンだった。

ウエストバッグが俺の隣に座った。馴れ馴れしく俺の肩に手をまわし、微笑みを浮かべながらウインクして「よく眠れたか、マイフレンド？」と聞いてきた。

「ああ」と生返事をした。こいつとは一緒にいたくない。このベンガル地方のアホらしい友達ルールは、中国の水責めに匹敵する。

ウエストバッグは「これは何だ？」と言って、もう一方の手で俺のジーンズのジッパーに触った。「おい！　何するんだよ」。俺は飛び上がってイクバルの隣の席へ移った。ナンパの邪魔をするのはまだ分かるが、股間に触るのはまったく理解できない。

「ここがアメリカなら顔面をぶん殴ってた」と俺はイクバルに言った。明らかに俺はターゲットになっている。

「ここの男は女を従わせるのが好きだ」と彼はのんびり言った。「酸攻撃《アシッド・アタック》を受ける女の数はバングラデシュが世界一だ」

酸攻撃？

「自分を振った女の顔に硫酸をかけるのさ。今は法律が厳しくなったせいで少し落ちついたがな」

バングラデシュには勝てない。もう女には怖くて近づけない。地元の女の子とデートする代わりにトリプティの顔がつぶされるというのは、あまりにも大きすぎるリスクだ。どのみち、この体調ではセックスどころではない――まるでナマコの殻を消化しようとしているかのように胃が痛い。ホテルに戻ったらトリプティを探して、今夜の件は中止だと伝えなくては。

それから一時間半ほど、内臓がひっくり返るようなデコボコ道をドライブして、乾いた荒れ地に粗末な小屋が密集しただけの村にたどり着いた。衛生放送はなく、『InStyle（イン・スタイル）』誌（訳注　アメリカの女性向けファッション雑誌）も定期購読できない。われわれが娯楽なのだ――特にハラーレイは自分と村人との交流を撮影するクルーを連れている。

女性はみな頭からつま先まで宝石で美しく着飾っていた。そしてわれわれが周囲を見て回る間、俺は十代の少女たちが俺を見ながらずっとついてくるのに気がついた。やがて二〜三人が勇気を出して近づいてくると、俺のイヤリング、ブレスレット、指輪、スキンヘッドなどを指さし始めた。

俺はイクバルに、女の子たちに何をしているのか聞いてくれるよう頼んだ。「女はみんなお前のことが好きだ」とイクバルは戻ってきて俺に言った。そして彼は宝石で着飾った二人の裸足の美少女を指さして、「彼女たちはお前と結婚してもいいと言っている」と言った。

「ハラーレイはどうなんだ？　カメラが追いかけているのはあいつのほうだぜ」

イクバルは再び女の子と言葉を交わしてから、振り返って笑った。「お前がいいんだって」

その瞬間、男女のゲームは世界共通なのだと悟った。ピーコックセオリー（混ざってしまうのではなく目立つ、人とは違った派手な生活スタイルを送る）はどんな文化においても有効なのだ。ド派手な服を着て一生を送る俺の運命が正式に決まったわけだ。

奇跡を起こすという老人に会って、普遍の原則をもう一つ発見した――マジックだ。老女の起こす奇跡とは、鳥の骨を使って巧みに行う一風変わったただの手品だった。それから毒抜きされた蛇を操る蛇使いと、呑みこんだ縄を再び腹から抜きとる昔のイスラムの苦行を見た。

結局、われわれが見たものは、説明のつかない奇跡ではなく、先祖代々技を伝えてきた手品師の村だった。彼らは村々を回り、戸口で手品を見せて金を得ることを生業としてきたのだ。言い換えれば、われわれが発見したのは物乞い版フランツ・ハラーレイの村だった。

ホテルに戻るとチケットデスクは空っぽで、トリプティはいなくなっていた。彼女と連絡を取って、夜の密会の中止を伝える手立ては何もなかった。

というわけで、ダッカは今、午後八時二十五分。トリプティが来るのを待つ俺は、時間つぶしにグーグルで酸攻撃について調べ、座って胃の痛みと戦いながらこれを書いている。

酸攻撃はバングラデシュで毎年約三百四十一件も起こっており、ほとんどのケースで女性が関与している。硫酸を使ったケースが最も多く、車のバッテリーからコップに移して女性の顔にかけるのだという。変形した女たちの顔は、今までに見たどんなホラー映画よりもおぞましいものだった。中には無理やり飲まされた女もいるという。

もちろん、アリ・ラジとその仲間について、俺が完全に誤解している可能性もある。本当はトリプティから俺を守ろうとしているのかもしれない。彼女が俺に仕掛けている結婚の罠から救ってくれようとしているのかもしれない。

あるいは俺を邪魔しているのではなく、俺を口説こうとしている可能性もある。インターネットで調べた情報によると、どうやらバングラデシュでは人口の半分がホモセクシュアルらしい。とにかく早く来てほしい。妄想癖のある暇人にとってインターネットは危険な道具だ。グーグルでさらに五件ほど検索した後、廊下に足音が聞こえた。こちらに近づいてくる。ドアがノックされた。なぜ彼女は俺の渡した鍵で入ってこないんだ？

彼女の声が聞こえた。そして、男の声も。誰か一緒にいる。……いい兆候とはいえない。

「待ってくれ。今ドアを開ける！」と答えた。

この文章をメールで自分宛てに送信する。最悪の場合、誰かが見つけて読んでくれることを期待しながら。念のため、ベルナルドにも送っておこう。

幸運を祈ってくれ。――いや、どちらでもかまわない。何が起こっても自業自得というやつだ。

それからどうなったかというと……

ベルナルドか
よお！
無事に戻ったな
メール読んだぜ
気が狂ったと
思っただろ？
別に？
慣れてる
それより
何があったか
話せよ
あと４ページだ
スケッチはもう
終わったのか？

“男”は誰
だったんだ？

…気持ち悪いな
それで？

ちょっと話して終わりさ
すぐに連れて行かれた

それで終わり？

いや まだ続きがある

メッセージです

Hi Neil how ...
... angery. But i feel ...
...ke T-shirt and hand beat...
good girl this. but i like very ...
and i love you. i send your ...
love and kiss
Tripti

見ても？

どうぞ

それは？

女からだ

かわいこちゃんってことさ
そう呼んでたんだ
Hi Juan how you?
チュラって
何のことだ？
Chula
同業者に
会ったような
ものか
魔法探しに
忙しくてな
落ちついて
考えてみると
どうも
遊ばれたらしい
ああ
むこうも彼女と
ヤッてはいない
ようだが
まったく
同じ手紙を
受け取った
ってわけか！
寄って
いくか？
そのとおり！
サリーには気をつけるよ
やめとく
ネタを見つけてスケッチ
完成させなきゃ

ルール4
旅立つ前に地勢を知っておくこと

マギー

裏庭のプールから上がったマギーは、水滴が流れ落ちる体からクチナシと塩素の匂いを漂わせていた。鎖骨あたりのくぼみには水滴が丸く溜まっている。腹部にはうっすらと若い筋肉が見え、太ももには子供時代の名残である皮下脂肪がまだ少し残っていた。

彼女はこちらに向かって幸せと同じ速さで歩いてきた。俺は高価な白いカーペットを踏みしめて、彼女を二階へと連れて行った。どの瞬間にも自由で、一点の曇りもない彼女の存在のあり方に俺は嫉妬した。そしてシカを追うオオカミの群れのように心に渦巻く不安の嵐を収めようと戦った。

彼女をベッドに押し倒す。彼女がマットに触れた瞬間、笑い声は消え、がらんとした白い部屋は女の音で満たされた。彼女はそこに横たわったまま、次に起こること――よく知っている――をじっと待っていた。ただ強く体を押しつけ、彼女の中へ入り込み、心拍数を少し落として彼女に合わせるだけで、俺もまた若く、自由で幸せな気持ちになれるのだ。

体型の崩れた十二歳年上の、締め切りに次ぐ締め切りで精神をすり減らした男に彼女が何を求めているのかは分からない。受容ということかもしれない。彼女は気づいていないが、誰かに受け入れてもらいたいという望みが満たされることはない。それゆえ、人間が間違いを起こす原因になる。あるいは成熟の証拠が欲しいのかもしれない。成熟などというのは、子供が将来自分たちと同じようにみじめな姿になるようにと、大人たちが作った檻であることを、彼女は知らないのだろう。あるいは、何も考えずに、ただ与えるだけで満足しているのかもしれない。

リンダ

リンダはこめかみに流れる汗をぬぐい、下唇をじっと噛みしめている。注意深く俺の上にまたがり、全面降伏を拒絶するかのように両手と両足を緊張させている。バレリーナのような長くしなやかな体と、女性らしい腰つき。豊かな茶色の髪が、まだ発育しきっていない体の線にかぶさって、彼女自身まだ見慣れていない裸の自分を隠している。キスのせいで唇は少し腫れ、頬はここに至る数時間の高揚で赤く上気している。

がらんとしたベッドルーム——彼女はこの部屋で育った。しかし子供時代を思い出させるものはすべて除かれている——に漂う空気の粒子の一つ一つが、彼女から発散されるエネルギー、激しさ、不安げな興奮で満たされている。そして、その時がきた。

「もっとゆっくり」「やさしくして」「ほんの少しだけ」。彼女は初めてセックスする女の子が言いそうなことをすべて言った。

その後もまだ少し躊躇した。それはオレンジが枝から落ちる直前の最後の一揺れのようなものだった。彼女はさまざまなシチュエーションや感情とともに、何年間もこの行為を夢想してきた。次から次へと現れる志願者はみな断ってきた。彼らが報酬を求めて犯罪者を追う賞金稼ぎのように思えたからだ。一つのミスもあってはならない。これから十年、二十年、三十年たっても、自分が正しい判断をしたと、笑顔や感動とともに確信を持って思い出したいから。

リンダは立ち上がり、決心したように振り返ると、俺の骨ばった尻に足のほうを向いてまたがった。笑い声——神経質、子供っぽさ、女性らしさ、ぎこちなさ——が消えていた。いくつになっても、どんなときでも、自分が変わっていく間にも、いつも忠実に自分の秘密を守ってくれたパイン材の薄い鏡台の四角い鏡を見つめた。ゆっくりと左に上半身を回し、体にモデルのような凹凸ができるのをじっと見た。それから顔に視線を移し、これまで注意深く守ってきたものを捨てる瞬間の自分がどう見えているのかを観察した。これは俺ではなく、彼女だ。娘として、妹として、子供としての十九年間を振り返りながら、止まったような時間の中でこれは行われた。

俺

そして今、二人と一緒に座っている。左にはサマードレスを着たマギー。右にはスエードのスカートをはいたリンダ。二人とも俺の手を握り、それぞれが今晩は俺が家まで送ってくれるのだろうと考えている。

手を握る強さが心を映す。マギーの手は優しく俺の手の上に載せられ、不安や焦りは感じられない。時間はまだたっぷりあることを知っているのだ。だが彼女は間違っている。六十センチ離れたところでは、姉の知らない事実とともに、妹のリンダもまた俺の手を自分のもののようにしっかりと握っていることをマギーは知らない。無邪気なマギーは、妹がデートについてくるのを許した。

こうして映画よりも奇妙な現実が生まれる。二人の姉妹がろくでなしの男のために引き裂かれる。そして、エサウとヤコブ、アロンとモーゼ、バートとリサ（訳注　アメリカのアニメ『ザ・シンプソンズ』のキャラクター）のように、この争いはいつも若いほうが勝つのである。世の中はそういうものだ。

そして、モデル姉妹と寝たことを誇りにし、人の生き血を吸うドラキュラのように女たちの腕に抱かれて自己の存在を確認する、最高峰のナンパ師を自認する俺は、彼女たちのおもちゃ箱の人形と何ら変わりはないのである。

「私たち、すぐに深いレベルでつながったわ」。リンダはあの最初の夜にベッドの中でそう言った。「でも、それからマギーもあなたと寝た。何ていうか、複雑だった」

だが、俺とリンダが本当につながったのはたぶんマギーが登場してからだ。おそらくリンダも、俺と同じように、自由で自然体なマギーに嫉妬していた。そしてその姉から何かを奪いたいと思ったのだ。そしておそらく無意識のレベルで、自分の処女を最も悪意のある方法で失う決心をした。愛と笑顔と無垢な瞳で、もう一度姉の居場所を奪うことができる。彼女が長く貞操を守っていたのは道徳的な気持ちからではなく、自分と比べて姉をふしだらな女に見せるためだったのだろう。

末っ子の武器は身体的な強さではなく狡猾さだ。そして俺はその悪だくみに乗った。自分の役目を果たすだけ――マギーは今までに二十六人の男と寝ており、俺は彼女の男遍歴に一行加えられただけにすぎない。しかしリンダにとっては俺がすべてであり、彼女の面倒を見るのは俺だ。壊れやすいガラスの鈴に入った、大切な思い出を守る役目だ。もし壊してしまったら、その破片は彼女の心に突き刺さり、痛みは一生消えないだろう。

彼女は頭がいい。つまり正しい男を選んだ。道徳に縛られた俺には、たとえ彼女（ほかの女でも）がほかの男を見つけたとしても、彼女を破壊することなどできない。

つまり俺に選択の余地はないのだ。今夜、必ずどちらかが傷つく。それなら潔癖で感傷的なお嬢さんよりも、ふしだらでハッピーなほうが傷つくべきだ。

マギーは一生俺とリンダのことを許さないだろう。今夜、俺が妹のベッドで横たわっている間、マギーは昔のボーイフレンドのところに行って自分を慰めるのだ。

一カ月後、愛と笑顔と無垢な瞳――姉への反乱を起こすのに使った武器――で、リンダは俺に、マギーがその男と引っ越してくるのだと言った。三カ月後、男がマギーに覚せい剤を教えた。一年後、暴力に耐えかねてマギーは男と別れた。二年半後、もうマギーには、水を滴らせてプールから上がったときの素直な少女の面影はなかった。彼女はその男と結婚した。一瞬の決断が、セメントに閉じ込められた気泡のように、その後の人生に決して拭えない影を落とす。

ルール5
意識が自分自身を形成する

「古い車で迎えに行く」と、彼女はすまなそうに言っていた。

「車が見える前に音が聞こえるわ」

だがこのとき、俺は初めて車に夢中になった。

製造は一九七二年だが、もっと古びて見えた。表面は傷やへこみでデコボコで、ところどころ下塗りがむき出しになっている。バンパーは錆びて、全盛期にはかなりのスタントをこなした様子が分かる。革張りの内装は長年の使用と手入れ不足であちこち破れ放題だ。

しかしなんといってもボディが美しかった。しなやかな曲線を描き、平坦なところはどこにもない。前輪のタイヤハウスは両側でなめらかなアーチを描いてボンネットの下に入っていき、車内からは端が見えない。フェニックス空港を出るとき、人々が振り返った。周りの車とはまったく別物に見えるからだ。誇り高く、威厳に満ち、古いことなどまったく気にならない。ボディラインの美しさは圧倒的だった。

「コルベットがこのスタイルだった時代の最後に生産された車なの」と彼女は言った。「一九七二年以降、バンパーはプラスチック製になった」

彼女の名はレスリー。初対面だが、俺はこの女と寝ることになっていた。最初から計画していたことだ。俺の生徒のジャスティンという男が、誕生日プレゼントに従姉を紹介してくれたのだ。確かにこれはいくら師弟関係でも少し度が過ぎている。普段の俺なら彼にそんな気味の悪いことはさせない。しかしジャスティンによると、この女はただのセックスの相手ではなく、研究対象になるというのだ。

「レスリーは人生の半分をセックス教の教義の学習に費やし、ついに喉の裏側にGスポットを見つけたんです」と彼は言った。

「それはちょっと面白そうだな」俺は答えたが、まだ何のことかよく分かっていなかった。「で、それをどうやるんだ？　喉に指を突っ込んで刺激するのか？」

「いえ、別の方法です」。彼はにやっと笑う。「レスリーはディープスロートの達人で、男のものを丸ごとのみこんで、喉の筋肉を使うんです。きっと今まで味わったことのない経験ができますよ。未知の領域に踏み込んだ感覚ですね」

俺は興味を持った。いい意味でだ。

ファニー・ファーンという新聞コラムニストのコメントで、「男心をつかむには胃袋から」というのがあるが、男のことをまったく分かっていない。飯なら外に出ればいつでも食える。しかし、八十歳のおじいさんがまさに死の床にあるときに、価値ある人生だったと思い出すような、一生忘れられない強い印象を男に与えたいのなら、最高のフェラをしてあげることだ。もし一瞬でもすごいと思わせたら、俺たちは一晩中それを求める。そして本当にすごかったら、次の日も百パーセント男から電話がかかってくるはずだ。

男はこんなにシンプルなのに、なぜ女はいつまでたっても理解しないのだろう。おそらく、男はシンプルな存在だということが理解しにくいのだと思う。

ジャスティンに従姉を紹介すると言われたとき、今までに女を紹介すると言いながら、結局誰も紹介してくれなかった人々を思い出した。あるときのこと、マリリン・マンソンのボディガードが、彼は結婚していて女遊びができないので、自分の部屋にいる二人のストリッパーを俺の部屋に寄越すと言ってくれた。俺はシャワーを浴びてさっぱりし、息が臭くなるので眠ってしまわないように気をつけて、どきどきしながらベッドで何時間もドアがノックされるのを待っていた。しかし誰も来なかった。仕方なく、その日もまた自分で処理したのだった。

だからフェニックスへ旅立つ前に、念のため、厚いまぶたに輝く茶色の瞳をした、スレンダーで巨乳のファラーというイラン人の女に電話しておいた。彼女と知り会ったのは前回フェニックスへ行ったときで、彼女はセックス教の本を購入する話をしていた。これで、どちらに転んでもセックス教の秘儀を体験できるというわけだ。

「今は父とセドナに住んでいるの」。レスリーはジェームスホテルへ向かう間、一人でずっとしゃべっていた。「スコッツデールのスポンサーのところにいることもあるわ。でも最近は全然連絡くれなくて」

スポンサーとはどういう意味かと聞きたかった。薬物依存症治療プログラムの看護師？　援助交際の相手？　何らかの商売の客？

ほかにも聞いてみたいことはあったが、どれも適切な質問とは思えなかった。

俺はまだ状況に確信が持てなかった――本当にこの女は今晩俺にディープスロートしてくれるのだろうか？　だがそれを確認する方法もなかった。

レスリーは俺がいつも寝るタイプの女とは違ったし、普通なら友達にもなりそうになかった。奇妙な陰影のある彼女の赤い顔を描写するのに、世慣れた、というのが一番ましな言い方かもしれない。日焼けではなくメイクなのだが、市バスに乗っているホームレスくらいでしかこんなのは見たことがない。小ぶりな歯がぎっしりと詰まった口元は、見ようによっては可愛いともいえるが、彼女の大きな顔とはバランスが悪く、笑顔が不自然になっていた。

だが、その体は見事としかいいようがなかった。大柄だが太っているのではなく、堅く締まっている。女戦士型とでも呼べばいいだろうか。ピンクがかった胸は大きく服の外へはみ出し、どうしても目がいってしまう。筋肉質で大きな太ももは、工事現場でも十分働けそうだ。そして立ち居振る舞いは性的なエネルギーで溢れ、まるでオーガズムの権化だ。運転する彼女の背中はアーチを描いて背もたれから離れ、巨大な胸をハンドルに力いっぱい押しつけているように見えた。

これこそ真のエロだと思った。俺はいつも自分の体重は七十キロだと言うのだが、本当はいくら食べたりトレーニングしても、六十三キロを越えたことはなかった。付き合う相手も自分の手に負える自己評価の低い小柄な女性ばかりだった。しかし、このアマゾネスはまさに筋金入りのあばずれで、天性の娼婦と言っていい。これ以上の逸材はない。天性の娼婦との出会いこそ、俺が長年待ちわびていたものだ。

ホテルに着くと、彼女は後部座席に手を伸ばして宿泊用の荷物の入った小さなバッグをつかみ、それを持ってホテルに入っていった。ジャスティンはきちんと約束を果たしたのだ。

だが、もう一つ問題が残っている。

「普段は何をしてるの？」と俺は夕食のときに聞いてみた。

「以前はダンサーをしていたんだけど」と彼女は言った。「今はいろいろね」

話をしながら、俺はできるだけ彼女に関する情報を引き出そうとした。その結果分かったことは、6年間ストリッパーをしていたこと、アダルト映画に何本か出演したこと、現在はかつての顧客が彼女の住まい、持ち物、旅費などの面倒をみてくれていること。金のためにデートや結婚をする女が娼婦らしいのと同じように、この暮らしが彼女を娼婦らしくしているのだと思った。

夕食後、二人で部屋に上がるエレベーターに乗った。俺とレスリーの間にはまだ愛情を示唆するような言葉や素振りは何もなかった。金のためではなく、嗜好としてこのようなことをするのだとしても、やはりどこか落ちつかない気分だった。

感情と関係なく、取引としてセックスを楽しむ男もいる。だが俺は、二人の関係性を通して、言い方を変えれば、肉体の接触が多いほど興奮する性質だ。自分といる女が、本当に俺のことが好きで一緒にいたいのかどうか(そこまでにかかるのが三分だろうが、三年だろうが)を知りたいと思う。そうでなければ、お互いが自分を捨て去る無我の境地へ至ることはできないからだ。

俺はディープスロートが始まる前に、少し時間をおいて彼女との関係を深めようと決めた。

「『自分はこのために生きている』ということを一つ選ぶとすれば、君は何を選ぶ?」と部屋に入るときに聞いてみた。

「そうね……」と彼女はうなずいて服を脱ぎ始めた。考えながらブラを外す。圧倒的な巨乳だ。間に辞書を差し込んだらがっちり挟まるだろう。

彼女はひざをついて俺のベルトを外し始めた。関係を深めるのは後にしよう。

「ベッドのほうを向いて立ってくれる?」とパンツを脱いだ俺に彼女は言った。

病院の健康診断のように素直に従う。彼女はベッドに上がると、頭だけベッドの端からはみ出るようにして横たわった。俺はこれから秘儀が始まるのだと気づいた。

チンコをぶらぶらさせながら、大きく口を開けた彼女のほうへ進む。夜店のゲームのようだと思った。

レスリーは手を差し伸べて俺を包むと、それを自分の口に差し込んだ。そして小刻みに頭の位置を調整して迷路のような喉の奥へと導き、すっぽりと飲み込んでしまった。

俺は幸福感に包まれていた。その瞬間、俺は部屋に入るときに彼女にした質問に対する自分の答えを見つけていた。

彼女は口の中のものをゆっくりと前後に滑らせ始めた。一番深い所では喉と唇で締め上げる。下を向いたときに見えるのは、彼女の伸ばした首とアゴだけ。俺はペンギンの腹を思い出した。ペンギンで気を紛らわせなければ、俺はここでフィニッシュしてしまい、セックスまでたどりつかなかっただろう。

「明日はもう一人女の子を連れてくるわ」と、レスリーは煙草をふかしながら、もの欲しそうな目で言った。「その子、すごい身体よ。何年も前から寝てみたいと思ってるんだけど。協力してくれるわね」

「豚でも、貪欲で太った豚が殺されて肉になる」と叔父は常々言っていたが、そんなことは無視し、俺は４Ｐができないかと提案することにした。

「いいね。実はセックス教に興味を持っているイラン人の女の子を連れてこようかと思っていたんだ。君が導師だということも話してある。食事の後でいくつか教えてやってくれないか」

「食事中でもいいけど」と言って彼女は細かい歯を見せて笑った。

共犯者としてこれ以上の人材は望めないだろう。俺はだんだん彼女のことが好きになってきた。すでに一度寝ているわけだし、これはいいことだ。

次の夜、俺とレスリーが再びペンギンゲームに興じた後、誰かがドアを軽快にノックした。ドアを開けると、長い脚を細身のジーンズで包み、豊満なバストの下でシャツを結んでほっそりした腹を見せている女が立っていた。

目の周りにはスタンプを押したような濃いクマがあり、額には深いしわが刻まれている。ぼさぼさの黒髪に縁取られた顔は後光が差したように劇的な印象だった。彼女はサマンサといった。

「電話を貸してちょうだい」。これが彼女が最初に発した言葉だった。

これがレスリーの友人であり、悩みの種でもある女だ。

彼女がレスリーの電話を取り上げてバスルームにこもり、誰かの留守番電話に向かって叫んでいる間に、ホテルのベルボーイが黒いバッグを三つ持ってきた。サマンサはバスルームから出てきた。

俺は部屋を出てロビーに避難すると、ファラーに電話をかけて、ちょっと変わった友人だからそのつもりでいるようにと伝えた。

部屋に戻ると、レスリーは首まわりが胸元まで深く切れ込んだヒョウ柄のドレス、サマンサは上半身裸にフェイクファーのベストという格好に着替えていた。三人でロビーを横切るとき、八〇年代の街娼ファッションに身を包んだ女戦士のようなナイスバディの女たちが痩せたスキンヘッドの男を挟んで歩く姿に、誰もが振り返った。

一瞬、これはジャスティンが仕組んだ冗談かとも思ったが、女を雇うほどの金を奴が持っているとは思えない。念のためレストランまでのタクシーの中でレスリーに身分証明書を見せてもらい、本当にジャスティンの親戚かどうかを確認した。間違いなく同じ名字だった。

「クレジットカードを失くしちゃったの。今晩だけお金を借りられない?」とサマンサが言い始めた。

「残念だが誰も君を助けてあげられないよ」と俺は答えた。彼女の世話人になるつもりはない。そういう扱いを受けたければ、まずは実力を見せなければならない。

ファラーはレストランで、ストラップレスの黒いイブニングドレス姿で待っていた。今のところ品位では彼女が二人を上回っていた。

「こっちがレスリー。セックス教の導師だ」と俺は紹介した。

ファラーは笑顔で挨拶をしたが、ほんの一瞬だけ眉間に、どうしてこのピンクの巨乳のヒョウ柄女が精神世界の指導者なのだろうという困惑が現れた。

店員に従って庭のテーブルに移動した。庭ではプロジェクターで壁に映画を映している。素晴らしいことに映画は『ラストタンゴ・イン・パリ』（訳注　ベルナルド・ベルトルッチ監督。七〇年代に大胆な性描写で話題になった）だった。

会話の糸口として、俺はワインのボトルを注文し、最近覚えた手品をいくつか披露した。その中の一つは紙を丸めた球を宙に浮かせるというものだ。

「こうやって物体にエネルギーを送り込むことができる人が、あなたの体にどんな影響を与えることができるか想像してみて」とレスリーがファラーに言う。彼女は素晴らしいウイングだ。

食事は長く感じられた。何の話をしていても、サマンサが必ず自分の神経症の話に戻してしまうのだった。壁に映されている映画の話をしていると、彼女は自分のケーブルテレビが故障し、修理屋がいつまでたっても来ないと文句を言う。セックスの話題になると、彼氏がもう一週間も電話してこないと愚痴る。ロンドンで夜遊びした経験を順番に話していると、旅行会社をしている弟が一度もいい話を持ってきたことがないと非難する。

黙って聞いているだけで頭が痛くなった。「自分で気づいてる？」。俺はとうとう我慢できずに言った。「修理人は来ない、彼氏は電話してこない、弟も助けてくれない。それは、たぶん君に問題があるからだ」

彼女は顔をゆがめて目を見開き、その後は食事が終わるまで黙っていた。おそらくこの俺のコメントも、彼女の不幸話に加えられていずれ誰かに語られるのだろう。

これで4Pの計画はパーになってしまったが、後悔はしなかった。頭痛を我慢するよりはいい。夕食後、俺はレスリーとサマンサに、イラン人の女を連れてパーティーに行くと言った。二人とも別に気にせず、自分たちはダンスクラブへ行くと言った。

ところがファラーは、さっき見せた手品で俺が本当に何らかのパワーの持ち主だと思いこみ、さらにあの二人と一緒にいることで、奔放なセックスライフを送っているのだと勘違いし、すっかりガードを上げてしまった。

パーティーの後でファラーがホテルまで送ってくれたが、車内での別れ際のキスも盛り上がらなかった。キスするというよりも、ただ俺のを受けとめたという程度だった。

俺はすっかり意気消沈してエレベーターに向かった。4Pのつもりが、結局いつもどおり一人ぼっちになってしまった。叔父さんは正しかった。貪欲で太った豚は殺されて肉になるのだ。

エレベーターから降りると、レスリーとサマンサ、そしてもう一人見たことのない女が、廊下で煙草を吸いながら部屋の前で待っていた。俺は彼女たちは今晩は戻らないものだと思っていた。

三人目の女はディーといった。小柄で、口数は少ないが堂々として、編み込んだエクステンションを体の半分くらいまで垂らしている。肌の色はスペイン系だが、顔立ちはネイティブアメリカン。後ろから見ると黒人系にも見えた。

部屋に入ると、ディーがポーチからミネラルウォーターのボトルを出し、少し口をつけてレスリーに渡した。レスリーもそれを少し飲み、ボトルを俺に寄こした。

「GHB（訳注　ガンマヒドロキシ酪酸。麻薬の一種）ね」とサマンサが注意してくれた。

俺は口をつけずにボトルをレスリーに返した。サマンサに大きな借りができてしまった。

レスリーは自分のバッグに手を入れて、首からへそまで大きく楕円に穴のあいたメタリックグリーンのドレスを引っ張りだし、「これ着てみなさいよ」とサマンサに言った。レスリーの人をその気にさせる才能はすごい。

数分後にサマンサはバスルームからドレスに着替えて出てきたが、変な形の星がついたクリスマスツリーのようだと思った。「ディーにはこれ」と、今度は白いミニドレスをバッグから出した。

ディーはバスルームには入らず、その場でジーンズとタンクトップを脱ぎ捨て、カー雑誌の表紙になりそうなセクシーな肉体を見せながらドレスに着替えた。

「うん。いいわね」とレスリーは満足そうに言った。彼女はディーに歩み寄り、胸の間に手を当てると、そのままセックスし始めた。

俺は今、プロフェッショナルに囲まれているのだ。

数分後にはディーはベッドの上で大の字になっていて、ドレスをたくし上げて露わになった両足の間にはレスリーの頭があった。俺は夕食のときと同じ格好のまま、彼らの横で座っていた。ＧＨＢもやらず、これがいい男の態度なのだと考えながら。

俺も参加しようと思い、一番近くにあった空いている胸をつかむと、レスリーは俺のほうに顔を上げ、濡れたアゴをぬぐいもせず、両耳に届くかと思うほど口を左右に広げて笑った。俺は死肉をあさるコヨーテを連想した。

「暑いわね。空気を入れ変えなきゃ」とサマンサが言った。

サマンサはただ注意を引きたいのだ。「こっちへいらっしゃい」とレスリーがかすれた声で言い、起き上がってサマンサをベッドに連れてくる。

「その前にちょっと部屋をきれいにしたいわ。私にかまわないで続けて」。部屋は少しも汚れていない。

「後からいくわ」と彼女はぎこちなく、どっちつかずな感じでつけ加えた。「楽しそうだもん」

レスリーはベッドに戻ると俺の服をはぎ取った。彼女とディーは二人で俺に襲いかかってきた。

「アイロン台がないかしら」とサマンサが聞く。

だんだん４Ｐよりも変な状況になってきた。

「何をすればいいか教えてやる」と俺は再び叔父の教えを無視して言った。「テーブルの上に俺のカメラがあるから写真を撮ってくれ」

レスリーとディーは反対しなかった。されて困ることなどほとんどないのだろう。カメラのフラッシュが焚かれ、俺が臨終の床で思い出す事柄の上位リストを二人が次々と更新する間、俺はイッてしまわないようにじっと我慢していた。いったん開放された女の性欲は男よりも数段旺盛だ。もしここで終わってしまうと、残りの時間、俺はずっとわき役でいなければならない。

「撮った写真を見るのはどうするの？」

俺はサマンサを無視した。俺は今最高に輝いているのだ。

「退屈」とサマンサ。「お風呂に入るわ」

レスリーが飛び上がった。「手伝ってあげる」

サマンサはこうなることを知っているのだ。

十分後、レスリーがしょんぼりしてバスルームから出てきて、俺にもサマンサを口説いてみるようにと言った。俺はタオルを腰に巻き、バスタブの縁に腰掛けた。

サマンサはやんちゃな子供のように足を投げ出して、浅く張った湯の中に裸で座っていた。

「湯加減はどう？」と俺。

「いいわよ。いい気持ち」

俺は運だめしをすることにした。運だめしは俺の性癖だ。つまり貪欲な豚なのだ。

タオルを外し、彼女と一緒にバスタブに入った。話しながらサマンサの手と足をマッサージした。彼女は止めなかった。

乳首の周囲に円を描くように指を走らせると堅くなってきた。次に舌で刺激する。それでも彼女は止めなかった。

次に足を下からなでていき、ひざ小僧に達すると、そのまま彼女の割れ目を目指して降りていった。ここで止められた。

「駄目」と俺の手を押し返す。「行き過ぎよ」

ベッドルームにいる間にすっかりテンションが上がっていたので、彼女が十分その気になるまで待つことを忘れていたのだ。しかし問題はない。俺は決めた。ベッドにいる二羽の鳥はバスタブの一羽に勝る。次に叔父に会ったらこの金言を教えよう。

ベッドルームに戻ると、ディーがレスリーを愛撫していた。俺も加わり、彼女のGスポットに指を差し入れた。やっぱりこっちのほうが楽しい。

レスリーは声を上げて背中を弓なりに反らせた。オーガズムに達しながら、もっととせがむ。ディーと俺はポジションを交代し、レスリーは再び絶頂に達した。そしてさらに要求する。おそらく四十五分くらい、レスリーは俺たちを働かせ、自分はオーガズムに次ぐオーガズムに達し続けていた。俺はアゴや手首が疲れてきて、味つきのでかいクルトンが乗ったシーザーサラダを食ったら美味いだろうなどと考えていた。

オーガズムに達するたびに俺たちにさらなる奉仕を強いて、レスリーの背中は弓なりに反り続けた。しかし彼女がどれだけ欲張ろうが、俺は止めなかった。彼女がアレンジしてくれた今夜の経験に対して感謝の気持ちを示したかったからだ。

「ああ、いいお風呂だった」。空気を読まない奴が戻ってきた。「ルームサービス頼んでいい？　お腹すいちゃった」

「いいや」と俺は言った。ルームサービスが来てぶち壊しなんて最悪だ。

「いいやって？　気にしないってこと？　それとも頼んでは駄目ということ？」

「今は駄目だ」

「じゃ、お茶でも入れるわ」

このやり取りの間にもレスリーはまた達した。

知ったことか。

俺はコンドームをつけた。根元までしっかりと装着したのを確認し、レスリーを愛撫しているディーに挿入した。

「あら、ここにアイロン台がある」

あの女はラリっているに違いない。

「あなたのシャツにアイロンかけていい？」

ひょっとすると俺のほうがひどいかもしれないが、ここまで来るとこの女は悪夢だ。母親の前でセックスしている気分になってきた。

まもなくレスリーとディーは満足して寝てしまった。礼も言わずに。

「もう寝てもいいぞ」と俺はサマンサに言った。「誰も襲わないよ」

「いいの」とデスクの椅子に座って彼女は言った。「不眠症なの」

間違いなく覚せい剤だ。

興奮のさめない俺はなかなか寝つけなかった。サマンサはそんな俺の様子に気づいていて、自分の生い立ちを話し始めた。ディナーパーティーの最中に家族の目の前で銃で自殺した父親、自分を叔母の家に置いて二度と戻ってこなかった母親、付き合った十年間、自分に暴力を振るい続けた初恋の相手……。

そのとき、彼女がいつも人の関心を引いて助けを求めようとするのも無理はないかもしれないと思った。愛した人全員から見捨てられ、ひどい仕打ちを受けて生きてきたのだ。数十年たった今も、彼女は子供時代に感じることができなかった安らぎを探し続けているのだ。しかし身についた卑屈な態度のせいで、結局は誰と会っても子供時代と同じように拒絶されることを繰り返している。

俺はだんだん彼女のことが気の毒に思えてきたが、そのうち眠ってしまった。

翌朝、目が覚めるとディーが俺の首を噛んでいた。俺とディーしかいないベッドは空っぽに思えた。

「みんなは？」

「バスルームよ」とディーは小声で言った。

彼女は手を伸ばして俺の体をあちこち触ってから、「ねえ、まだコンドーム持ってる?」と聞いた。

俺がコンドームをつけると、ディーは転がって背中を向けた。俺は後ろから彼女の中に入った。俺があえぎ声を上げると、ディーはレスリーに聞かれたくないのか、静かにしてと俺にささやいた。何が悪いのか分からなかったが、俺がレスリーの男だと思っているのかもしれないし、あるいは円満な三角関係を保つためのルールか何かかもしれない。ひょっとするとディルドを忘れてレスリーとできないだけなのかもしれない。

一時間後、荷物をまとめた俺たちは部屋を出て、気恥ずかしい思いで混雑したロビーを歩いた。サマンサが俺を空港まで送っていくと言い、係が車を回してくるのを待つ間、急に手を握ってきた。「柔らかい手ね」と彼女は媚を売るように言った。今までの態度と全然違うので、俺はどう対応していいのか分からなかった。

彼女の車はレスリーのコルベットのような、古くて人目を引くものではなく、ただの白い九〇年式のマリブだった。あちこちへこんだボディや大きな音を立てるブレーキ、ぼろぼろの内装、割れたテールライトなどは、生活の苦しさと運の悪さを想像させるだけだった。

空港のターミナルで車を止めると、サマンサは口紅を引き直し、ポーチから封筒を取り出すと、それにキスして封をした。渡された封筒を受け取りながら、俺は最後に車の中の彼女を見た。少し寂しい気持ちだった。

最終的にレスリーとは気持ちが繋がったのだろう――そして認めたくはないが、サマンサとも。

飛行機で無事に家に帰り、普段の生活に戻った俺は封筒を開けてみた。中には、表と裏に細かい字でたくさん走り書きのある紙切れだった。

来週、電話かメールをください。こんな気持ちになったのは久しぶりだけど、あなたと寝たい気分になりました。リラックスしていやらしい気分です。こんなふうにスイッチが入ったのは初めて。一緒にいて楽しかった。あなたは素晴らしい男ね。こんな気持ちにさせてくれてありがとう。そんなつもりはなかったかもしれないけど。あなたのをしゃぶりたいと思っています。

翌日、俺はサマンサが撮った写真をパソコンに落とした。俺の人生で最もやばい写真だ。何枚かにはレスリーの性器がはっきりと映っている。これがネットに流れたらとんでもないことになる。

俺は削除プログラムを立ち上げて写真をすべてパソコンから消すことにした。そしてハードドライブがメモリを削る音を最後まで座って聞いていた。これでもうあの夜は存在しない。彼女たちは違う世界の住人だ。ただ俺が少し深入りしすぎたのだ。

ルール6
最良の結果を期待して、最悪を考えて準備する

ステーシーへ

美しいメールをありがとう。思慮深くて、暖かい、優しいメールだった。君にキスしたらどんな気持ちだろう。たぶん君は夢中になると思う。君の文章と同じで、思慮深くて優しいキスだろうと想像しています。唇の温かさや、初めて体が触れるときの喜び。初めは緊張しても、やがてその感覚に慣れてくる。君はもう何も気にならなくなり、体も、時間も、周囲の景色も、すべてがキスする僕らと溶けて混ざり合うだろう。

おやすみ。明日もいいことがありますように。

ニール

P.S. ジョンと君の姉さんが婚約したと聞いて喜んでいます。おめでとうと伝えてください。そして僕らを紹介してくれたことに感謝も。

ニールへ
あなたのキスの描写を読んで、しばらく言葉が出ませんでした。最初はやっぱり緊張すると思います。でも抱き合っているうちに、心に愛情が溢れてくるのでしょう。平凡なことは言いたくないのですが、私の思い描くキスのイメージそのものでした――太陽のように、愛が二人を包んで温めてくれる。

でも伝えておきたいことがあります。キスとかセックスとか、実は私には何の経験もありません。簡単に書きます。私は何年も神経性の食欲不振症に苦しんできました。この極端に痩せていた期間のせいで、性的な経験はゼロのまま今に至っています。最近になってようやく、そういった刺激に対して自分の反応を試すことを始めましたが、遅咲きの二十八歳といったところです。

次に会うとき、シカゴで会ったときよりも少し太っているかもしれません。ここ二～三カ月で病気が快方に向かっているようなのです。まだ全快とはいえないけれど、例えば、最近はチョコチップクッキーをたくさん食べています！

あなたを驚かせたくなかったけれど、私にはこういう過去があります。自分では愛情深い人間だと思います。心から誰かを愛したい。でも現実に愛を育むための知識はマイナス十点くらいなのです。でも知らないことを学んで、今世紀で一番美しいキスから関係を始めるって、素敵だと思いませんか？

会ってこの計画を実行するのはいつになりそうですか？　もちろんL．A．まで飛んでいきます。

あなたがこれを読んで、まだ私と会いたいと思っていればの話ですが。お返事お待ちしています。

ステーシー

ステーシーへ
昨日からオーストラリアに来ています。できるだけ早く君に礼を言いたいと思っていました。あれこれ考えて君を心配させたくないので、まず君が正直に隠さず話してくれたことに心から感謝していることを伝えておきたい。君が前向きでいるかぎり、何を言われても俺の気持ちは変わらない。心配しないでほしい。君の辛抱強い先生になると約束するよ。いい子でいればチョコチップクッキーも買ってあげる。
L.A.に来て、今まで話した場所を全部見てほしいと思っています。二月二十一日から二十四日の間はどうだろう?
住所を教えてください。絵葉書を送って、今日サーフィンをしたゴールドコーストのビーチを見せてあげる。すぐに会えないのが少し寂しい気持ちです。一緒にいたのは全部でたった九十分なのに、こんな気持ちになるのもおかしいけど。

ニール

ニールへ

特に理由なく書いています。ただおしゃべりしたい気持ちで。本当に本当に、あなたのことが好きです（一定レベル以上に。つまり、愛しています）。家の屋根の梁からぶら下がっている槍のような大きいつららを見ながら、金色に輝くゴールドコーストにいるあなたのことを考えています。この金色は、あなたと私が魔法のように作ったものです。

メールをください。喜びと愛と、ほかにもあなたのことを何でも詰め込んだメッセージを待っています。愚痴はここに書いてください。感情的になったときもここに書いてください。誰かの悪口もここに書いてください。何でも思いついたことを書いてください。全部受けとめて、きちんとお答えします。いつも心からあなたのことを想っています。

あなたへの気持ちは日に日に大きくなります。二十一日に会うまでに、気持ちが強すぎてあなたを押しつぶしてしまうかもしれません。気をつけて！

ステーシー

ステーシーへ

返事が遅くなってごめん。素敵なメールをありがとう。君が来るのを本当に楽しみにしています。

何も具体的なことを要求するつもりはないので安心してほしい。君も同じように考えているんじゃないかと思う。君の気持ちが少し怖いかな。期待に応えられるといいけど。来週がくるのを楽しみにしています。空港のターンテーブルで待っているから。チョコチップクッキーを載せたお盆を持って立っています。

ニール

ニールへ

ロサンゼルスでは本当にありがとう。二人で探検したゲッティ美術館は忘れられない思い出になりました。あと、サーフィンを教わったことも、とてもスリリングな経験でした。

あんなふうに私たちがうまくいかなかったのは残念でしたが、キスの瞬間の夢のような気持ちや、私にとって初めてのセックスへの挑戦は、いつまでも大切に心にしまっておきます。

あなたが少しずつ私と距離を置き始めたことにはもちろん気がついていました。私の未熟さや、一方的な片想いや、ほかにもあなたを驚かせたことに対して申し訳ないと思っています。病気のせいもあって、本当はこうありたいと思う自分になかなかなれないのです。

あなたは特別な人です。心にいつもあなたが入る場所を空けておきます。あなたの住む世界に私を招待してくれてありがとう。悲しい気持ちですが、あなたの幸せを祈っています。

ステーシーへ

会えて本当に嬉しかった。君と同じ気持ちです。君からのメールはいつも本当に素敵だった。ずっととっておこうと思います。

たぶん、きちんと説明できると思う。空港で会ったとき、それまでの、だんだん激しくなるメールを読んでいた俺は、すっかりその気になっていた。正直に言うと、少し怖いと思うこともあった。でも二人で家に帰ったときに、現実が見えた。君の処女膜を見て、君が普通の女性ではないこと、そして自分がやろうとしていることが普通のことではないのが分かったんだ。

自分が君の期待に応えられるのかどうか、俺への大きな愛情を受けとめることができるのか、自信がなかった。君は自分にとって本当に必要だと思う素晴らしい人とこの先へ進むべきで、俺はここで立ち止まって、友達のままでいたほうがいいと判断した。

俺は最高の恋人にはなれる。でもそれは普通の恋じゃない。精神的な欠陥なのか、単に住んでいる世界の違いなのかは分からない。君は日曜日にはいつも教会に行くような女性だが、俺はマリリン・マンソンについての本を書くような男だ。

君は愛情に溢れた、優しい心を持った人だ。その一部を俺に分けてくれて本当に嬉しく思う。

愛をこめて、ステーシー

良寛（訳注　江戸時代後期の曹洞宗の僧侶、歌人、漢詩人、書家）の詩を知っているだろうか？この詩は前半を良寛が書いて、後半は貞心（訳注　江戸時代後期の曹洞宗の尼僧。良寛の弟子。歌人）が書いた。夜読むのに最高の詩だと思う。試してほしい。

良寛の手紙

こうしてあなたと出会えた
人生で初めての喜び
だが思わずにはいられない
ただの甘い夢ではないだろうか
孤独な心に今なお残る夢
（訳注　良寛の原文「君にかくあひ見ることのうれしさもまださめやらぬ夢かとぞ思ふ」）

貞心の返答

夢の国で
まどろみながら、夢の話をする
誰にも分からない
どれが夢で、どれがそうでないか

それならいっそ好きな夢をみればいい
（訳注　貞心の原文「夢の世にかつまどろみてゆめを又かたるも夢もそれがまにまに」）
ニール
おやすみ、ステーシー。

ルール7
目の前の道を進めばいい

「友達の家にいたとき、空に高く伸びあがった蛇のような黒雲が立ったと思ったら、突然、大嵐になったんだ」。ホテルの部屋の壁に深い声を響かせながら彼は話した。「たまたまトラックのグローブボックスに小さな簡易カメラを入れていた俺は、その景色を一枚写した。それを現像したらなんと、嵐の中、暴風にヒゲをなびかせて立っている神の姿が写っていたんだよ」

彼は今世紀の最も偉大なミュージシャンの一人だ。数週間の仕事の後、俺はやっとの思いで彼を二時間座らせ、インタビューすることができた。取材はうまくいった……はずだった。終了の十分前、彼の孫娘が部屋に入って来るまでは。

俺は彼の話に集中できなくなった。孫娘は濃い黒髪と広い額に、長く引き締まった脚、セーターを持ち上げるほどの巨乳の持ち主だった。そのスタイルは、よく男がステンシル（訳注　プリント用の型）にしてトラックの泥よけに張りつける女の姿そのままだ。

横柄な立ち居振る舞いや、お高くとまった様子を見るかぎり、男たちが自分をどう見ているかはよく知っているようだ。その彼女が退屈そうにしている。これはまずい。

彼女はベッドに腰掛けて、枕から飛び出た羽毛を引き抜いている。俺のことなど、祖父から五十年前の小さな出来事をなんとか聞きだそうとするその他大勢の一人としか思っていないのだろう。

この認識を変えさせなくては。

「この世には人間を超越した何かが存在して、好きなときにわれわれの前に姿を現す。彼は、今の人間の生活、人間関係のことで腹を立てているんだ。われわれが猫や犬のように争っているからということではなく、要するにみんな死ぬまで仲良くやれと言いたいんだろう」と彼は締めくくった。

「一つ質問させてください。あなたは人間に対して深い理解をお持ちです」。俺は行動を開始した。まずは孫娘を会話に巻き込まなければ。「もしよければ一緒に考えてもらえますか?」

彼女は面倒くさそうに、だが少し興味を示した様子でこちらに目を向けた。「一般に女性は相手の外見よりも権力や社会的地位に魅力を感じると言われています」。俺は女との会話で最近よく使う、かなりくだらないオープナーを始めた。「先日、友人とこの話をしていたときに、彼がいい質問をしました。『じゃあなんで、ジョージ・ブッシュよりもトミー・リーと寝たい女のほうが圧倒的に多いんだ? ジョージ・ブッシュは世界で最も権力のある男の一人のはずだぜ?』」

「トミー・リーって誰だ?」と彼が聞いた。

「パメラ・アンダーソンのセックステープを流出させたロック・ドラマー」と孫娘が説明する。

「なるほど。それで分かった」と彼は言った。「ロックは人の魂を揺さぶるからだ。ロックを聴けば政治のごたごたなど全部飛んでしまうからさ」

「ジョージ・ブッシュがブサイクだからよ。ブサイクとは誰も寝たがらないの」と孫娘も自分の意見を述べた。美しい人にとって質問の趣旨などはどうでもいいのだ。

弱いオープナーには弱い意見しか出てこない。だが意図した結果は得ることができた――すでに会話の中心は彼女に移っている。

「この子がこっちでモデルをやりたいって言ってるんだ」と彼が説明する。「今どきのつまようじ体型ではないが。骨と皮だけのモデルはどうも好きになれない。俺はアリシアのような女の子が必要だと思うんだ」

彼はポケットを探ってミントを取り出すと、いくつか口に放り込み、「変な話になっちまったな」と言って咳込んだ。

彼女はこれを見て祖父の年齢と、彼に残された時間の短さを思い出したようだ。彼の肩をもんで落ちつくのを待ってから、この後の約束の確認をした。「買い物に連れて行ってくれるって言ったのを忘れないでね」

「この子はニューヨークが初めてなんだ」と彼は続けた。「だが連れてきたのは失敗だったかもな」

モデル、ショッピング、初めてのニューヨーク、買い物に乗り気でない祖父。このすべてがヒントだ。このヒントを活用する前に、もう一つだけ知っておく必要がある。「歳はいくつ？　ニューヨークは本当に初めて？」

「二十一」と彼女は答えた。

孫娘、という言葉が気になっていたが安心した。

「センチュリー21（訳注　アメリカ北東部を拠点とするアウトレットチェーン）に行くといいよ」と俺はもう少し彼女と一緒にいるためのタネをまいた。「ありとあらゆるデザイナーズブランドの服が驚くほど安く買える。何時間いても飽きないと思う」

インタビューが終わると、老人は少し眠ることにした。俺は果敢にアリシアをセンチュリー21に案内しようと誘ってみた。

彼女は俺の周りを旋回するようにして歩いた。ほとんど口は開かない。笑顔はゼロ。初めてのニューヨークなのだ。騒音とゴミと人とが混じり合った混沌の中で、多くの人間ドラマが生まれ、文化を育んできた。しかし彼女には何も見えていない。外の世界とは切り離されたガラスケースの中で生きているようだ。俺はそのガラスを叩き壊したいと思った。

幼い従妹《いとこ》に、眠れる森の美女の物語を聞かせたことがある。話が終わると、「眠っているお姫様に恋する王子様なんているのかな？」と従妹は言った。

「そのとおり」俺は答えた。「顔はきれいでも、一度も話したことがないのにね。びっくりするほど性格の悪い女の可能性もあるよ」

こんなことを言うから、親戚は子供を俺と遊ばせたがらないのだ。

当時の俺は従妹の質問に答える明確な回答を持っていなかったが、今は違う――王子が姫に惚れたのは、彼女をモノにする自信があったからだ。

センチュリー21で、俺はアリシアにわざとひどいデザインの服を選んで着せようとしたり、恋人同士みたいにふざけようとしたのだが、何をやっても彼女のガードを解くことはできなかった。彼女にとって俺はまだおじいちゃんの心のタンスをひっかき回す古美術商なのだ。

二時間後、アリシアは紫のサテンのドレス、レースのスカート、ＸＬサイズの男性もののポロシャツを買って店を出た。ポロシャツは彼氏へのお土産らしい。

シャツのサイズがもう少し張り合えそうな相手だったら、この想定外の出来事ももう少し冷静に受けとめることができたのだが（ＸＳサイズとか）。

その夜はセックスフレンドのエミリーというスタイリストと会う約束をしていた。彼女とはあるパーティーで会って数分話をしただけなのに、後からインターネットで俺のメールアドレスを見つけ、会いたいと連絡してきたのだ。

「あなたってヘロインみたい」。アリシアとの買い物のせいで待ち合わせに遅れた俺に彼女は言った。「友達はみんなあなたに近づくなって言うの。私がだんだん本気になってるから」

彼女が俺をベッドルームに連れ込んで服を脱がせる間、俺はその手をアリシアのものだと想像した。〝アリシア〟が俺を咥えるのを眺め、〝アリシア〟の黒髪をつかんだ。

その夜、エミリーと三回セックスしたが、俺はずっと目を閉じて、相手をアリシアだと想像した。

エミリーとのセックスでこの夜ほど興奮したことはなかった。

次の日の晩、アリシアのおじいさんのステージを見た後、楽屋に挨拶に行き、その夜にトライベッカグランドホテルで催されるパーティーにアリシアを招待した。彼女はゆっくりと物憂げに、長い食事の最後で砂糖を取ってと頼まれたように、「いいわよ。おじいちゃんをホテルに送るから、その後で迎えに来て」と言った。

その日は俺のニューヨーク滞在の最終日で、アリシアを連れ出せるかどうかも分からなかったので、俺はこれとは別にトライベッカグランドで別のデートも手配していた。女の名はロクサーヌ。身長百五十六センチで、俺の女友達では最もエロい女だ。

ショーが終わって一時間半後、昨日買ったタイトな紫のドレスを着たアリシアがホテルから出てきた。タクシーの運転手、通りを歩く学生、自転車で通り過ぎる男、みなが振り返って彼女を見た。

「彼氏に電話しないといけなかったの」と、彼女は遅れたことを詫びた。「もう一週間も話してなかったから。ほんとに退屈な男」

眠り姫を起こす役が再び巡ってきた。ＸＬサイズのシャツはもう敵ではない。

トライベッカグランドのロビーでは、ロクサーヌが人形のような背中と肩を大きく出した服装で待っていた。ロクサーヌは俺を強く抱きしめ、濃いマスカラを通して見上げてきた。彼女の目、笑み、誰の挑戦でも受けるという態度にはどこかいたずらっぽいところがあった。

初めてロクサーヌと会ったのは、前回ニューヨークに来たときに見たコンサートの会場だ。彼女はイラストレーターのモデルのアルバイトをしながら、ほかにもビスケットの缶からセックスの体位の解説本まで、いろいろなモデルをやっていた。彼女のボーイフレンドは俺が見ていた地元の小さなバンドのドラマーで、彼女に招待された俺は、ボーカルのアパートで行われた打ち上げに参加したのだ。パーティーの間、俺とロクサーヌとドラマーは、家の主が椅子に座っている横で、ほとんどずっとベッドに寝転がって過ごした。ロクサーヌと俺が話をしていると、ドラマーは急に立ち上がって、べろべろに酔っぱらった金髪の女を居間から連れてきてベッドに上げた。数秒後、彼はその女と絡み始め、二分後には丸裸にしていた。

ロクサーヌは俺と遊ぶのに忙しくて別に気にしていないように見えた——触ったり、エロ話をしたり、お互いにサインを出し合った。やがて俺はおそるおそる彼女に手を出した。キスしながら、彼女の肩越しにドラマーがどんな顔をしているか見ると、彼はもう金髪女のあそこに指を入れていた。

これはオープンな関係になろうという合図に違いない。

俺はさらに大胆にロクサーヌを愛撫した。ドラマーが金髪女をファックし始めると、ロクサーヌはコーデュロイのパンツの上から俺のものを握りしめた。ドラマーのナニにはアクセサリーのようなものが光っていて、彼が腰を振るたびにカラカラと音を立てた。ボーカルが自分の部屋に戻った。

遊んでいる間も、ロクサーヌはボーイフレンドのドラマーの様子をずっと伺っていた。彼女は腹を立てていたようだが、それは彼が別の女とやっているからではなく、やっている間、彼女のことを無視していたためだ。

彼女は俺のパンツを下ろすと激しくフェラチオを始めた。そして自分の財布からコンドームを取り出すと、勢いよく俺にまたがり、ドラマーに見せつけるように腰を動かした。俺の上で激しく腰を振り、自分のアナルに指を入れ、アパート中に響く大音量であえぐ。このカップルは今こうして戦っているのだと思った。

あまりいい思い出ではないが、すべていい経験でなければならないとは誰も言っていない。ただの経験というだけで終わることだってある。

二人はそれから数カ月後に別れ、ロクサーヌが一人になった今、俺はもしアリシアとうまくいかなくても、ロクサーヌと普通のセックスができると思って楽しみにしていた。男は誰でも、自分が愛されていると感じさせてくれる性に奔放な女が欲しいのだ。

「エクスタシーを持ってきたの」とロクサーヌはトライベッカグランドでの最初の一杯を飲みながら言った。彼女は財布からオレンジ色の容器を取り出し、中の白い錠剤を手のひらにあけた。

俺は幻覚剤があまり好きではない。効果が長続きしすぎるからだ。「飛ぶ」という表現はうまく言ったものだ。飛行機と同じで、いったん飛び立つと途中では降りられない。もっと重要なのは、ラリってスピーカーに六時間抱きついていても、アリシアと寝るチャンスが増えるとは思えないことだ。

小さな指で錠剤を挟むと、ロクサーヌはそれを二つに割った。一方は彼女の手の上で簡単に崩れた。そして、頼みもしないのに粉だらけの手を俺の口元に持って来て中身を放り込んだ。

俺は冷静でいようとしたが、思わず恐怖で目を見開き、悪魔でも見たような顔をした。薬がまわらないうちに手を打たなければ。しかしクラブで唾を吐き散らすわけにはいかず、俺は五分ほどバーボンコーラのグラスを口元に置き、酒をすする代わりに唾液をグラスに吐き続け、それからトイレに行ってグラスの中身を捨てた。

その後の一時間、結局薬が血に混じって体内を流れてしまったのではないかと怖くなり、ずっと緊張していた。

ふと気がつくと、二階のソファでアリシアがロクサーヌにマッサージをしていた。ロクサーヌはすでに眠り姫との関係を俺よりも先に進めている。だがまったく問題ない。それは二つの理由からだ。一つ、ロクサーヌは明らかにドラッグの影響で人とべたべたしたくなっているが、エクスタシーを無事に除去した俺はしらふの状態だ。二つ、次の作戦が着々と進行しているから。ロクサーヌとアリシアのどちらかを選ぶ必要もないかもしれない。

「俺が寝泊まりしているスティーヴンという友人の家に屋根裏があって、ほぼ毎晩そこで彼とルームメイトがパーティーをしているんだが、どんな様子か見に行かないか?」と、マッサージを終えた二人に俺は言った。

ロクサーヌ、アリシア、俺の三人はタクシーを拾ってスティーヴンの家に行った。途中の店で、赤ワイン、ポテトチップス、ターキーサンドイッチなどの食料も買った。

屋根裏でのパーティーはとっくに終わっていた。スティーヴンとルームメイトだけでなく、リビングルームでは別の男が二人、ソファで酔いつぶれていた。残念ながらここには俺の部屋がなかった。

いつもソファの横に布団を敷いて寝ているのだ。

ロクサーヌと俺は客用の布団に座り、アリシアは少し離れた朝食用のテーブルに腰掛ける。アリシアは気軽にターキーサンドイッチの包みを開けて食べ始めた。俺はどこに行って何を見ても動じない彼女をうらやましく思った。しかし時間は待ってくれない。緊急時にもガラスケースを粉々にする方法が何かあるはずだ。

「アリシア」と、ソファで寝ている男たちを起こさないように俺は声を掛けた。「帰る前に、最高にクールなビデオがあるから見せるよ」

ノートパソコンは俺の最強のウイングだ。

彼女は布団まで来ると端っこに座り、両腕でひざを抱えた。俺は木の枝で見事にムーンウォークをする鳥の動画を見せた。「最高にクール」は言いすぎかもしれない。しかし目的は果たした。アリシアは布団の上にいる。

眠り姫にキスするなら今しかない。これを逃せば彼女はホテルに帰って本当に寝てしまう。

最近、完全に動きをシンクロさせた二人のマッサージ師に体を揉んでもらって最高だったことを二人に話した。これは二重誘導マッサージと呼ばれるテクニックで、スムーズに3Pへと展開するためのルーティーンだ。

最初にアリシアと俺がロクサーヌをマッサージする。次は俺がシャツを脱ぎ、二人にマッサージさせる。最後にアリシアにドレスを下げて腹這いになるように言った。通常は、二重誘導マッサージをすると、室内のエネルギーに変動が起こり、参加者は心が安らぎ、充足感のある三方向の性体験が避けられない雰囲気に飲み込まれる。しかし、今回はエネルギーが動かなかった。アリシアは、マッサージから徐々に性交へとシフトするのではなく、ただ静かに横になってマッサージを受けていた。彼女の滑らかな広い背中に手を滑らせているのは、欲求不満には違いないが、同じくらい良い気分だった。扉の閉まったパン屋の前で匂いだけ嗅ぐようなものだ。

俺はひょっとするとアリシアは大人しく帰る機会を待っているだけで、俺とロクサーヌのことをいつもこんなことばかりしている変態だと思っているのではないかと心配になってきた。

しばらくして、アリシアは立ち上がると、ドレスを直してトイレへ行った。あまりハッピーには見えないが、怒っているようにも見えない。どうも何を考えているのか分からない。

だが俺は少なくともチャレンジした。俺は自分とロクサーヌがこのストーリーの白馬の王子とお姫様なのだと思いこもうとしたが、どうも悪い魔法使いのほうがぴったりくるようだ。

「アリシアは何を考えていると思う？」とロクサーヌに聞いてみた。

「さあ。全然分からない」

「トイレから戻ったら最終確認してみよう。もしその気がないなら、そのときはタクシーに乗せる」

アリシアは戻ってくると、帰る許可を待つように、また布団の端に座った。やはり俺は期待しすぎていたようだ。

「明日帰るんだろ。ちょっと眠ったほうがいい。タクシーを呼んであげるから」

彼女は俺の横に寝転がってさよならのハグをして「ありがとう」と言った。

彼女に抱きつかれた瞬間、俺は彼女のスイッチが入っていることに気づいた。ずっと待っていたエネルギーシフトがついに起こったのだ。

俺は彼女の唇へと急いだ。一秒でも遅れると彼女は出て行ってしまう。彼女は俺の中に溶け始めた。ガラスケースが熱を発し、俺が触れるとひび割れ、大きな破片となって彼女の肌から剥がれ落ちた。彼女の唇から歓喜のつぶやきが泡になって漏れる。

ロクサーヌは俺の背後で寝ている。俺は彼女のほうを向き、引き寄せて愛撫してやった。それから二人でアリシアの胸をドレスの上から揉んだりなめたりした。アリシアは脱がせてというように、横着に両手を上げる。

アリシアは人に何かを与えるタイプではないが、受け手としては最高だった。背中を反らせ、尻をけいれんさせ、所有しているだけで偉大な、完璧な肉体を惜しみなくさらした。

パンティを脱がせると、すでにアリシアはぐっしょりと濡れていた。俺はスーツケースに走っていってコンドームを取り出すと、また走ってベッドに戻った。俺は二人を並べて寝かせ、ロクサーヌを愛撫しながらアリシアの中に入った。そしてロクサーヌの中に入っているときはアリシアを愛撫した。

驚いたのは、目の前のソファで男が二人寝ている（あるいは寝た振りをしている）にもかかわらず、女たちがまったく躊躇しなかったことだ。友人の一人は、すごくいい女と寝ているとき、自分にはその価値があると考えるという。俺の場合は、自分がこんなことになっているのが信じられなかった。

この女、目が見えないのか？

あるエロカップルは、よく自分たちの3Pについて語って聞かせてくれた。男のほうはいつも目を輝かせて大好きな体位を教えてくれた。それがザ・トライアングルだ。

今こそ伝説の体位、ザ・トライアングルを試すときだ。俺は仰向けになり、アリシアに上にまたがるように言った。そしてロクサーヌをアリシアと背中合わせに俺の顔の上に座らせた。これで二人と同時に愛し合えるわけだ。

しかし、俺には友人が話していたような宇宙との一体感を感じることはできなかった。目が見えず、窒息しそうになっただけだ。ロクサーヌは俺の目の上に座っていた。

文句を言っているのではない。

その後、アリシアが話しかけてきた。「あんなことしたの初めて」と彼女は静かに言った。

「3Pのこと？　それとも女同士でしたこと？」。ザ・トライアングルのことではないと思った。

「両方」と彼女は言った。

「どうだった？」

「そうね……」彼女は一瞬考え、「よかった」。彼女はいつも言葉少なだ。

アリシアと俺はその後も連絡を取り合った。電話で長く話すときなど、彼女のガラスの鎧は落ち続け、少し間の抜けたところや、皮肉な調子のユーモアのセンスをのぞかせた。

「おじいちゃんはあなたのことが好きなの」と彼女はある晩言った。「来てほしがってるみたい」

一週間後の週末、俺は飛行機に乗った。どんなジャーナリストも経験のないセッティングでインタビューの続きができることが決まったのだ。アリシアが空港で俺を拾い、車で家まで連れて帰った。

「こんなことはめったにないんだぞ」。俺が到着したとき、彼は酒やけした声で言った。

日中は彼がスタジオで作業するのを見ていた。夜はアリシアが俺のベッドに忍び込んできた。

翌朝六時、彼女のおじいさんが部屋に飛び込んできた。彼は俺とアリシアがベッドの中で抱き合っているのを見た。そして彼女に、「お前がニールと付き合っているのは知ってた」

彼は大声で皮肉な調子で笑うと、俺のほうを向いて、「外に来い。見せたいものがある」と言った。

俺は彼について家の中を歩いて外に出た。彼は草の上に立って、夜明けの空を指差した。「あそこだ。何が見える？」

「雲」

「もっとよく見ろ。雲の中に何が見える」

煙が浮かんでいるようにしか見えないが、大興奮している彼をがっかりさせたくなかった。「神？」と俺は聞いた。

「そうだ、神だ」。そう言って天高くたなびく雲を指さした。「神がお前さんに何を与えるつもりなのかは分からない。人間には想像もつかない神の思し召しだ」

「ええ」俺は言った。「確かに」

ルール8
感情は十分理性的だ

とんでもないミスをやらかした。

この間の晩、酔っぱらって誰かと結婚したかもしれない。

そして今、その人とはもう一生会えないのではないかと思っている。だが会ってしまうかもしれない。どっちがましだろう。

その女性の年齢も、住所も、名字すら知らない……いや、名字は分かっている。

俺は自分のミスを人のせいにするような人間ではない。しかしあえて誰かの責任を問うならば、ラグナー・キャルタンソン（訳注　アイスランドの現代アーティスト。二〇〇九年のベネチア・ビエンナーレのアイスランド代表）だろう。彼については二つのことだけ知っておけばいい。まず、アイスランドにただ一つのカントリーバンドのシンガーであること。次に、アイスランドの花嫁準備学校の、初の男性卒業生であるということ。

彼はアイスランドの首都レイキャビクでの俺の現地ガイドだ。そして彼は正直、あまりいいガイドではない。

最初におかしいと思ったのは、レストラン「トゥヴェル・フィスカル」だ。この名前の意味が、聞く時間によって、「二匹の魚」になったり、「三着のレインコート」になったりするのだ。ここはクジラのステーキとクジラの寿司を出すアイスランドでも数少ないレストランの一つだ。また、ひどい匂いのするサメの肉も食べられる。このサメの一番いい食べ方は、大きく切った塊を、ブラックデス（訳注　アイスランドの醸造酒。別名ブレニヴィン）で一気に流し込むことだ。サメはへそのゴマのような味で、酒はガラスクリーナーの味がする。

「飲もう」とろれつの回らないラグナーは俺に三杯目のブラックデスを手渡した。「悲しみに乾杯」彼はガールフレンドのディサがテレビと一緒に出て行ってしまって以来、数カ月の間ずっと酒びたりなのだ。彼によると、気を紛らわすテレビがないので、彼女のことを考えるしかないのだという。「結婚しておけばよかった」と彼は頭を俺にぶつけながら続ける。「最高の出会いは一度きりだ」

夕食後、ラグナーは赤いウールのセーターに苦労して頭を通しながら、「飲みにいこう」と言う。

「さっき飲んだだろ?」

「あんなのは飲んだうちに入らない。本物のアイスランドの飲み方を見せてやる」

分かったことは、アイスランドの飲み方とはテーブルの下におう吐し、バスの車内で小便をし、十代の若者にケンカを吹っ掛け、横断歩道で気を失うことだ。つまりそれがその後の三時間にラグナーがやったことだ。

「起きろ」。俺はラグナーを小突いた。北国の十月にラグナーはセーターしか着ていない。「ここで死ぬつもりか?」

「先に行ってくれ」と彼はぶつぶつ言った。「レイキャビクのバーにはお前が必要なんだ」

酔いつぶれてもまだこの男は俺を笑わせようとする。俺は彼を持ち上げて、安全な歩道に運んだ。

その晩に俺が結婚することになる女と出会ったのはこのときだ。

彼女は二十人ほどの観光客と一緒だった。全員、アイスランド・エアウェイブスという音楽フェスの関係者だ。俺もこの音楽フェスの取材でここに来ていた。俺はそのグループの中に顔見知りのカメラマンを見つけ、声をかけた。

彼は人々に俺を紹介した。思い出せるのは「ヴェロニカ」という名前だけだ。

彼女は俺が八〇年代に好きだったある歌手を思い出させた。小柄で、逆立たせた黒髪のショートヘア、濃い青のアイシャドウ、快活な目、形のいい唇は微かに開かれ、真っ白な線を覗かせている。一目で好きになった。

「その人大丈夫?」と彼女はラグナーを指さす。

「ああ、ちょっと失恋中なんだ」

「私もこんなふうになれたらいいのに」

「ああ。運命の人を失ったにしては陽気だよな」

「運命の人に出会ったことなんてない。どうやって見分けるのかも分からない」

「見分ける必要なんてない。自然と分かるんだ」

ロックバンドとの旅で学んだことの一つ（走行中のバスの中でテレビゲームの「ＦＩＦＡワールドカップ」をプレイする技術、七日間シャワーせずに生きること、七日間シャワーしていない五人の人々とくっついて寝ることは除く）は、グループは一番遅い人に合わせて動くということだ。

そして、ヴェロニカの友人のほとんどが酔っぱらっていることを考えると、彼らがすぐにどこかへ行くとは思えない。そこで俺は、こっそりその辺を歩きに行かないかと誘ってみた。また後から合流すればいい。

「傷心の彼はどうするの？」と彼女はラグナーを見て言った。

「連れていくか。デートにはお供が必要だな」

彼女は友人たちのほうを見てから、こちらを向いて笑顔を見せた。俺たちはこっそりその場を離れた。ラグナーも後から千鳥足でついてくる。

「**愛されるのも大変なんだ**」とラグナーは歌い始めた。「**ごめんよ、俺は感謝しない男なのさ**」

「それじゃ振られても仕方ないわね」と言ってヴェロニカは笑った。いい女の子だ。

しかし二人きりになるためには、まずはこの気の毒なガイドを片づけなくては。彼も分かってくれるだろう――いや、目が覚めたときには何も覚えていないかもしれない。俺はタクシーを止めて、彼を座席に押し込んだ。

ドアを閉めようとすると、ラグナーは俺のジャケットの裾をつかんで、「愛にノーと言うな」とろれつの回らない舌で言った。「俺のようにみじめになるぜ」

「なんだか可哀想」

「可哀想と思っては駄目だ。走り去るタクシーを見ながらヴェロニカは言った。みじめなのは彼の自己表現なんだ。彼は立派な家柄の出だ。だが、酒飲みで、ひどいカントリー歌手で、最低の彼氏で、変な主婦で、という救いようのない人物として生きることで、世間から個人として扱われようとしているんだ」

「プライドみたいなものね」と彼女は言った。

週末の晩のレイキャビク市内は戦争状態だ。ガラス瓶を壁にぶつけて割る音、斜めに歩道に乗り上げた車、酔っぱらって道路をジグザグに歩く十代の若者の群れ。しかし、どこにも敵意は感じられない。イギリスでのラグビーの試合の後のように、ただコントロール不能なのだ。

俺とヴェロニカは深夜営業のバーの外の短い行列に並んで一息ついた。彼女はチェコの出身で、去年はニューヨークに住んでいたという。

そこまで聞いたとき、コートの前を開け、茶色の髪を逆立てて、寒さで顔を赤くした男が後ろに並んだ。彼はバックパックを肩にぶら下げ、酒に酔ったような笑みを浮かべていた。

「オーケー、オーケー」と言って彼は俺たちの会話に割り込んできた。「どこから来た?」

「アメリカ」と俺はそっけなく答えた。

「空が広く美しい国だ」と男はアメリカ人全員から賞賛される魔法の言葉を唱えたかのように、大真面目に言った。「二人は友達？」

「今夜婚約したばかりだ」。これで男がヴェロニカを口説くのを諦めるかと期待しながら言った。

「それは喜ばしい知らせです」と言って彼はだらしなく笑った。レイキャビクのほとんどの人は英語で流暢に会話ができる。しかし彼は、機械の取扱説明書や、グリーティングカードや、公の文書をテキストにして勉強したような話し方だった。「どのくらいの期間、付き合った？」

「七年」とヴェロニカも調子を合わせて言った。「この人決心するまでこんなにかかったのよ。責任を取るのが怖かったの」。完全に俺の味方だ。

「ゴミを捨てろとか、葉巻を吸うなとか、昔のこととか、いろいろうるさく言うからだ」

「俺が手伝おう」と男は言った。「俺が手伝う。俺の名字はソー。俺が二人を神聖な新郎新婦にしてやる」

「すごいな」と俺は言った。ヴェロニカとの関係を深めるまたとないチャンスだ。

「オーケー、オーケー。結婚式には指輪がいるな」とソーは言った。彼はバッグを肩から振り下ろすと中を探り始めた。「本当にいいんだな？」

「夢がかなうわ」とヴェロニカがため息をつきながら言った。

「オーケー」とソーが真面目に言った。「大丈夫だ」。彼はウォッカの瓶をバッグから出し、キャップを外し、瓶の口に残った金属の輪を猛然と外しにかかった。それはパチンと音をたてて外れた。

「待て、待て」。完全にその気になったソーはバッグから携帯電話を取り出し、何もついていないキーホルダーのような金属の輪を外した。

本気になった彼は何かに取りつかれたように興奮して見えた。俺たちはその様子をショーか何かのように見ていた。彼はまるで、俺たちを楽しませるために、好き合った二人の初デートにありがちな気まずさを取り除くために神から遣わされた天使のようだった。

彼が後ろに並んでいる二人の男たちにアイスランド語で何か言うと、彼らはソーの両側に立った。ソーは一つ咳払いをすると式を始めた。

「神の子たちよ、われわれは本日、神と媒酌人の名において、聖なる婚姻の誓いを交わす男女を祝福するためにここに集まった。オーケー、オーケー。幸福なる男女よ、汝らは永遠に幸福な人生を送るであろう。愛は輝く朝日のように、世を照らす光とならん」

最初は彼が単純に道化を演じているだけだと思っていたが、先に進むにつれ、だんだんこの男が儀式を意味あるものにしようと、酒の酔いを無理やり振り払い、持っている語彙を総動員して、全力で取り組んでいるように思えてきた。

さらに五分間の説教の後、彼は指輪をそっと俺の手に忍ばせて言った。「汝はこの女を妻として娶るか？　これを愛し、これを敬い、死が二人を分かつまでこの女を守り抜くことを誓うか？　彼女を、そして彼女だけを、元気なときも、健やかなるときも、真心を尽くすことを誓うか、オーケー、オーケー？」

「オーケー」

「汝はこの男を生涯の夫とするか？　今この男に言ったことをすべて誓うか、オーケー、オーケー？」

「オーケー」

「ここに二人を夫婦として認める」。彼は高らかに言い渡した。「では新婦にキスを」

ヴェロニカを抱き寄せてキスしながら、俺はソーへの感謝の気持ちで胸がいっぱいになった。彼はまたバッグに手を突っ込んで忙しく何か取り出そうとしている。

「二人に夫婦としての初めての贈り物をしたい、オーケー、オーケー」と彼は言って、俺たちに青と銀色の銀紙で包まれた小さな三日月形のチョコレートを手渡し、またロマンチックでオーケーのいっぱい出てくるスピーチを長々とやった。

俺たちは一生懸命結婚式をしてくれた彼に礼を言った。彼は赤くなり、誇らしげな様子だった。そしてまたバッグに手を入れると、ペンとノートを取り出した。

「メールアドレスを書いてくれ、オーケー、オーケー」

俺たちはメール友達が欲しいのだと思い、それぞれのアドレスを書いた。

「フルネームを正確に書いてくれ」

そして二つに折った紙をポケットに入れると、彼は嬉しそうにうなずいて宣言した。「結婚証明書をメールで送るから、オーケー、オーケー」

俺は一瞬気を失いかけたが、ただの挨拶状のことだろうと気がついた。ソーはまだ式の後でテンションが上がっているに違いない。「どういう意味だ？」と俺は念のために聞いてみた。

「神父だから当然だ」と彼は分かりきったことのように言った。「教会から認可を受けている。心配いらない。宗派は関係ないから」

ヴェロニカと俺は顔を見合わせた。二人の頭を同じ考えがよぎる。――もしかして大変なことをしてしまったかも。

しかし、不思議とどちらも、証明書はいらないとソーに言わなかった。初めて大人用のトイレでウンコをした子供のように誇らしげな彼をがっかりさせたくはなかった。もし本物の神父ならどのみち手遅れなのだ。

クラブに入ると、俺たちは感謝の気持ちとしてソーにビールをおごってやり、その後二階のラウンジに上がって愛し合った。人生で一番ロマンチックな初デートだ――これが最後の初デートにならなければいいが。

ほかに話をしたい人がいるわけでもなく、クラブにいる理由はないので、また二人で外に出て面白いことを探し始めた。

角を曲がると、ヴェロニカの友人たちがまださっきとまったく同じ歩道に立っていた。彼らと数分話してみたが、会話はかみ合わなかった。彼らが何もせずにずっとそこに立っている間、俺たちはたくさんの冒険をしてきたのだ。おそらく、さっきと今とで、俺たちの人生はまったく変わっている。

俺とヴェロニカは再びそこを離れた。

彼女は手を俺の手の上に優しく乗せている。俺たちはハネムーンのカップルのように、仲むつまじくボルグホテルまで歩いた。部屋に入ると、二人でベッドに倒れ込んだ。これからどうなるかは決まっている。

ところが、あまりに決まりきっているせいか、ヴェロニカがこの夜初めて躊躇した。

「こんなに楽しい夜は初めて」とキスの合間に彼女は言った。

ドキッとした。俺も同じ気持ちだ。彼女は続ける、「今晩は何もかも完璧。信じられないくらい」

もう一度キスした。それから、「行かなきゃ」

それから「もう十分」

最後に「あなたがこういうつもりだってことは分かってた」

彼女に何が起こったかは一目瞭然だ。セックスの悪霊が俺たちを性別の型にはめたのだ。俺は男だから快楽に向けて突っ走る。彼女は女だから傷つくことを避けようとする。男が最初に女にアプローチするときに感じるのと同じ痛みを、女は後戻りできない性的な一線を越えるときに味わう。

これはただの、妊娠、つわり、出産、育児といった生物学的な現象への反応だけではなく、ほとんどの女性が少なくとも一度は男性に傷つけられた経験をもっていることが原因だ。だから女性は、自分でコントロールできない強い感情に乗って男に体を委ねる前に、相手が誠実で、自分に敬意を払い、与えるものに対して相応の見返りがあるのかどうかをはっきりさせておかなければならないのだ――たとえそれが一夜限りのことでも、あるいは一生涯続くとしても。

女性の多くは密かに、燃え尽きたり、傷ついたり、痛みを感じることなく、恋愛ができればいいのにと思っている。しかし、科学者が感情を守るコンドームを発明するまでは、女性に正しい判断をしたと安心させることは、男の基本的な役割なのだ。理屈ではない。感情的に安心させることが。

「帰る前に聞かせたい話がある」と俺は言った。

自分の話ではなく、街で偶然すれ違った男女の話だ。


男女は二人とも本能的に、相手が百パーセント理想の相手だということが分かった。そして奇跡的に、二人は勇気を出して相手に話しかけた。

二人は何時間も話をしたが、すべて完璧に一致した。しかし、だんだんと心に疑念が生まれてくる。こんなにうまい話があるだろうか？

二人は本当に一緒になるべきかどうかをはっきりさせるために、連絡先を交換せずにそこで別れ、運命に任せることにした。もし再び出会うことがあれば、二人は間違いなく百パーセント赤い糸で結ばれているということで、その場で結婚しようと決めて。

一日、一週間、一カ月、そして数年が過ぎたが、二人は再会しなかった。やがてそれぞれに恋人ができたが、それは理想の相手ではなかった。さらに数年がたち、二人は街ですれ違う。しかしもう、お互いに顔が分からないほどの時間が過ぎていた――。


「分かるかい」。話し終わってからヴェロニカに言った。「運命が一度引き合わせてくれただけでも運がいいんだ。自分の気持ちを疑うのは、当たりの宝くじを破って、もう一枚買って自分の幸運が本物かどうか確かめようとするのと同じなんだ」

しばらく沈黙があった。例えが彼女の心に染み込んでいく。その夜は一緒にいた。大した話はせず、会話だけを楽しみ、ふざけ合った。結局セックスはしなかった。今、俺はソーに結婚式の借りができただけでなく、作家の村上春樹にもハネムーンの借りができた。（訳注　偶然出会った男女の話は村上春樹の短編『四月のある晴れた朝に100パーセントの女の子に出会うことについて』からの引用）

翌朝、まだ寝ぼけたままベッドにいると、ヴェロニカがさよならのキスをした。狭いレイキャビクで同じフェスに関わる仕事をしている俺たちは、また今晩お互いを探す約束をした。俺は日中、彼女について、そして彼女との予想しなかった繋がりについてぼんやりと考えていた。

その夜、俺たちはアイスランドで最も古いパブ、ゴーカー・ア・ストロングに出かけた。そしていつものように強い酒、頭がクラクラするような音楽、人懐っこい人々に魅了された。そして俺はこの街が俺に用意した最高の冒険をする。

エギルビールのお代わりを注文したときだ。右側から「あなたアメリカ人？」という女の声が聞こえた。

振り返ると、プラチナの金髪、銀色の稲妻のマークのついた黒のスウェット、破れたストッキング、ミリタリーブーツという格好の、顔に少しそばかすのある女がいた。

話をすると、話題はすぐに性的なことになった。彼女は最近経験した乱交パーティーの話をした。

それがただの体験談ではなく、俺をその気にさせようとしていることはすぐに分かった。

もちろん俺はその気になった。

俺たちがバーでいちゃついていると、女の手が俺の背中を叩いた。振り返って見ると、なんとヴェロニカが立っていた。

「ほかの店に行くけど」とヴェロニカはそばかすの女に冷たく言った。「一緒に来る？」

「行くわ」と言って、女はカウンターの上の財布を取りあげた。それから俺に、「友達なの。いつもはあんなに失礼じゃないんだけど。じゃあね」

あっという間の出来事で、ヴェロニカに何を説明する暇もなかった。彼女がここにいることもまったく気づかなかった。彼女も同じだろう――友人といちゃついている俺を見るまでは。どのみち何も言うことはなかった。あるとすれば、俺たちの出会いは完璧すぎたという彼女の言葉は正しかったというくらいだろう。すでに傷つけてしまった後だ。

俺は今、ロサンゼルスに帰る飛行機の中で、レイキャビクでの出来事を一つ一つ思い出している。彼女と再会する方法は何も思いつかない。そして、本当に俺たちは結婚したのだろうか。彼女と関係のあるものは、ジャケットのポケットに入っている青と銀の銀紙に包まれたチョコレートだけだ。

マイスペース（訳注　アメリカのソーシャルネットワーキングサービス）でヴェロニカを探してみた。しかしニューヨークには写真のないヴェロニカが大勢いた。俺たちを紹介してくれた写真家に聞いてみたが、連絡先は知らないという。そして約束の婚姻証明書も結局は届かなかった。これはどちらかと言えば安心材料だが。

自分が犯した罪、低俗な衝動に対する抵抗力のなさへの戒めとして、そして、手にした宝くじを破ったのは彼女ではなく自分だということを忘れないように、俺はそのチョコレートをずっとデスクの上に置いたままにしていた。


それから一年後、ニューヨークで彼女――俺の百パーセントの女の子――と再会した。彼女はロウアーイーストサイドの「バラマンディ」というバーで友人と飲んでいた。

「俺の奥さんだ！」と思わず叫んだ。テーブルの会話は止まり、店内の客がみな俺のほうを振り返った。

「あなた！」と彼女も満面の笑みで叫んだ。

俺もテーブルの友人たちに加わり、それから何時間も話した。そしてまた、最後には俺たち二人だけになった。

彼女と出会った後も、俺は大勢の相手と付き合った。彼女には真剣に付き合っている相手がいた。しかしそれ以外の部分では、俺たちはまだ本当に気が合った。

「悪かった」と俺は最後に言った。「君の友達とあんなことした。バカだった。ずっと後悔してるよ」

「男はみんなそう」と彼女はため息をついた。

「それは俺が男だから許してくれるってこと？　それとも、その辺の男と同じ俺にがっかりしたってこと？」

「たぶん、両方ね」。彼女がクランベリーウォッカを一口飲むのを見ていた。「私にもあのときボーイフレンドがいたの」

「今付き合ってる男？」

「そうよ。でも完璧な相手ではないわね」

「じゃあなぜ付き合ってる？」

「そうね……」、彼女は黙って考え、決心したように「便利だから」

一時間後、二人は俺の宿泊先にいた。それから、疲れと酔いで、二人でソファベッドに横になって寝た。

朝、俺たちは初めてセックスした。完璧なセックスだった。それからまた、お互いの腕に抱かれて眠った。

目を覚ますと、彼女はもういなかった。リビングも、キッチンも、トイレも探したが、何の書き置きも残っていなかった。何もない。また、彼女とのつながりが断たれてしまった。きっと彼女がそうしたいのだろうと俺は思った。

百パーセントの相手にはときどき不便なことがある。

一カ月後、ロサンゼルスに戻ってから、俺は誘惑に負けた。一晩中働いて、食べるものが何もなかったので、ソーが結婚の祝いにくれたチョコレートの青と銀の銀紙をはがした。色のあせた小さなチョコレートのかけらが床に落ちる。それは古くなって変形し、色も茶色だったのが、食べられそうにないグレーに変わっていた。

もう残しておいても意味がない。虫が来るだけだ。

ルール9　愛情は波、信頼は水

「吐きそうなの」

「夕べ変なもの食べなかったか?」と俺。

「あなたと同じものしか食べてない。何ともないの?」

「別に」

「そう」

ここで俺は、彼女がただ甘えているのではないことに気づいた。すべての独身男性にとっての悪夢――そしてすべての既婚男性にとっても。

「何かに当たったのかな」。注意深く言葉を選ぶ。今、一語一語が相手に与える衝撃は計り知れない。

「分からない」

「エメトロール(訳注　吐き気止め)持って行こうか?」と言って俺は薬を探し始める。

「うん。ありがとう」。それから一呼吸おいて、「それと妊娠検査薬も」

殴られると知りながら殴られると、痛みは倍増する。

電話を切ると、歯を磨き、水で顔を洗い（一日に二度石鹸を使うのは肌によくないと元カノが言っていた）、車のキーを取った。

男にとって最悪の旅が始まる。

薬屋でクラッカー、ジンジャーエール、エメトロール制吐薬をカゴに入れた。それから俺は妊娠検査薬の棚を調べた。E．P．T妊娠検査が一番簡単そうだ。白い棒に尿をかけて、無罪放免《マイナス》か奴隷契約《プラス》のサインが出るのを待つ。棒が二本ついた検査セットに決めた――セカンドオピニオンも必要だろう。

この買い物の目的はレジで隠しようがない。コンドームを買うよりもはるかに恥ずかしい。しかし、痔の薬、性病の薬、ワセリン、プラスチック警棒の組み合わせなど、もっと屈辱的な買い物もあるだろうと想像してこらえた。薬屋はこれらすべての買い物客を見ているのだ。

俺はキャシーの家に急いだ。彼女はグリーンのTシャツ一枚という格好で、顔は青ざめ、髪はぼさぼさのまま、肌には汗が浮かんでいる。最高にセクシーだ。これは冗談ではない。

俺は買い物の包みを開けた。最初に彼女はジンジャーエールを手に取った。

俺は検査セットに注目し、彼女に心の準備ができているかどうかを注意深く観察した。が、彼女はただそれをほかの薬と一緒にバスルームに持って行っただけだった。たぶん時間が必要なのだろう。一度にすべてを考える余裕がないのだ。

彼女は妊娠については何も言わなかった。俺も一言も触れない。子供を堕ろすことはしないと、これまでに何度も彼女は言っていた。だから話しても意味がないのだ。それが俺たちにとってどんな意味を持つとしても。

彼女が家の中を片づける間、検査はどうやってするのがいいのか考えていた。おそらく、カップルとして二人一緒にトイレに入って検査するのが一番いいやり方だろう。彼女が検査棒におしっこをかける間、俺は隣に立って、マナー良く顔を横に向ける。それから検査棒を台の上に置き、結果を待つ。一緒に将来を思い描きながら。

彼女と結婚してもいいと思っている。付き合い始めたころ、俺はこの人だと思っていた。よく「会った瞬間に分かる」というが、彼女と会って初めてそれを感じたのだ。二度目のデートでソファの上で抱き合った。口にするまであと一カ月は待ったほうがいいと分かっていたが、自分はこの女を愛していると感じていたことを覚えている。彼女の寝顔を見ながら、この顔が年を取ってしわだらけになっても愛せるだろうと思った。

だが彼女はだんだん俺に嫉妬するようになった。俺がパーティーでほかの女と話をするのが気に入らないのだ。みんなに彼女として紹介してもだ。二人でいるときにかかってきた電話に出るのにもいい顔をしなかった。それが平日の真ん中でも、七十二時間一緒にいた後でも、仕事の電話でもだ。二人で横になって見つめ合っているとき、ふと俺は洗濯ものを乾燥機から取り出すことを思い出す。俺には彼女のこと以外でも考えなければならないことが山のようにある。この後の人生を思想警察と暮らすことはできない。

検査結果は陰性のほうがいい。

彼女はテレビのほうへ行って『セックス・アンド・ザ・シティ』のシーズン3のDVDをセットした。彼女はすべてのエピソードを最低でも十回以上は観ていて、よく話題にする。

彼女はもう俺しか愛さないというが、信頼のないところに愛があるはずがない。

不安で膀胱が刺激されたので、俺はトイレに立った。終わって手を洗っていると、検査棒が台の上に乗せてあるのに気づいた。彼女はすでに覚悟を決めていて、ここに置いたのだ。いい子だ。

俺は棒を取り上げ、表示を観察した。俺にとって初めての経験だ。

表示窓には、小さなマイナスサインがあった。

最初に思ったこと――妊娠していない！　やった！

次に思ったこと――俺に黙って一人で検査したのか？

トイレから出ると、彼女はさっきと同じようにテレビの前に寝転がっている。今見ているのは、シャーロットとトレイが少し冷却期間を置く決心をするエピソードだ。

「どうして陰性だと言わなかった？」

彼女は俺を見て肩をすくめた。「だって邪魔したくなかったから」

そういってまた視線をテレビに戻した。このエピソードの結末は知っている。二人は別れるのだ。

その後によりを戻し、再び別れる。世の中、思ったとおりにはいかない。

ルール10
快楽が危険地帯

●第一日目

「自分のキンタマが喉に詰まるようなものよ。痛くて叫ぶんじゃない？」と彼女は言った。

「大丈夫だ」と俺。「俺ならできる」

「二～三日待てないの？」

「心配するな。早くパンツを脱げ」

ジーナはパンツを脱ぎ、俺は彼女をソファに寝かせた。まずは彼女がイく寸前までもっていきたい。そうすれば俺が楽になる。

「小細工はなしだ」。俺は彼女に挿入しながら念を押した。「止めろといったら止めろよ」

いつもとは違う感覚だ。セックスでこんな清々しさを感じたことはない。

気持ちは張り詰め、いつものように自分の性的なファンタジーのデータベースに新しいイメージを詳細に記憶させようとする代わりに、この瞬間に集中している。

自分の感覚は摩擦や快感からは切り離されている。二人の動きが激しさを増すにつれ、体はだんだんと軽くなり、溶解を始める。

彼女はゆっくりと打ち寄せる波のような深いオーガズムに達し、左右に揺れ始める。まるで肉体の快感が大きすぎて、それが収まるまで皮膚の外へ逃れ出ようとするかのように。

「サーフィンがしたい」。我に返ったジーナは最初にそう言った。彼女は、二年前に親友を海で亡くして以来、一度もサーフィンをしたいと言ったことはなかった。まるで神を見たような顔をしている。

今までに俺としたセックスで、今回が一番良かったのではないだろうか。

これは、現在、俺が取り組んでいる「三十日実験」の効果だ。

●第二日目

リンダから電話があった。市内にいるから会いたいという。彼女と話すのは二カ月ぶりだ。どうも俺から宇宙に向けて「今はセックスするのが非常に困難だ。嘘だと思ったら試しに誘惑してくれ」という霊的なシグナルが発信されているかのようだ。

唇が触れただけで、すでに勃起している。ただの勃起ではない。緊張感に溢れた、妥協を許さない孤高の勃起だ。彼女はこれに気づくと、「いつでもやってあげるのに」と自分の手柄のように言った。

リンダは今日の午後はセックスしたくないと言う。結構だ。キスしたり、抱き合ったりするだけで、体中の神経が張り詰め、爆発しそうになる。これが日を追うごとに激しくなるはずだ。

彼女に断ってトイレに立ち、冷たい水で顔を洗う。それから彼女のところへ戻ると、三十日実験のことを話した。

その夜は電話でキンバリーと話をした。二週間前に彼女のマイスペースにメッセージを送ってからの付き合いだ。切り下げた黒い前髪や、大きくて純真な瞳は、俺にマーク・ライデン（訳注　現代美術家。ポップ・シュールレアリズム運動の中心画家として七〇年代後半に活躍）の絵を思い出させた。彼女は遠くニューヨークに住んでいるが、俺たちは毎晩電話で話していた。とても話しやすく、彼女のことを知れば知るほど、好意を持つようになった。六〇年代のガレージロックや、スーパーマーケットのカートに乗って押してもらうのが大好きといった共通の趣味があるだけでなく、彼女はこれまでに出会ったどの女性よりも可憐でナチュラルだった。ここ最近、朝から晩まで携帯をいじって、彼女からのメールを見落としていないかどうかチェックするのが習慣になっていた。

彼女も同じ気持ちでいるのかどうかが気になっていたが、今夜はっきりさせよう。電話を切ってから、「体のあちこちを触りながら、エッチなことを考えています。あなたといることを想像していい？」と彼女からメールが来た。

俺はかまわないと返信し、それから六回メールのやり取りをする間に、彼女の一番好きな体位、スピード、動きなどが全部分かった。キンバリーとメールでセックスしている最中に、リンダからもメールが来た。「抱いてくれない？　三十日実験は明日からでもいいでしょ？」。リンダが俺を呼んでいる。

そしてキンバリーからのメール、「手を使っていると腰がすごく早く動くの。本当にあなたとヤれたらと思うけど、わがままかしら」

再びリンダから。「お願い！　一時間だけでいいから！」

いったいどうなっているんだ？

血流が一気に下半身に集中し、俺は気を失いそうになった。

●第三日目

友人たちはみな、俺の頭がおかしくなったのだと考えた。「なぜわざわざそんなことを？」と、みな不思議がった。

俺はこう答える。「なぜ男は山に登る？　わざわざ焼けた石炭の上を歩いたり、『フィネガンズ・ウェイク』を読んだりするのはなぜだ？」

俺が三十日実験に挑戦したのは、何よりも、自分がやり遂げられるのかどうか知りたかったからだ。

このアイデアを最初に俺に吹き込んだのは、ウィーザーのボーカル、リヴァース・クオモだ。彼は最近、仏教系の瞑想プログラムで禁欲の誓いを立てたのだという。それはセックスだけでなくマスターベーションも控えることを意味する。彼によると、この禁欲生活を始めてから、エネルギーとアイデアが溢れだし、以前よりも集中して人生に取り組めるようになったという。

最初にこの話を聞いたとき、アドバイスというよりも、また彼の変わり者の一面を見たという印象だった。しかし、それから何週間か後、今度はスマッシング・パンプキンズのボーカル、ビリー・コーガンから、コンサートの当日はメンバーにセックスやオナニーを禁じているという話を聞いた。そのエネルギーをステージにぶつけさせるのだという。

そして先週、ある夕食会でこの話をすると、同じテーブルにいた映画監督が、自分のキャリアで一番いい作品が撮れたのは、オーガズムを断っていた時期だったと言った。

知り合いの編集者によると、三人が同じ証言をすれば、その主張は説得力を持つという。俺よりもはるかに成功している三人の主張に刺激された俺は――思春期のころの自分を反省したい気持ちも加わって――、とうとう三十日実験を行う決心をした。一カ月間、射精禁止。

これはもう拷問に等しい。俺のセックスフレンドと、俺とセックスしたい女が、二人で間断なく誘ってくるのだ。そうこうする間に、キンバリーはメールでの文字セックスは卒業し、テレホンセックスに進むことを決めたようだ。

ロシアの映画監督、ティムール・ベクマンベトフについて話をしていると、受話器の向こうのキンバリーの息遣いが荒くなってきた。

「どうかした?」と俺は聞いた。

「パンティーの上から触っているの」。その声――控え目だが、どこか人をからかうような甘えた声――を聞くだけで俺はスイッチが入るのだ。最初の「こんばんは」を聞いた瞬間から、俺のあそこはバール（最近あまり見かけないが）のようになっている。もう我慢も限界まで来ている。

俺にいやらしい言葉をぶつけるのではなく、彼女は自分で触りながら、受話器に向かってつぶやく。これは通常の電話でのセックスよりも刺激が強い。なぜなら、会話ではなく、本当にやっている感覚に近いからだ。

彼女と話しながら、もうぎりぎり我慢できないところまでくると、いったん止めて、大きく深呼吸をする。そして再び受話器に戻る。彼女のつぶやき声が大きく、鋭くなり、呼吸は速く、短くなる。俺はやるせない気持ちになった。まるで、俺の体とニューヨークの彼女が線でつながり、その線を伝って俺の性エネルギーがどんどん送られていくようだ。テレホンセックスでこんな経験は初めてだ。おそらく今までは自分が気持ちよくなることばかりに集中していたせいだろう。

何度か興奮と冷却を繰り返した後、経験したことのない感覚が俺を襲った。太ももの内側と腹部――股のあたり――が激しくうずき始めたのだ。それは熱いと同時に冷たい感じで、痛み止めに使う冷温タイプのクリームを塗ったようだ。

「イッた？」。キンバリーはオーガズムに達した後で俺に聞いた。

「駄目なんだ」

「どういう意味？」と彼女は少し心配そうに言う。

一瞬迷ったが、結局、三十日実験について話した。彼女は何も言わない。変態だと思われたかもしれない。

「あなたにも感じてほしかったのに。なんだか自分が役立たずみたい」

「君はすごかったよ」と俺は言った。「電話でこんなに興奮したのは初めてだ」

彼女はしょんぼりした様子で電話を切った。俺は自然の摂理に逆らっている。女性は、男は当然射精するものと思いこんでいるので、そうならなかったとき、自分がオーガズムに達していても、物足りなさを感じてしまう。

まだこの子とは一度も会ったことがないが、俺はすでに彼女の自己評価を下げさせてしまっている。

二時間後、太ももと腹には、熱い皮膚に冷たい針を突き立てたような感じがしていた。

●第四日目

12×12＝１４４
18×18＝３２４
23×23＝５２９

二十五までの数の二乗なら一瞬で計算できる。まるで人間計算機だ。これも三十日実験の思わぬ効用というところか。

クリスタルとのセックスはかなり手ごわい。頭で懸命に数字の計算をしていても、すぐに我慢できなくなった。もうすぐオーガズムに達する、という彼女をストップさせた。なぜなら俺はもう限界だったからだ。彼女はあまり嬉しそうではない。

「イキたくないの？」

「もちろんイキたい。麻薬と同じだよ。だからこそ、自分でコントロールできるかどうか試しているんだ」

薬物中毒者の気持ちが分かった。一瞬もそのときの快感を考えずにはいられないのだ。体中の細胞がよこせよこせとわめいている。そして、その状態が長くなるにつれ、欲求は苛烈になり、ほかに何も考えられなくなる。

たぶん、これも俺がこの実験を行っている理由だと思う。仕事柄、俺はロックの世界でも悪性の薬物中毒者たちと付き合っているが、俺自身は何の中毒にもなったことがない。コーヒーも煙草もやらない。これについては、自分では依存傾向の少ない性格なのだろうと思っていた。

しかし、考えてみると、自分にも依存しているものがあった。女がいてもいなくても、思い出せるかぎり、最低一日一回は抜いていることに気づいたのだ。

さらに悪いことは、ほかの中毒と同じように、その癖に対して常に罪の意識を持っていることだ。十代のころ、男が一生にできる射精の回数は決まっていると思っていて、自分に割り当てられた数千回を早く使いすぎているのではないかと心配だった。大学時代は、一発抜くたびに、自分の肉体をすり減らしているような気持ちになった。以降、マスターベーションするといつも、自分のことを不潔な人間だと思うと同時に、その日一日、女性から見たときの魅力や男としての望ましさといったものが減ったと感じるようになった。

そういうわけで、三十日実験は、俺にとって義務でもあった。依存症から抜け出す意思の強さが自分にあるのかどうかを確かめたかった――そして思春期のころからずっと心にある不安や迷いを克服しなければ。

もちろん、女と絡んだりしなければこの実験はもっと楽になるに決まっているが、フィニッシュよりも過程を楽しむことを覚えた結果、俺のベッドでのテクニックは格段に上がっていたのだ。少なくとも俺はそう思う。

「ひどい男。おかげでイケなかったわよ」と、俺の体にまたがっていたクリスタルは俺の胸をパンチして、降りた。

「君もオーガズム中毒かもしれないな」

身長百八十センチのクリスタルは心理学専攻の学生で、最初、俺の彼女になろうとあの手この手でプレッシャーをかけてきたが、俺が彼女ほど強い気持ちを持っていないことを伝えると、精神衛生上の観点から、俺と付き合うのをやめた。

ところが一カ月して、彼女は考えを改めた。「あなたは良すぎる。このまま別れるのは惜しいの」ということだった。そこで俺は彼女をスザンナと会わせ、初めての３Ｐに挑戦させた。それ以来、彼女は初めてのことは何でも一度は試してみるようになった。

「そのオーガズムの話をして。あなたが目指しているものが分かるかも」。彼女がそう言ったとき、俺は冷蔵庫に水を取りに行きながら、三十日実験の効果に驚いていた。セックスの後に、疲れ果てて寝てしまうのでなく、逆にエネルギーが充填された感じがする。

実験のバックボーンになる理論的な根拠を話すと、彼女は少し考えてから、「女でもできるのかしら?」と言った。

●第五日目

キンバリーは少しずつ、俺のマスターベーション依存にとって代わる存在になってきた。毎日寝る前に彼女と電話で話をするのは俺の楽しみになった。今日、彼女に告白されたが、怖いとは思わなかった。「あなたの表も裏も全部知りたいの」と彼女は言った。「写真でも、シャツでも歯ブラシでも、あなたのものは何でも見たい。あなたのことが気になって仕方ないの。何をしてるかとか、何を考えているかとか」

俺は六日後にニューヨークでセミナーの予定があり、彼女のために滞在を伸ばすつもりだと伝えた。最初の夜がどんなになるか、俺たちは細かい部分まで想像した。興奮したキンバリーはついには俺の名を叫び始めた。その声は、オーケストラよりも、美しい鳥のさえずりよりも、データを読み込むときのハードドライブよりも、俺の心を深く動かすサウンドだった。

実験から来る肉体の痛みはすでに新しい段階に入っていた。生殖器のすぐ上の三角形のエリアに違和感がある。そしてトイレで大のほうができなくなった。なぜなら、筋肉を収縮させると、その三角のエリアに恐ろしい激痛が走るからだ。触ると腫れているような気がするが、じっくり見るのは初めてで、状態についてはよく分からなかった。

やり方が間違っていることは明らかだ。人間にとって有益な活動が、これほどの痛みを伴うというのはおかしい。信頼する自己啓発本の一つ、『Mastering Your Hidden Self(隠された自分の発見)』で、サージ・カヒリ・キングは「習慣を改めるには、強い意志だけでは不十分だ。何かをやめると、そこには意識の空白ができてしまうため、その空白を埋める何かが必要なのだ」という。だから禁煙する人はガムを噛むのだ。

だが、この切羽詰まった痛みをなんとかできるような強力なガムなど思いつかない。新しい習慣はもっと活動的で、冷たいサワークリームでキンタマを洗い流すような、痛みを和らげる運動でなければ。

夢精でもすればこの重荷から解放されるだろうかと考えながらうとうとしていた。ほぼ毎日、義務的にオナニーしているせいか、俺は一度も夢精したことがない。電話で目が覚める。クリスタルだ。

「やりたいの」

「今から?」と俺は答える。人生で初めて、セックスの誘いに怯えている。

「違うわよ、バカ。三十日実験のこと」

苦労をともにする女性のパートナーは大歓迎だ。俺は、代わりになる習慣を探し、古いものと入れ変える必要があるという話をし、二人で考えた結果、もっと生産的な代替プランがまとまった。筋トレだ。

こうして、これから二十五日間、ムラムラしたときはオナニーではなく、腕立て伏せをすることに決まった。

●第六日目

俺は誰にでも、何にでも発情するようになった。大学卒業後、初めて「多形倒錯」（精神分析の概念。性的嗜好が一定していない状態）という言葉を思い出した。

俺は携帯電話の電話帳をスクロールし、二十分間、一度も可愛いと思ったことのない女たちのことを考えた。いやらしいメールを送って、すぐに来いと言ってやろうかと思った。

そこで俺は床に伏せて腕立て伏せを三十回やる。一か所に集中していた血液が体全体に分散する。

それから、コメディーセントラル（訳注　米ケーブルテレビのコメディー専門チャンネル）で『サウスパーク』を見ていると、『ガールズ・ゴーン・ワイルド』（訳注　米のポルノビデオ会社）のＣＭが始まった。これは実験を始めてから最初の、ポルノに近いものとの遭遇だったが、気持ちが弱っている俺には、ぼかしの入った女の胸や、抱き合っているセクシーな若い女性たちの映像は、アメリカ文明が産み出した最大の映像娯楽作品のように思えた。

俺はティーボ（訳注　内蔵のハードディスクにテレビ放送を録画する家庭用ビデオレコーダー）でそのＣ

Mを巻き戻し、マルディ・グラ・フェスティバル（訳注　キリスト教の祭りの一つ。ニューオーリンズで行われるカーニバルが有名）ではしゃぐ二～三人をじっくりと鑑賞した。思わず手がベルトの下に滑り込んだとき、ひらめいた。自分の男性器に触れても、射精しなければ罪の意識も、不潔だという考えも浮かばない。つまり、マスターベーションは罪ではない。射精が罪なのだ。

これは理にかなっている。われわれは子供のころから、『モンティ・パイソン』や聖書などで、精子は神聖なものだという考えを頭に叩き込まれている。紀元二世紀ごろにはすでに、アレキサンドリアの哲学者クレメントが、「人類の繁栄に不可欠な神聖な種を、無駄に抜いたり、傷つけたり、浪費してはならない」といって自慰中毒者たちと、そうなる可能性のある人たちを戒めている。

俺は中毒者ではないが、大量の精子を浪費することで、未来の子孫に害を与えているのかもしれない。それとも結果として助けているのだろうか。結局は相手次第だ。

腕立て伏せ三十回。

『サウスパーク』が再開した。もう安心だ。主人公たちがカートマンの母親と旅行に出かけるエピソードだ。

カートマンは、母親を「尻軽な娼婦」と呼ぶ。

俺はカートマンの母親を見た。大雑把な丸と三角形のキャラクターだが、エッチの相手には最高かもしれないと思った。

俺の手がパンツの下に伸びる。自分がダメ人間になりかかっているのを感じる。カートの母親で勃起しているのだ。それともこのキャラクターに代表される、性欲のたまった主婦に反応しているのだろうか。

腕立て伏せ三十回。この調子ならすぐにマッチョになるだろう。

キンバリーから電話だ。彼女は酔っていて、会えなくて寂しいと言った。俺も寂しい。一度も会ったことがないのに。それから二人でテレホンセックスをして、体中の神経が逆立ち、極限に達する。俺は発射寸前で彼女からちんこを引き抜き、歯磨きのチューブをハンマーで叩いたようにそこら中にぶちまけている自分を想像した。

下品な例えを許してもらいたい。しかし俺は肉体を欺き続け、肉体は精神に働きかけて俺に復讐する。

さらに腕立て伏せ。もう無理だ。

こんな生活は続けられない。

おそらく、単純に何かと入れ変えるだけでは無理なのだろう。リヴァース・クオモほどの知性でも、実験のコンセプト自体が誤解から生まれている可能性もある。魔法のようなエネルギー変換は、単に乳白色の液体の発射を我慢すれば得られるというものではなく、おそらく本当の意味で欲望を制御して初めて起こるのだろう。結局これには、最高クラスの精神修養が必要なのだ。ブッダの言葉を言い換えれば、欲望は苦痛となる。明らかに俺は苦痛に苛まれている。たった六日で。

●第七日目

クリスタルが電話で、自分の禁欲生活の第一日目の話をしてくれた。俺とは違って真面目にやっている。彼女はグーグルで、俺が完全に無視していた、実験を精神的に支える思想を調査していた――気がつかなかったのではなく、ただ怠けてやらなかったのだ。

「あなたはただ我慢しているだけ。それじゃあ体に悪いに決まってる」と彼女は言う。

「分かってるよ。もう座るだけで痛いんだ。前立腺がんか何かにならないか心配だよ」

「ほらやっぱり」と彼女は物知りげに言った。「エネルギーは発散するべきで、ダムのようにせき止めて、体内に閉じ込めては駄目」

「どうすればいいんだ？」

「パートナーと一緒にやればいいの」と彼女はヒントをくれた。

彼女は道教とセックス教のホームページのリンクと、マンタク・チャ、スティーヴン・チャン、アリス・バンカー・ストッカムといった性の伝道者たちの情報をまとめて送ってくれた。

ストッカムの研究から、「保留性交」という新しい概念を学んだ――射精を伴わないセックスのことだ。マンタク・チャを読んで、射精しなくてもオーガズムを得ることができると知った。スティーヴン・チャンからはシカ体操を学んだ。これは昔の道士が、精力旺盛で寿命の長いシカを観察して考案したものだ。特に、シカの細かい尻尾の動きをベースにした尻の筋肉を鍛える体操は、前立腺に溜まった精子を、体のほかの部分へ散らす効果があるという。すぐに始めなければ。

トイレに座った俺はひざの上にノートパソコンを置き、やり方を読む。まず両手をこすり合わせて温め、睾丸を握る。もう一方の手をへその下に当て、円を描くようにゆっくり動かす。手を変えて繰り返す――シカがこれをやるとは考えにくいのだが。

二つ目の体操は、直腸を空気で満たすような気持ちで尻に力を入れ、しばらくそのまま止める。力を抜き、もう一度繰り返す。ケツで腕立て伏せをする感じだ。

痛みはまだ続いているが、今や恥ずかしさも加わった。ケツで腕立て伏せするよりも、オナニーしているほうがましな気もする。

少しは安心材料になるかと思い、俺は寝る前にキンバリーに電話して、マンタク・チャの射精しないセックスを試す。

彼女がベッドサイドのテーブルからディルドを取り出し、その後どうするかを電話口で生き生きと描写し始めると、俺はもうたまらなくなった。睾丸と肛門の間を指で圧迫し、力を入れて、必死にシカ体操をする。なんとか射精は免れたが、何の快感もない。

「ああ、とってもすごかった」とキンバリーが息を切らせている。「あなたもイった？」

「まだ駄目だ」。痛みがひどくなっただけだ。なぜ俺は一人でこんなに苦しんでいるのだろう。

キンバリーは受話器の向こうで黙っている。気持ちのいい沈黙ではない。

「決めた」と俺は決心して言った。「四日後にニューヨークで会ったとき、俺は本気で君と寝る。実験を終了するきっかけが君だというのは素敵だ」

「でも三十日間の実験なんでしょう?」とキンバリーは心配よりも安心したように言った。

三十日など糞くらえだ。本当の愛かもしれないものを手に入れるため、俺は実験を降りる。もう今となってはどんな言い訳でもかまわない。

●第八日目

クリスタルが教えてくれた、さらにバカバカしいエクササイズ(瞑想吸引。背骨を通して性的快感のエネルギーを脳へと送り込む)をやっていて、俺は初めてマスターベーションを覚えた夜のことを思い出した。

それはウィスコンシン州で一泊キャンプをしたときのことだった。何がきっかけだったのかは分からないが、同じ山小屋に泊まっていた、女子に人気のある男子二人が、みんなにマスターベーションのやり方を教えるということになった。

俺は二段ベッドの上の段に横になって、アランが指導員の部屋に忍び込んでジレットのシェービングフォームの赤い缶を取ってくるのを見ていた。青いキャンプ用のシャツと薄汚れた白のブリーフ姿で部屋の真ん中に立った彼は、観客の前で芝居でも始めるように、「第二木こり小屋」にいるほかの九人の思春期の少年たちに向かって話し始めた。

「手のひらに少し取る。で、こうやって手を動かすんだ」

彼はこぶしをパンツの中に入れると、実演して見せた。彼の従順な部下のマットもベッドから飛び出すと、手にシェービングフォームを取り、一緒にやり始めた。

俺たちはまだ若すぎて、マスターベーションはこっそりやるもので、人に見せたりすれば嘲笑と仲間外れを招くような行為だということが分からなかった。性に関する知識のない頭には、アーチェリーやオリエンテーリングと同じようなグループ活動に思えた。

病弱でなよなよしているハンクがベッドから出て、みんなの手にシェービングフォームを配った。そして小屋にいる少年たちは一斉に自分のものをしごき始めたのだ。

今考えると、とんでもない光景だ。よく無垢な子供に戻りたいというが、無垢などというものは存在しない。あるのは無知だけだ。そして無知は幸福などではなく、自分で気づかないだけで、嘲笑の対象にしかならないのだ。

俺はこのとき射精しなかった。特に気持ちいいとも思わなかった。最後までいった者がいたのかどうかも覚えていないが、アランによるとそれがゴールらしかった。それは俺たちの間で競争になり、キャンプの終わりにハンクが勝利した。彼はマスターベーションをして、「イッた印が数滴こぼれた」ことに興奮し、俺に手紙をくれた。

それから一年ほどたったある夜、俺は家のベッドで性器をいじっていた。俺はそのとき、同じ学校の女の子と映画館に行って、手でやってもらったという友人の話を思い出していた。友人からはそのときの状況を事細かく聞いていた。俺自身はキスどころか、その距離まで女の子に近づいたこともなかったが。

性器をいじりながら、映画館で女の子に握られているのが自分だと想像した。まもなく俺は体の中に圧力が生じるのを感じ、現実から切り離されるような気持ちになった。呼吸が喉に詰まり、体が硬直する、そして果てた。先端から液体が滴った。俺は頭の上に手を伸ばし、何も動かさないように注意してベッドの横の読書灯をつけ、それからじっくりと観察を始めた。ハンクが自分の射精について書いた手紙を読んで、俺はそれは雨粒のように透明なものだと思っていた。しかし本物は白く濁った渦と、いくつか透明な点が一緒になった得体のしれない水たまりだった。

これを書きながら、俺の性的なファンタジーが、クラブや劇場やパーティーなど、周りで何が起こっているのかが分かりにくい公共の場所で女とセックスすることである理由が分かった。これは、俺が生まれて初めてオーガズムを味わったときのイメージなのだ。

「いいものを見せてやる」。翌日、俺は九歳の弟に言った。「ついて来い」

弟は俺についてトイレに入った。俺は便器の上に立つとパンツを下ろし、射精したときに床にこぼれず、便器に落ちるように後ろに尻を突き出して腰を落とした。そして俺は仕事にかかった。汗と涙以外に、自分の体が排泄物以外の何かを作り出すとは知らなかった。俺は誇らしい気持ちだった。もう大人だ。

●第九日目

目を覚ますと隣にジーナがいた。前の晩、バーテンの仕事が終わってから、俺とセックスするために来たのだ。しかし午前三時で、疲れているうえに俺はそんな気分ではなかった。彼女は傷ついた。

「私たちもう終わりなのね」。翌朝、彼女は言った。

「何の話だ？」。彼女の言葉の意味は百も承知で俺は言った。新しく始めた性欲の抑制実験に加え、キンバリーと電話で話すようになってから、ジーナとの距離は広がる一方だった。「君とセックスしなかったから？　あと二十一日ですべて元どおりになるんだ」

「そうじゃない。私はあなたのことが好きなの。でも自分を大事にしようと思ったら、もうあなたにこれは必要ないってことを理解しないと」

ベッドの上に、二人が幸せだったころに彼女が描いた絵がかかっていた。彼女はそれを壁から外し、ひざの上に置いた。彼女がベッドに背筋を伸ばして座り、手を震わせて、額縁の後ろの背板を外そうとするのを見ていた。彼女の震える手には、留め具は小さく、しっかりはまりすぎていた。だが、やがて留め具はカチッと音を立てて外れた。彼女は背板を外すと、その下の絵を取り出す代わりに、その黒い紙でできた背板をつまんで破った。最初にこの絵をプレゼントしてくれたときに、彼女が書いた秘密の手紙が中に入っていたのだ。俺はそんなものがあることも知らなかった。

ジーナは破った紙を俺の胸に投げつけると、そのまま出て行った。俺は紙を拾い上げて読んだ。

「いつか、いい人に出会って、そういう気持ちになったら、あなたはきっと素晴らしいだんな様になると思う。そして、可愛くて頭のいいあなたの赤ん坊にとっても、最高のお父さんになるでしょう。私はいつか悲しい思いをすると思う。でもいつでもあなたのことを愛しています」。

俺の顔は大きく歪み、目と鼻がかっと熱くなった。そして涙がこぼれた。俺は彼女を一生尊敬し、そして別れたことを後悔する日が来るだろうと思った。この、額に入った絵の仕掛けは、彼女もまた、恋愛の達人であることの証しだった。

●第十日目

明日、いよいよキンバリーに会いに行く。ほかの女性は俺から離れていったが、彼女は変わらず俺を想い続けてくれた。俺は以前に彼女と会ったことがあり、一緒に寝て、スーパーでカートの押し合いをしたことがあるような気持ちになっていた。ときどき、本当に彼女を愛していると感じる瞬間がある。だがそれは、性欲と、支配欲と、好奇心が混ざってそう感じるだけなのだということも知っていた。彼女が同じ気持ちでいることも分かっていた。

彼女から電話で、プロダクション・アシスタントの仕事で急にマイアミに行くことになり、ニューヨークでは会えないと言われるまで、俺はそんな気持ちだった。

「断れない仕事なの」と彼女は言った。彼女の声には、今まで一度も聞いたことのない、攻撃的で、自分を守ろうとする調子があった。「お金が必要なの。銀行の残高があと十三ドルくらいしかないの」

俺は動揺した。ニューヨークでキンバリーに会うことしか頭になかった。一人なんて考えられない。彼女にそれを言おうとした。

「お願い。どうしようもないの」

「怒っているんじゃない」と言いながら、俺は怒っていた。「ただ驚いてる。でも、世界の終わりというわけじゃないし。ニューヨークでの用事を済ませたらマイアミに回って、そこで会ってもいいわけだ」

「しばらくは音信不通になると思う」。彼女の攻撃性が涙で溶けていく。「私たちのことも考え直さないといけないの」

話せば話すほど、彼女は感情的になった。感情的になるほど、彼女は俺から遠ざかった。「ニューヨークでも会えない。マイアミでも予定を合わせられないということか？」俺は心に煙草を押しつけられたような気持ちだった。「俺と会うと言ってくれ」

「私を泣かせたいの？」。彼女はもうほとんど叫んでいた。俺が相手にしているのは感情だ。論理は役に立たない。怒っても逆効果だ。俺の中に残ったのは、明日で三十日実験が終わり、おとぎ話のようなロマンスの始まりを期待していた体の細胞に溜まった欲求不満と、妄想と、疲れだけだった。

「もし連絡が取れなくなるのなら、その前に俺と会う時間を作ってくれ。それで楽しみができる。それとも俺たちの付き合いはただの妄想だったのか？」

「妄想？」。また言ってはいけないことを言ってしまったようだ。「私がどれだけあなたに会いたいと思っていたか知ってるでしょう？　あなたの彼女になりたかったのよ！」彼女はそう言ってすすり泣きを始めた。そして俺の一番弱いところを突いてきた。「私を責めないで。いつも電話でイケないイケないって言っていたのはあなたでしょう？」

電話を切った後、寝室の床に崩れ落ちた俺の唯一の明るい話題は、今日はキンタマが痛くないことだ。どうやらピークは過ぎたらしい。

●第十一日目

翌日の午後、ニューヨーク行きの飛行機に乗るため、俺はタクシーでロサンゼルスの空港に向かっていた。同じ時刻、キンバリーはマイアミ行きの飛行機に乗るため、ニューヨークのジョン・F・ケネディ空港にやはりタクシーで向かっていた。二人とも一睡もしていない。俺たちは一晩中電話でお互いの悪いところをさらけ出して言い争った。そして今、二人はメールで、最悪な別れの言葉を交わしていた。「さようなら。いい人生を」

機内での俺は身も心もボロボロだった。睡眠時間ゼロで、髭も剃らず、顔は青ざめ、フライトの間、ずっと頭を両手で抱えて、夕べの会話を何度も何度も思い返していた。自分の言ったバカな言葉を後悔し、キンバリーに俺は振られたのだろうかと思い悩んだ。

たぶん、彼女は怖かったのだ。自分が俺をがっかりさせるのではないか、または俺を見てがっかりするのではないかということが。最初からマイアミに彼氏がいて、もともと会うつもりなどなかったのかもしれない。あるいは、ただのテレホンセックスマニアか、マイスペースの情報はでたらめで、本当はアメフトのディフェンスのような巨体の持ち主なのかもしれない。

だが、このいずれの可能性も俺の傷ついた心を慰めてはくれなかった。一度も会ったことのない相手にどうしてこんな気持ちになるのか分からなかった。

ホテルでは空っぽのベッドが俺を責めるように部屋を埋めていた。このベッドでキンバリーと一緒に眠ることを想像して幾晩も過ごした。初めて裸で会う二人が、電話で話した妄想をすべて現実にする。バスルームにはロウソクをともし、ベッドにもぐり込んで語り合い、お互いの腕の中で眠りに落ちる。彼女を信じて、恋をして、電話越しに将来を思い描いていたのがすべてバカバカしい。彼女は現実には何一つ存在しないと知っていたのだ。一方で、彼女に夢中になっていた俺は、どのくらい三十日実験──あることを別のものに置き換える──の影響を受けていたのだろうかと思う。

俺は彼女が街で一番好きだと言っていたラウンジ、アマリアに行って、彼女に似た人がいないか探すことにした。そこで会ったのは、さらさらと音のする超タイトなドレスを着た、六〇年代のガレージロックにも、スーパーのカートにも興味のない、ルーシーという体格のいいブラジル人の女だった。

彼女はアマリアでずっと俺について歩き、機会あるごとに体に触って来た。俺は彼女に、あまり興味がないことを伝えることにした。「もう一人くらい誰か連れて帰ろうか？」

これはいかにも思いあがった男の台詞で、俺はムッとした彼女が何らかの反撃をしてくるだろうと思った。「家に行くなんて言ってないけど？」とか。

ところが、彼女はこう言った。「そうね、五人くらい連れて帰る？」

「じゃあ、どの子がいい？」と俺が聞くと、ルーシーは、背が高く、色白で弱々しい感じで、笑うと歯のよく見えるとび色の長い髪の女を指さした。

二時間後、俺の部屋のベッドは満員だった。ルーシーは俺のパソコンで、ネットからダウンロードしたシャキーラのビデオを流した。彼女は立ち上がると、おしりでゆっくり円を描きながら、完璧なハーモニーでシャキーラを歌った。背の高いほうの女、オフブロードウェイ女優のメアリーは、ベッドに腹這いになってそれを見ていた。ダンスが終わりになると彼女は仰向けになり、俺と抱き合った。

俺がキスしたり首を噛むたび、彼女はビクッとして、震えるたびに少しずつガードが解けるようだったが、突然彼女は「あなたのを見たいの」と言った。

俺はいきなり大胆になった彼女に驚いた。あまりに唐突で、その気になったというよりも、自分の役を演じる決心をしたという感じだった。

「服を脱いで。見せて」と彼女が命令する。

俺も自分の役を演じる。数秒で俺は素っ裸になった。女は二人とも服を着ている。俺だけが裸で、その割に気持ちは盛り上がっていない。俺は変な気分だった。キンバリーを懐かしく思い出す。

「あなたがルーシーの胸でやるのが見たいの」

やることがあるのはいいことだ。ルーシーがベッドに上がり、スカートを脱いだ。俺は彼女をまたいでひざまずき、彼女の胸の間にちんこを載せた。ルーシーはそれを自分の胸で挟み、上下に動かし始める。言葉でいうほど、セクシーな場面ではない。

「いいわ、その調子。ルーシーの中で射精してよ」。その命令で、盛り上がりかけていた性衝動が萎えた。

「言いたいことがある」

二人にサッと緊張が走った。

「いや、何を想像したかは知らないが、そうじゃない」

三十日実験の説明をした後、俺たちは再び愛撫を始めた。しかしさっきとは違う。メアリーはそのうち服を着直して帰ってしまった。ルーシーは俺が上に乗っていろいろやっているうちに寝てしまった。

今までで最低の３Ｐだったが、別にかまわない。俺は性欲を克服した。しかし孤独は越えられない。

読書灯に手を伸ばして電話を確認すると、キンバリーからメールが来ていた。心臓をつかまれるような気持ちだった。興奮、不安、好奇心、恐怖を一度に感じ、メールを見ると、「電話していい？」とあってほっとした。

シーツの上に裸で大の字になって寝ているルーシーを起こさないように注意しながら、俺はジーンズとＴシャツを身につけ、廊下へ出た。エレベーターホールの横の窓台に腰かけ、キンバリーに電話をした。

「元気？」と彼女は言った。俺はこの声が好きだ。この声が彼女の中へ俺を吸い込む重力なのだ。もう二度と聞くことはないと思っていた。

「メールもらって嬉しかったよ」。ここにいてほしかったと言いたかったが、怒らせるだろうと思ったので言わなかった。「大騒ぎして悪かった。どうしても会いたかったから」

「私も。いいカップルになれると思ってたもの。本当のカップルに。でも夕べ気が変わった。私の知らないあなたを見て」

「分かるよ。俺たちは電話だけでもう最高の関係になっていた。あとは落ちるしかなかったんだ」

それから一時間、以前のように話そうと、お互いにいろいろと試してみた。そして、うまくいった。

「今すぐ会いたい」と彼女はささやいた。

一分後、俺はジーンズの上から息子を握りしめていた。「あなたが私の顔でやってるのを想像してるの」。彼女はささやき続ける。「あなたは私の頭をつかんで、口の中に思いっきりねじ込んで、そして後ろに手をまわして、指を入れるの」

実際にこんなプレイが可能なのかどうかは分からない。しかし俺は十三歳にもどって、父親の『ペントハウス』のエロ記事をこっそり読んでいるような気分になった。俺はジーンズの前を開け、パンツの中に手を入れた。

俺は最初に思い描いていた夜を再び想像した。彼女はここに、俺のホテルの部屋にいて、青白い体がしわになったシーツの上に横たわっている。キスのせいで唇は腫れ、アゴは赤くなり、太ももは濡れている……。

人の笑い声とともにエレベーターの動く音が聞こえた。だが俺は止まらない。半裸のままだ。興奮はますます高まり、体と精神が切り離される。**濡れている**……これが、俺が実験を終えるはずの夜だったのだ。歯磨きのチューブとハンマーの夜。**太ももが濡れている**……。

彼女の中に入っていく。止めようと思えば止められる。止めなければ。だが止まらない。彼女がオーガズムに達する。そして俺も。

精液が放出された。思ったほど、そして期待していたほど、豪快には飛び散らなかった。ただ流れただけだ。それも初めて射精したように大量の精液となって——しかし今回は、公共の場所でやるという夢ではなく、実際に公共の場所でやっている。

大きな安堵感が、体中の末端神経の隅々まで行きわたり、嬉しさに目には涙さえ浮かぶ。頭の中ではまだ白い花火が上がっていた。

「イった?」

「ああ」。だが、同時に罪の意識もあった。射精してしまったことよりも、三十日実験の半分も終わらせることができなかったことに対して。

「あなたをいかせるのにこんなに長くかかったなんて信じられない」と言ってキンバリーは黙った。彼女が息を吸い込む音が聞こえた。テレホンセックスの後の煙草を吸っているのだ。「あなたのせいでかなり混乱したの。思ったの、私は下手なんだって。私はこの男をイかせられない。なのに私はこんなに感じさせられてるって」

彼女には結果が必要だったのだ。それは俺も同じだ。基本的に俺たちは必要なことをすべて電話で済ませてしまった――出会い、恋、デート、セックス、ケンカ、別れ。一度も会うことなく。今夜は仲直りのセックスだった。

もう会うことはないだろう。俺が射精せずに三十日過ごすことが絶対にないのと同じように。二人の関係はやはり幻だったのだ。

　寝る前に、ロスにいるクリスタルに電話をした。

　彼女はきちんと実験を続けている。痛みもなく、アニメの登場人物に欲情することもない。しかし彼女とは性が違っている。オーガズムの後に大きな痛みを感じるのが女なのだ。

　彼女に実験の効果を話してやった。一日の疲れが少ない、いつもより女性にもてる、ティッシュの使用量が激減する。そして悪いところは――俺が挫折したこと。

　彼女は俺を慰めようとしたが、最初から挫折するようなやり方をしていたことに気づいた。ダイエットに挑戦しながら、毎日バスキン・ロビンスに通っていたようなものだ。

　仏教徒の言うことは正しい。欲望が俺を動かしている。一日の大半は欲望に導かれるままに過ごしている。セックスしていないときは、女を追いかけている。追いかけていないときは、妄想にふけっている。想像の世界では何万人もの女と寝た。

　実験が終わった今、俺は元の暮らしに戻ることになる。すべて以前と同じだ。純真と無垢の行列だ。スーパーマーケットの通路を腰を振って歩く女子大生、運転中に見かける、信号待ちの間にポーズを取る秘書。リアリティー番組に出てくる、風呂で男と抱き合う若い女。やりたい放題の女たち。カートマンの母親。キンバリー。もし現実に手に入らないのなら、想像の世界で手に入れる。

完全に中毒だ。

男だから仕方ない。

ルール11
一人ではゲームに勝てない

I.

愛はビロードの牢獄だ。

ダナが俺の上に乗ってきたときにそう思った。彼女の眼は輝き、微笑みを浮かべているが、しつこいほどではない。言う必要はないのに、彼女は言う。

「好き」

すると俺の周りには柵が張り巡らされる。この柵はビロードでできている。力ずくで外に出ることはできるが、俺にはそうするだけの感情的な強さがない。だからこのビロードは鉄の柵よりも頑丈なのだ。鉄ならば、少なくとも頭をぶつけることはできる。

彼女は真っ直ぐ俺を見て、期待して答えを待っている。俺には言えない。俺はただ眼だけを見開いている。本当は眠りたいのだ。彼女が俺から注意をそらせばいいと思っている。彼女の気持ちが今の俺には重荷なのだ。目つき、言葉、仕草。ポーカーをしているように、そのどれもが、相手の感情の働きに直結する。

彼女は裸で俺の上にいて、目で俺の心の中を探っている。愛が見つからなければ、希望という言葉で自分を納得させる。そして俺は捕らわれたままだ。ビロードの牢獄に。

Ⅱ.

「今度またあのメス豚が電話してきたら」とジルは息巻いた。「殺してやる」

「誰のことだ?」。部屋に入ったとき、彼女がどんな気分なのか知らなかった。「何があった?」

「あなたが飼っている女が電話してきたの」と彼女は大声を出した。「間違ってかけたと言って切ったけどね」

「本当に間違い電話かもしれないだろ?　落ちついて考えたか?」

「いいえ、あの女に決まってる」と彼女は吐き捨てるように言った。「私のことを知っているのよ。あの女」

俺はその家を出て、車に乗り込み、パシフィックコーストハイウェイをドライブして帰った。ジルが、俺が前に寝た女たちのことで、口を泡だらけにして大騒ぎするのを前にも見たことがある。俺もそろそろ自分の人生を取り戻さなければ。

よく女たちに、恋愛がじょうごのようなものなら、一緒に口の広いほうへ出てくれる女がいいと言っていた。だがこの比喩が正確でなかったことにたった今気づいた。じょうごはいつも、口の狭いほう〜一方通行なのだ。

Ⅲ・

ロジャーの匂いは一ブロック離れていても分かる。彼はボストンの路上に住んで、街灯に向かってわめく。彼の世話をしている地元の本屋が、ロジャーは七〇年代初めにメジャーリーグからドラフト指名されたのだと言っていた。しかし、あるとき、誰かが冗談で彼のビールに麻薬を入れた。それですべてが変わってしまった。

ロキシーは六〇年代の終わりにロックソングをヒットさせ、そこそこ話題になった。ジョイントの所持で逮捕されたとき、懲役を逃れるために精神に異常があるフリをした。訴えは認められ、監獄ではなく療養所に送られたが、そこでの長年にわたる電気ショックと向精神薬による治療が彼の脳を溶かしてしまった。

一九八一年、彼は自分の所有者は火星人だという宣誓供述書にサインをするほどになっていた。精神と肉体の両方を病んだ彼は、五十五歳のときに法的な保護観察人となった弟に引き取られた。

俺の祖母は七十代で心臓発作を起こし、それ以来、自分を三十二歳だと思いこむようになった。もう俺の兄弟のことも俺のことも分からず、毎日電話のそばで、病院にいる母親からの電話を待っている。しかし彼女の母親は四十年前にその病院で亡くなっている。

われわれは現実と、細く頼りない糸でかろうじて繋がっているにすぎない。その糸がある日突然、ぷつんと切れて、自分もロジャーやロキシーや祖母のようになってしまうのではないかと思うと、本当に恐ろしい。

だが俺には彼らと違うことがひとつある。それは、もしそうなったとき、俺には面倒を見てくれる人など誰もいないということだ。

あとがき

「ちょっと皮肉なエンディングだな」

「皮肉かな。悲しいとか、残念という言葉のほうが適切だと思うが？」

「さんざん女と遊んだ話の後で、同情してもらおうとでも思っているのか？」

「そうは思っていない。特にお前にはな」

何年たっても、交わされる会話は変わらない。プロデューサー、お手伝いの少年、彼の犬。何一つ年を取ったようには見えない。彼はいつも習慣に従って行動する。俺の思考の一貫性のなさを指摘することも、彼の習慣の一つだ。

「では単に自分が可哀想だと思っているだけか？」

「もっと複雑な気持ちだよ。俺は二度の失恋の後で、今お前が読んだ物語を書いた。その後、何百人という既婚の男女と話をした。彼らは皆不幸だったり、行き詰まりを感じていた。俺はただ人生で正しい選択をしたいだけだ」

「なるほど」。原稿はまるで学生が描いた悪意のある似顔絵のように、彼がひざに掛けた毛布の上に乗せられている。「では最後にした二度の恋愛がうまくいかなかったのはなぜだ？」

「たぶん、その女たちがある習慣を身につけて、それが一生の付き合いには向いていないと思ったからかな」

「で、女はお前とは関係なくその習慣を身につけたということか」

ここでもまた彼の道徳観は悪いのは俺だと決めてしまったようだ。「もちろん俺も関係している。二人はいつも一緒だ」

「それがまた一人になって、一生寂しく暮らすわけか」

「俺なりにいい関係にしようと精一杯努力したんだ」

「どのくらい努力した？」

「彼女を愛して、いつも誠実だった。遊んでた女も全員切った。嘘もつかない。陰で二股するなんてことも一度もない」

「それで付き合いがうまくいったのか？　ほかの女と浮気しないことで？　そんなもの、水に入って泳ぎを覚えたというのと同じだ。わざわざ言うほどのことではない」。彼の家の大きな窓から、太陽が海の向こうに沈み始めるのが見えた。「一度でも立ち止まって、自分が本気でやっていないと考えたことがあるか？」

「どういう意味だ？」。お手伝いがサクランボを乗せた陶器の皿を彼の前に置き、ナグチャンパのお香に火をつけた。俺は彼の言葉のワナにはまりかかっている。

「お前はナンパをマスターするために本気で努力をした。あらゆる本を読み、世界中を旅し、多くのプロフェッショナルと会い、技を磨くために数年かかって数え切れないアプローチを試みた」

「なるほどな。言いたいことが分かってきたよ」

「言ってみろ」

「ナンパを学んだのと同じ方法で、女との付き合い方も学べと言いたいんだろう」

彼はゆっくりと、勝ち誇ったようにサクランボのヘタを取った。「究極的には、人生のどこかで、必ずお前は選択を迫られる。どちらかを捨てなければいけない——人生をともに歩み、家族になる女を探すのか。それとも、これからも衝動的に生きて、性の探求とさまざまな恋愛を、行きつくところまで続けるのか」

「それほど大きな違いがあるとは思えないが」

彼はサクランボを口に放り込むと、満足したようにソファに腰を下ろした。俺は、彼のゆっくりした動きや大げさに冷静を装った態度は、実は見せかけの、偽スピリチュアリストだと思っていたが、最近はその心の静けさをうらやましいと思うようになっていた。

「では、誰かと一生暮らすほうを選ぶとすると……」、俺は続ける。「関係作りを次の目標設定にして、女を落とすテクニックを学ぶのに使ったのと同じエネルギーをそれに捧げる必要があるということか」

「そうだ」

「それで？」。まだ何か言うことがあるはずだ。

「難しいのは、お前のことを愛してくれるだけでなく、お前の人生という事業に進んで協力してくれる相手を見つけなければならないことだ」

「実際に見つけるのは大変だな。正しい相手かどうか、どうやって見分ければいい？」

「付き合ううちに、二人の距離が離れるのではなく、近づいていく相手がいるとき」。彼は続ける。

「多くの人は恋人としての距離感を守ろうとするミスを犯す。ゴールは長期的視野に立った幸福だ。俺はそのゴールを駄目にしそうな相手は選ばない。たとえ自由と引き換えにしても」

「おいおい。それは怖いな」。彼の勝ち誇ったような口ぶりにイライラした。答えに「努力する」という概念が含まれているのが気に入らない。さらに、可能性や新しい経験への扉を閉ざす決断を迫る考え方も嫌いだ。

「スリリングとも言える。何かを学ぶのと一緒で、困難や障害は必ずあるが、いつかはできるようになる。その結果お前には、一夜だけの遊びや、3Pでは得られない、強さや自信が身につく」

「そうかもしれない。だが、まだ問題が一つ残っている」。彼は真剣に聞いている。問題解決は彼の専門だ。「関係を始めて数年たってから、もし俺が自然からのメッセージをキャッチして、新しい女と寝たくなったらどうなるんだ？　これをどうやってコントロールすればいい？　未知との遭遇を俺から奪う女を嫌いにならないためにはどうすればいいんだ？」

「ふむ」と彼は辛抱強く答える。「自分が人生を捧げたゴールに、それがどの程度重要なのかを考えるんだ。普通の銀行員はお金を盗んだりしない。そのときお金が必要だったとしてもだ。彼らは未来にもっと大きな価値を置いているからだ」

修行時代に俺は、女と長期的な関係を結んでいる多くの男から話を聞いた。ほとんどの男は、そんなとき素直に自然の欲求に従って、相手にばれないように浮気をしていた。しかしそれは大きなトラブルのきっかけにもなる。たとえ相手が気づいていないとしても、罪悪感、秘密、嘘、隠しごとは、やがては最初に二人を繋いでいた愛を壊してしまうのだ。

正直にやろうとすれば、堂々とオープンな関係にするという手もある。しかし、俺が見たオープンな関係の夫婦は、やはり多少のゴタゴタがあるだけでなく、二人の間にはもはや愛などは存在していなかった。それはただの依存関係だ。

まだほかにも方法はある。「それでもまだケーキが食べたければ、独身でいるか、一夫多妻か、バイセクシャルの女の子と付き合えばいい」

「彼女がそれで納得するのなら、やってみればいい」。ここで彼は言葉を区切って、あごをなでた。彼の眼が光る。「だがその前にこれだけは覚えておくことだ」

「何だ？」

「俺たちの会話を原稿で読んでいて、気づいたことがある」。彼は水を一口飲んだ。喉が渇いたからではないのは分かっている。自分の次の言葉に自信があるときの余裕のジェスチャーなのだ。

「ケーキを取らない、食べない、という考え方が間違っている。正確には、最初からケーキは食べたり、取ったりできない」

「意味がよく分からないが」

「つまり、最初にケーキが一個手に入っただけで運がいいと喜ぶべきだ。だからそれ以上周囲を見渡して、その一個があるために手に入れられないほかのものまで心配するのはやめたほうがいい――そしてその一個を楽しめばいい。ケーキは集めるものではない。食べるものだ」

ときどき俺はこの男に対して無性に腹が立つ。彼の言うことはいつも正しいからだ。

■著者紹介
ニール・ストラウス
『ザ・ゲーム』(『ニューヨーク・タイムズ』紙ベストセラー)、『Emergency! This Book Will Save Your Life(エマージェンシー)』の著者。そのほか三冊の『ニューヨーク・タイムズ』紙ベストセラー、ジェンナ・ジェイムソン著『How to Make Love Like a Porn Star: A Cautionary Tale(ポルノスターと寝る方法――取扱注意)』『the dirt モトリークルー自伝』『マリリンマンソン自伝』)と、『ロサンゼルス・タイムズ』紙ベストセラー、デイヴ・ナヴァロ著『Don't Try This at Home(マネするな!)』の共著者。『ローリング・ストーン』誌のライター。ロサンゼルス在住。

■訳者紹介
難波道明(なんば・みちはる)
昭和49年生まれ。兵庫県在住。翻訳者、通訳案内士。

■翻訳協力
株式会社トランネット
http://www.trannet.co.jp

2013年 8 月 4 日 初版第1刷発行
2015年 1 月 2 日 第2刷発行
2016年 5 月 2 日 第3刷発行
2017年 10 月 2 日 第4刷発行

フェニックスシリーズ ⑬
ザ・ゲーム【30デイズ】
――極上女を狙い撃つ

著　者　ニール・ストラウス
訳　者　難波道明
発行者　後藤康徳
発行所　パンローリング株式会社
〒160-0023　東京都新宿区西新宿 7-9-18-6F
TEL 03-5386-7391　FAX 03-5386-7393
http://www.panrolling.com/
E-mail　info@panrolling.com
装　丁　パンローリング装丁室
印刷・製本　株式会社シナノ

ISBN978-4-7759-4116-4